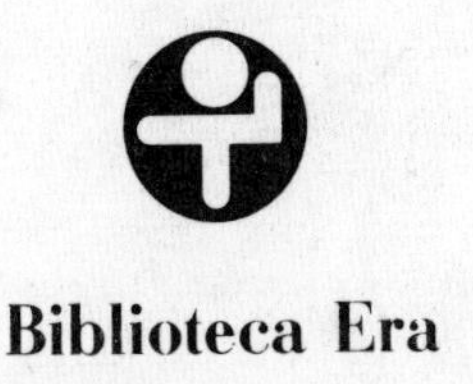

Biblioteca Era

Luis Cardoza y Aragón

Pintura contemporánea de México

Luis Cardoza y Aragón, por Agustín Lazo

Luis Cardoza y Aragón

Pintura contemporánea de México

Ediciones Era

Ediciones Era agradece a la Galería de Arte Mexicano,
al Fondo Editorial de la Plástica Mexicana,
a la Galería Juan Martín y a numerosos artistas
y coleccionistas, el préstamo de fotografías
utilizadas en la presente edición.

Primera edición: 1974
Segunda edición: 1988
Primera reimpresión: 1991
ISBN: 968-411-179-7

Avena 102, 09810 México, D. F.
Impreso y hecho en México
Printed and made in Mexico

A Lya

Índice

Pintura en México 1

Pintura en México 2

Escuela mexicana

Muralismo

Prólogo

Forma, visión y escritura

I

El arte siempre ha sido lo que el hombre ha podido ser. Lancé nuevas sondas. Intenté nuevas aproximaciones y romper el bloqueo de mis circunstancias para no relatarme; para crear mi verdad y no mi ensueño. La crítica es un arte. Los pintores me dan su luz, y yo los alumbro no sólo con la luz que me dan sino con mi luz. Con la que yo les doy. No me preocupa que se reconozcan o no en lo que escribo. La pintura excede el parecido inmediato y el modelo habrá de reconocerse o no en la pintura. "Y, sin embargo —escribía Baudelaire— ¡cuántos artistas de este tiempo deben sólo a la crítica su pobre celebridad! Acaso es el verdadero reproche que hay que hacerle."

Comprendo la vanidad de mi tentativa, la vanidad de toda poesía, es decir, de toda aventura. El cuadro, el mural, están hechos también por sus contempladores. Y ninguna realidad es plenamente accesible: estoy en vela junto a ella, inquiriendo objetivamente, en pleno misterio. ¿Para qué se leerían ensayos sobre plástica, escritos por individuos de ciertas facultades visuales y ciertas facultades de expresión? Es como si preguntásemos ¿para qué contemplamos pintura? Mucho ha escrito el pintor, bien y mal, para vivir la pintura, asirla en su esencia y tratar de conocerse y conocerla. Al pintar expresa lo suyo profundo. Como el escritor al escribir. Quien escribe sobre pintura no puede hacerlo sino como medio y como fin, a través de sus dotes visuales y las revelaciones poéticas que con tales dotes y demás virtudes de vuelo concreta la palabra. No modifica la creación en sí, pero contribuye a situar y valorar una obra. Además, la importancia de la crítica muchas veces no está en lo criticado sino en la crítica misma. La pintura no fue hecha para suministrar temas para digresiones de escritores. Y el mundo de la crítica, de los poetas, es tan vario, fecundo, complejo y válido, como el de los pintores.

Se ha hablado de la impotencia de toda crítica. ¿Impotencia para qué? ¿Qué demonios se espera de ella? Cambia el curso de la crítica por las mismas razones que cambia el curso del arte. Hay correlación entre arte y crítica: a veces no sabemos quién precede. ¿Van de la mano? Cierta crítica, acaso por debilidad, no precisa su esencia, mezclada con historia y filosofía del arte, esa nebulosa que llamamos estética.

¿Qué he alcanzado? No lo sé exactamente. Pero advierto que hay una significación que rebasa estas páginas en que marcho a tientas, llamando a todas las puertas que encuentro a mi paso, para que este empeño —un empeño de tal orden— jamás sea impostura. No propongo, ni me propongo, conocer, sino vivir y hacer vivir una experiencia. No hago ejercicios literarios en torno a las obras; busco prolongar dicha obra en el lector: penetrar con toda parcialidad, con mi emoción, mi inteligencia y mis huesos. Mi pensamiento no tiene naturaleza parásita: se alimenta de sí y lo más válido en él es autónomo, como un cuadro en relación al modelo. El contemplador se expresa en la pintura que puede y sabe vivir; no ocupa el lugar del pintor, pero lo revela a sí mismo. Todo mundo real o la realidad de la creación del hombre nos conduce a la interrogación para asumir algo más de un yo un poco menos trunco. Me enfrento a formas, a estilos, a géneros pictóricos, para desentrañar en ellos la esencialidad, esa luz situada más allá de la temporalidad: la poesía, que no es una forma, un género, sino un deslumbramiento.

Crear con la obra de arte como con la naturaleza. Los pintores son personajes reales de su creación y de mi creación. Revelar una obra de arte, vivirla —en una palabra— como a la naturaleza y, a través de ella, a sí mismo. La obra ajena se recrea en nosotros y nosotros en ella. Se hace nuestra. Adquisición de sentido recíproco, comunión órfica, autobiografía, erotismo, autorretrato, catarsis, exorcismos, hipótesis, remordimiento, por afinidades o rechazo, nunca por indiferencia. Inducción doble: lo que extraigo del cuadro porque lo tiene o lo invento, lo que el cuadro extrae de mí. Lo que tiene es distinto para cada uno, como distinto es lo que echa a andar en las distintas imaginaciones. ¿Cómo asumir lo que nos es indiferente?

La obra no es sólo un pretexto, un incitante para expresar puntos de vista personales: nos obliga a encaminar al lector, dejándolo en libertad, hacia lo único de lo contemplado. El arte y sus apreciaciones se mueven constantemente, como toda creación.

Ya me he explicado sobre los límites, los medios, la intención de lo que escribo: ambiciosos, arduos y precisos. Una trascendencia que aún escapa al análisis más objetivo, metódico y científico, conserva su competencia esencial de emoción y seducción, y rebasa las condiciones en que nació un arte. Esta aptitud de movimiento perpetuo la llamo tradición. A un entendimiento rígido ¿cómo podríamos considerarlo entendimiento? La idea del arte es ondulante como la idea misma de la cultura y la civilización. Siempre con el agua hasta los hombros en el río de Heráclito. El arte cambia, así también la estética, la crítica, la filosofía, el simple gusto, que no siempre siguen sino suelen preceder o, al menos, caminar de la mano. Y en toda idea de juicio vive implícita la idea de error.

Los cambios en la apreciación son parte valiosa de la obra valiosa que en sí no concluye nunca, como no concluye nunca, por ende, la identificación, la definición, la situación y demás sondeos para revelar la poesía, la estructura, el alcance, las peculiaridades estilísticas. Toda creación es provocación. La crítica, si lo es, encierra tal virtud deslindante.

Los pintores no aceptan lo que no sostiene su obra, su sentido del arte; y el crítico primario tampoco acepta cuanto se aleja de su sensibilidad y de su entendimiento. Reconocer la autenticidad en la diversidad —por opuestas que sean—, y partir de la obra misma para llegar a ella. Si la gran crítica es cautivante sin que el lector conozca la obra de que trata, se debe a que es una creación personalísima en aproximaciones fecundas y en ímpetu propio, esto es, en inexactitudes cargadas de sensibilidad que contribuyen para la revelación de determinada poesía sin aspirar a suplirla. Estamos en uno de los terrenos más difíciles, azarosos y complejos: requerimos audacia y lucidez. Una crítica, en lo posible, terrorista: sin generalidades, precisa, directa, radical, matizada. A la pintura misma nada puede sustituirla —no perdamos lo concreto— y en su resistencia apoyemos el vuelo concreto de la crítica. La pintura no fue creada para los críticos. La crítica no es criada de la pintura, ni creada nada más para ella.

La crítica sigue viviendo a pesar de los errores de sus vaticinios y de los vaticinios de su propio término, de su crédito y descrédito. Mala pintura ha originado a veces crítica de gran jerarquía, y al contrario. Y la mala crítica y la mala pintura que suscita —o al revés— ¿no están hechas la una para la otra? ¿No se valen y se merecen? Las derrotas, las quiebras de la crítica prueban su dificultad, su aún imposible objetividad, su falta de satisfactorio rigor científico, de método insospechable. No hay unidad estética y, por lo mismo, toda afirmación o negación es relativa. La verdad en el arte es tal relatividad, tal hipótesis, en las que han participado y participan pintores y críticos, periodos enteros de civilización. Acaso se ha agravado este fenómeno en los años de este siglo; acaso, porque si no ha habido nunca unidad estética, hoy parece existir menos todavía. ¿Un espejismo más?

Por su dificultad, la crítica atrajo y atrae la aventura de los extremos: los espíritus más sensibles para la aventura (poetas y filósofos), o los más romos y despistados. El pintor, el crítico, el público no guían: es un mismo monstruo con diversos nombres, bella durmiente y príncipe a la vez. Ser parcial y abierto —¡oh! Baudelaire— para vivir al mismo tiempo, inteligente, sensible, lúcidamente, a Ingres y Delacroix. La crítica fue en Baudelaire otra forma de la poesía: por ello pudo ser parcial y abierto sin llegar al ridículo. Leemos de él todo lo que escribió —pintores y poetas, olvidados algunos— porque no es su vaticinio lo medular, sino su especulación sobre la pintura, sobre la poesía: su autorretrato, bifronte como Jano.

El magister es el más insoportable y absurdo: paladín de un juicio irrisorio, cerrado e inapelable. El problema es la visión justa y aguda de lo más encontrado, de las concepciones más opuestas, para lograr la intuición de una visión coherente, varia y global: los extremos que nos tocan excediendo capillas y generaciones. Algo soberbiamente arduo es ello, porque más que cualquier método sobresalen la sensibilidad y la capacidad de creación, "la reina de las facultades", para poder ver —siquiera algo— en lo que contradice o niega nuestro gusto: las innovaciones que nos interrogan y plantean problemas que no esperábamos y ponen a prueba nuestra clarividencia visual y mental. La crítica, asimismo, plantea problemas, crea concepciones del arte. Es limitarla pensar que la crítica es siempre *a posteriori*. Y cuando se detiene en algo ya hecho, lo más valioso y medular es aquello en que después de vivir lo hecho se adelanta hacia lo nuevo necesario y posible alguna vez.

Con viejas nociones, con razones preconcebidas, con sensibilidad embotada, no llegamos a los cambios profundos, y menos los provocamos o impulsamos. El academicismo es esa resistencia a lo que rompe con nuestro gusto asentado que protesta nostálgicamente ante lo que le perturba, intimida, insulta, provoca o desafía. La sensibilidad no existe si no hay disposición de ánimo para conocer poéticamente lo que nos quita la red bajo el trapecio. El pintor y el poeta tienen el mismo centro, aunque estén en distinto sitio.

La pretensión de juzgar, de dirigir, es demencial manifestación académica para imponer el orden nuestro. La crítica, más que a establecer el orden ayuda a ver, a liberar, a cambiar o crear la visión. Y no es un puente el que construye entre el artista y el contemplador: ofrece un probable y acaso posible itinerario de vuelo, para advertir lo que la obra guarda de único por encima de la fascinante estupidez de la moda, o la tradición considerada como lastre pragmático.

Dar luz, y darse a luz. Quitémosle la máscara de certidumbre al falso profeta normativo, para que se muestre humildemente en harapos y purulento de duda, deslumbrado para ver y volver a ver y reflexionar siempre con la imaginación. Así dejará sus carriles y sus pronósticos que, por lo general, son proyecciones de su ausencia de sensibilidad concretada, negro sobre blanco, como toda teología.

El pintor espera del crítico que le diga qué está bien y qué está mal en la obra; no qué es, qué significa. Cuando no coincide con la opinión del pintor, el crítico no existe. O el pintor no existe para el crítico. El pintor, por estar radicalmente comprometido, difícilmente sabe la probable verdad de lo suyo o es el último en saberla: no reclama que se le defina, que se le sitúe, que se conozca el espíritu de lo creado, sino una ratificación. La crítica de los pintores casi siempre está defendiendo lo propio —con una tautología triste—, y cuando uno mismo defiende lo propio, de hecho ¿no lo ataca?

Lo que encuentra un poeta no lo encuentra muchas veces el lector de la crítica o el autor de la obra. Ambas son creaciones intelectuales, y la salida o la entrada en el laberinto suele ser diferente para el crítico y para el pintor. Cuando el pintor o el lector no encuentra lo que al crítico le interesa, sino lo que no esperaba encontrar, y el crítico (el poeta) desarrolla su visión más allá de una pedagogía, a tal punto que la exposición explícita de lo "bueno" y lo "malo" no la encuentra el pintor, entonces se dice que no es crítica sino literatura o divagación poética.

El pintor quisiera darle límites al poeta cuando éste escribe del pintor, aun cuando el poeta, precisamente, lo que le pide es que los límites que descubre en el pintor se ensanchen más. Pero, estos pintores no piensan en poetas (críticos). Piensan en agentes de ventas. Algunas de las querellas triviales de las escuelas contemporáneas no son estéticas sino crematísticas. La competencia en tal terreno es más sentida que la intrínsecamente artística, una verdadera ofensa personal.

Una obra de arte no tiene precio: es única. El pintor suele desear no tanto que el crítico —el poeta— viva la obra cuanto que le suba el precio. Una mercancía más. En verdad, un pintor no debería vender nunca sus cuadros. ¿Cómo es posible venderlos?

Un cuadro que no nos sacude a fondo, que no significa un instante inolvidable y perpetuo de nuestra vida, que no es un acontecimiento, tal un gran poema, un gran libro, una relación humana definitiva, nos llevará a ese palabrerío de que estamos hartos. Existen obras que no captamos con la misma simpatía, como las que nos causan conmociones admirables, a pesar de saber que las primeras suelen contar con valores eminentes. Por esas dificultades, poco de la crítica es, en verdad, crítica, y cuando lo es siempre es legible; su función y provecho no son para aprender a pintar —¡naturalmente!—, ni limitadamente didáctica para aprender a ver; son perturbadores. Por ello, en algunos casos, sobre artistas que me atraen escribí textos breves o muy breves, matizados y precisos. Tal vez el ataque más demoledor puede ser decirle genial a alguien, aunque lo sea, y más falaz y demoledor si no lo es. La brevedad la reduje, a veces, al nombre solo, como suficiente para mí, si no para los nombrados: empiezan a entreabrir un horizonte. Algunos de estos pintores prefiguran nuestro futuro inmediato.

Lo que nos cautiva en un ensayo es el vuelo, la capacidad para maravillar, el amor por lo que trata, la penetración exaltante y reveladora, la intensidad y la imaginación; que nos diga, siquiera, lo que es para quien escribe, sin que, engreído, se sustituya a la obra en la cual se ocupa. Una gran obra nunca sabremos qué es porque siempre es distinta. Y para mostrar esta fértil ignorancia lúcida se requiere excepcional idoneidad específica.

Adueñarse de la obra, como el pintor de la naturaleza, o de su conocimiento conceptual. Sentir, pensar, contemplar, eran —para Novalis— un solo proceso. La provocación ha de ser por repulsa o afinidad, distante de la tibia simpatía o la indiferencia. Las grandes obras son serenamente violentas. Y si en la palabra no hay enardecimiento será sólo un comentario en vez de un rapto. Penetrar la obra, engendrarnos en ella amorosamente. Saber mirar e incitar y ayudar a saber mirar. ¿Para qué pintar o escribir si no ascendemos a algo más alto y distinto de las cimas que no son pretexto sino asunciones de una nueva dimensión?

El arte, cuanto más puro, es más opuesto a la "finalidad sin fin", como en las creaciones precolombinas, negras o polinésicas. Como dioses han muerto. Está pasada su pólvora mágica. Quienes los crearon no hacían arte sino imágenes sacras. Daban formas a las nubes de sus mitologías. En esas imágenes no veneraron una forma sino un mito con poderes. Hoy la forma es la que tiene el poder: se ha vuelto mito. La forma es lo sagrado, el fénix que se alza de las cenizas de los dioses. Que este fénix sea perpetuo y distinto es la única finalidad del nuevo devoto. Los dioses siempre nacen muertos. Con sus cenizas hacemos la harina del pan y la sólida, viva luz del día. La esencia de tales creaciones fue la utilidad práctica, la órfica acción inmanente que desconocía la noción vulgar de lo artístico, de la obra de arte. Por esta relación con la raíz del hombre y su necesidad más perentoria, las formas del arte primero (no primario) servían con profundidad que hoy nos desesperamos por obtener en nuevas condiciones: eran arte porque servían, y hoy —como diría Gramsci— las mejores formas sirven porque son arte. La serpiente se muerde la cola.

¿Para qué ser sólo intermediario entre la obra y el contemplador? Lo que se escribe existe más en relación al que escribe que sobre lo que se escribe. El poeta no dice lo que se pinta: eso lo dice sólo la pintura misma. El pintor nos da su versión del mundo real e imaginario, su aventura interior; el poeta, como el pintor, tiene las limitaciones de la posibilidad relativa de alcanzar toda realidad. Hablo del poeta: no me refiero a esos críticos de arte, a esos tristes profetas normativos desmentidos siempre, especialistas de lo obvio y disecadores imaginarios del pasmo y de la gracia, zafios codificadores de academismos, desahuciados censores que lanzan centellas de trapo, rutinarios necrófilos que ven decadencia o catástrofe ante las nuevas situaciones, viscosos cuerpos opacos entre la creación y el contemplador. Creo en la capacidad del poeta para revelarnos una presencia vital de la realidad artística. La crítica *è cosa mentale.*

II

Dividí esta obra en cuatro conjuntos (y un epílogo) por sentir que en los pintores reunidos en cada uno de ellos hay vínculos probables que los aproximan entre sí. ¿Cómo pretender cortes indiscutibles en terrenos cambiantes de la sensibilidad y de la inteligencia?

Cuatro conjuntos: el primero: *Pintura en México 1,* integrado por artistas con acento gentilicio. El segundo: *Pintura en México 2,* artistas sin tal acento. El tercero: *Escuela mexicana,* los vinculados a lo que se entiende como tal. El último: *Muralismo,* Siqueiros, Rivera, Orozco.

Colocarlos tentativamente en un conjunto o en otro no significa preferencia alguna. El valor de la pintura es ajeno a dudosos ordenamientos. La comprobación de tal valor, la hacen (posiblemente) la crítica y los años. Coherencia estructural del libro: establecí una disposición que, si bien fluida y azarosa, apunta enfoques con cierta afinidad, a veces lejana. Hay pintores que podrían situarse en conjunto diferente de aquel en el cual figuran. Por ejemplo, Cuevas.

Voy del presente al pasado, para ver cómo el pasado nace o persiste en el presente. Comienzo, en cada conjunto, con el más joven, sin ceñirme con exactitud a lo cronológico. El presente surge contrastando con el pasado, que sitúo al final.

El muralismo es ya historia. Con él cerramos esta obra abierta con uno de los pintores más jóvenes incluidos: Francisco Toledo (1940). Son manifiestas la vitalidad y la renovación. ¿Qué orden seguir? El cronológico, si nos atenemos a los artistas con obras reproducidas, corresponde a José Clemente Orozco (1883-1949). Algunos, en apariencia, no son "actuales" (aunque sean muy jóvenes), y otros, muy "actuales", no son muy jóvenes. Los hay, por fin, quienes han ido y vuelto de realismos o abstraccionismos diversos. Acato, vagamente, cierto orden cronológico o por correspondencias, a veces distantes. Hay más de medio siglo entre el nacimiento de Orozco y el de Toledo y Arnaldo Coen.

Pensé en la noción de pintura "activa" o pintura "en movimiento", a que se ha recurrido en antologías poéticas y en panoramas de artes visuales. Tampoco me satisface. Dos jóvenes: Rufino Tamayo (1899) y Carlos Mérida (1892), de la generación de Siqueiros (1896-1974) —además, no confío en lo generacional— se hallan vinculados a la (llamada) Escuela mexicana (el muralismo y su derivación) por rompimiento, por apertura hacia corrientes contemporáneas de Europa y Estados Unidos. En todos los grupos se advierten varias tendencias. Se diría que establezco una exposición por climas aproximados.

La estructura del volumen es elástica y como gaseosa. No creo en riguroso orden cronológico ni en severo orden estilístico. Rehúso las etiquetas. No me ocupo en catalogaciones de artistas, sino en inquirir si existen como tales. Es fácil reparar en el cambio. El camino se encuentra abierto y despejado. El problema estriba en la capacidad de quienes lo recorren.

Los errores de una antología corresponden al antólogo,

por lo que escoge y por lo que se acuerda de olvidar.

El primer rebelde, Rufino Tamayo, pintor nato, abrió brecha en la recluida Escuela mexicana, que en muchos se había vuelto academia. Tamayo, gran talento plástico, es pintor precolombino de la Escuela de París.

Orozco es universal en sus valores intrínsecos, como lo óptimo de Rivera y de Siqueiros. La pretensión nacionalista, limitante e imposible en nuestros años, ha terminado. Para Orozco "una pintura es un poema y nada más".

(El buen muralismo se verá de nuevo. No desaparecerá; no se le quiere ver. Se tornó clásico. Correspondió su creación a una época pre-atómica y pre-espacial: vivimos en una sociedad muy diferente. Algunos creen que hay que exorcizarlo.)

Con retardo, las artes visuales en México acogen influencias contemporáneas de muy vario signo. El arte es fuente de arte, como la naturaleza y la vida.

Paul Valéry nos dice que los leones están hechos de corderitos asimilados. (No asimilan leones los corderitos.) Tal es la única cuestión en las influencias.

Distinguir las voces de los ecos, tan escasas siempre. Hay corrupción en la crítica, en la literatura, en el arte. Delincuencia estética. Es pavorosa la cantidad de *faiseurs.* Ecos de los ecos. Tal industria emética fabrica una mercadería que compra parte subdesarrollada de la colonial sociedad de consumo. Fenómeno de tráfico universal. Pululan efímeros productos desechables. Es penoso que en esa sociedad sea mercenario el artista. (Como en todas las épocas, nuestra pintura produce en imágenes la ideología dominante.)

Sigo pensando que en el mundo sin confines en donde vivimos, todavía nos unen más las diferencias que la uniformidad. Las personalidades. Casi todos hacen el mismo arte, pero el arte aún no "está hecho por todos". La inmersión en las corrientes mundiales coadyuva para concebir la obra original, arraigada o no. Nos apasiona más el prodigio que la presencia o la ausencia del arraigo.

Universalidad de la forma, de las artes visuales. Desaparecieron o aminoraron las lindes por la *mass media,* los libros y revistas, la facilidad de las comunicaciones, las exposiciones viajeras y, sobre todo, por el "espíritu de la época" y el nuevo concepto del arte. Predominio de los valores plásticos intrínsecos sobre reclamos localistas o gentilicios. Nada es "extranjero" en ningún terreno, y menos en los culturales.

Universalizar la tradición, invención incesante. Los grandes artistas rompen las tradiciones para crearlas. La sucesión de rupturas constituye la tradición y la vida y la historia del arte.

Nada es más odioso y más reaccionario que el tradicionalismo.

Los pueblos de Hispanoamérica con arte antiguo de significación, estimulan a sus artistas para crear universalizando las incitaciones de esa prodigiosa invención formal. Se les siente enraizados a Rufino Tamayo y Carlos Mérida; a Ricardo Martínez, Pedro Coronel, Francisco Toledo, y algunos otros. "Sin el arte antiguo de México, mi pintura no existiría", me afirmaba Gunther Gerzso.

El nivel de transposición es distinto, como en el peruano Fernando de Szyszlo, en el negro cubano Wifredo Lam, o el yanqui Jackson Pollock. En éstos y en aquéllos cautiva no sólo lo que de nacional sin fronteras puedan tener, sino su imaginación y el planteamiento que proponen y resuelven espontáneamente.

Las raíces para la evolución actual se dirían secundarias. La pintura joven, en su mayor parte, las ha descartado. Es nula tal inquietud y les asombra que todavía desvele a alguien. Todo es efímero; el cambio deviene regla. La contemporaneidad ocupa el primer sitio.

Se alteraron o desaparecieron los viejos caminos de la pintura mexicana. Lo nacional y lo cosmopolita se vuelven esencia. Tardía fue en muchos la rebelión contra el sectarismo chovinista. Tal demora me causó siempre sorpresa.

Y sorprende comprobar que son muy pocos los dueños de personalidad. Si el cambio de la tónica es profundo, muy contadas son las figuras sobresalientes. Anhelo la aportación diferenciada. Se amplían las influencias: son estímulos y fermentos. Una cultura revolucionaria es nacional si es universalista. El concepto de formas o ideas exóticas es reaccionario.

Superar la servidumbre de la imitación. Para imaginarse

que son actuales, muchos copian o modifican su producto para estar al día, con menos velocidad que la aparición de múltiples tendencias efímeras. Lo "nuevo" por lo "nuevo" es superstición de una secta perezosa que constantemente se esfuma sin dejar rastro, aparte del que con sus desapariciones constituye su encarnizada monotonía.

La contemporaneidad es el factor más inseguro. Se esfuma en el propio momento en que se cumple. Ser actual. ¿Qué quiere decir eso? ¿Por qué los sumerios, los mayas, los bizantinos nos siguen maravillando? Nos llega viva la sensibilidad de un individuo, borrada en el arte anónimo de civilizaciones, aunque no conozcamos el contexto en que florecieron. Con ellos podríamos organizar una muestra de 50 siglos de arte contemporáneo. Anhelo esa comunión, ese contagio. *Le dur désir de durer.* De no existir ¿qué nos quedaría?

(Las artes visuales han excedido en algunas de sus manifestaciones, el cuadro, la estampa, el muro, la estatua o el monumento. Para otros, el cuadro y la estampa se sobreviven. Es profunda la crisis de la pintura de caballete en sí misma.)

En las recensiones de "ismos" en los últimos cincuenta años, se podría contar media centena. "Las novedades que sólo son nuevas." Mitos y timos. No obstante la universalización, la semejanza de los estilos internacionales, en esta producción masiva (a veces, industrial), la personalidad dirige y deja su huella.

Otros logran universalidad por impersonalidad, por mimetismo en el plural estilo cosmopolita. ¿Por qué no lograrla por individuación?

Hay artistas muy jóvenes que transitan por caminos viejos o nuevos, sin la menor aportación original. No es que oculten su "yo": no pueden mostrar lo que no tienen.

Porque calcan a pintores renombrados de hoy, algunos se creen "modernos", en vez de lo que son: académicos, en el sentido más peyorativo. Qué carencia de pasión. Nada es más internacional que el academismo. (Y al revés: nada es más académico que el internacionalismo.)

En México vemos algunas de tales corrientes. Comienzan, titubeantes, las que aprovechan las tecnologías: cinéticas y lumínicas. Cibernética. Sus materiales: luz, espacio y tiempo.

(La muerte del arte —o del cuadro y la estatua— es vieja historia. Al principio no se le reconoce en sus avatares.)

Si el comercio multiplica la producción, también la distingue y separa. Vivir para pintar —diría Marx; y no pintar para vivir. El sentido profundo de la regla es engendrar la excepción. La excepción crea la tradición. Me atrae en la regla la excepción. El Polyforum de Siqueiros, que es una esculto-pintura revolucionaria institucional (1971), y lo antitético deben explicarse, como el muralismo (sin olvidar factores de personalidad), por las condiciones del medio y los influjos internacionales.

Es amplia la diversidad con que se expone tal condicionamiento. Coexisten varias estéticas opuestas. Se crea en México lo que le corresponde. Se imita en México lo que le corresponde. Éstas son las artes visuales contemporáneas: encarnan el espíritu de nuestro tiempo, el gusto, la producción visual, su publicidad y demanda; incumben a una sociedad, a la grave crisis de sus estructuras, a su enorme dependencia y situación, así como al criterio predominante dentro de una interacción vernácula y universal.

Pintura que se está haciendo, por ello aún no siempre identificada, sondeable, evaluable. Lo manifiesto es lo tajante del cambio. Destaco tal proceso que en parte irrumpió por la reclusión. Lo cosmopolita de mucho de lo actual es fruto exacto, ineludible y genuino de la época, como las preocupaciones cardinales del muralismo fueron de la suya. ¿No todo arte es fundador?

Aproximarnos al muralismo basándonos en la pintura actual en México es tan absurdo como aproximarnos a la pintura actual con criterios de la pintura mural.

Quedarán algunas obras y autores. (Las etiquetas nada significan.) En la Escuela de Nueva York lo singular fue la creación de un estilo norteamericano. Su expresión pertenece a determinada realidad. Si exagerara, sugeriría que a la cultura de la Calle 42. Su trasplante mecánico produce obra tan vacía como la reiteración de aquel realismo, sarcásticamente definido por Orozco, de "madre proletaria con niño flaco".

La mala pintura me suprime: ante ella no existo.

Lo bueno, para muchos, es que los artistas de "vanguardia" ("término militar", decía Baudelaire) creen las mismas cosas o muy semejantes. "Alejarse de los clichés", postulaba Marcel Duchamp. En muchos, la novedad es apariencia: los clichés son distintos, pero hay tantos como antes.

Una novedad es sustituida por otra y deja de serlo; y ésta por otra, y deja de serlo. La novedad aspira a dejar de serlo: a perdurar. Una novedad que perdura es novedad.

La lucha por la "cultura nacional" es, en primer término, lucha de clases, por la soberanía y el cambio radical de estructuras socioeconómicas y mentales. Además, parece imposible una cultura "nacional": incrementaría el subdesarrollo populista. Entre los individuos como entre las naciones, la irrespetuosa asimilación creadora de las culturas "ajenas" es la paz: todas nos pertenecen.

Han ejercido alguna influencia artistas que desarrollaron su obra entre nosotros: Carlos Mérida, Wolfgang Paalen, Leonora Carrington, Remedios Varo, Alice Rahon. (Proliferan infames plagiarios de Varo.) Asimismo, con obra y docencia, Antonio Rodríguez Luna, Arturo Souto, Enrique Climent.

El problema de la formación de conciencia, de la identidad es diverso al planteamiento y solución de los años veintes en México. (Ni siquiera me lo propongo: es natural y espontáneo. Como respirar.) Se es lo que se va siendo. Se deviene siempre.

Fernando de Szyzslo, pintor abstracto: ". . . es penoso pero necesario decir que, por ejemplo, en el campo de la pintura, la enorme mayoría de la producción latinoamericana es más colonial en el verdadero sentido de la palabra, que la pintura que se hacía en Cuzco durante la Colonia, en los siglos XVII y XVIII". Herbert Read supone que el verdadero camino del desarrollo (en el "tercer mundo") es una "síntesis de lo particular y global, lo regional y lo universal".

Aún no somos ciudadanos de la Vía Láctea.

La intransigencia hizo que se rompieran hasta las puertas abiertas. (Cuando publiqué *La nube y el reloj*, en 1940, libro en el cual discutí el muralismo, Diego Rivera pidió mi expulsión de México.)

No aludo a lo claramente histórico, aun cuando se vincule

a precursores o contemporáneos de los muralistas. Algunos son decimonónicos: Hermenegildo Bustos (1832-1907); José María Velasco (1851-1913); José Guadalupe Posada (1851-1913); Joaquín Clausell (1866-1936); Julio Ruelas (1870-1907); Doctor Atl (1874-1964); Alfredo Ramos Martínez (1872-1946); Manuel Rodríguez Lozano (1895-1970). No reproduzco sus obras por las razones expuestas.

En el conjunto influido por la llamada Escuela mexicana seleccioné a Rafael Coronel (1932); Guillermo Meza (1917); José Chávez Morado (1909), cuya obra mejor me parece son los óleos en que pintó "el peso de la noche" —el atraso y el fanatismo—, con imaginación y calidad expresivas; Olga Costa (1913), paisajes y naturalezas muertas; Alfredo Zalce (1908), lo prefiero como dibujante, grabador y pintor de caballete; María Izquierdo (1906-1956); Julio Castellanos (1905-1947); Abraham Ángel (1905-1924) muerto adolescente. (Jean Charlot [1897-1979], descubridor de José Guadalupe Posada, muralista en la Escuela Nacional Preparatoria, escribió *The Mexican Mural Renaissance 1920-1925*, la mejor historia del muralismo. Lo recuerdo por ello, sin incluirlo: hace décadas, su obra prosiguió fuera de México.) Finalmente, a Jesús Reyes Ferreira (1882-1977), que "embarró" muchos años sus papeles, tantas veces admirables.

Escritores y artistas buscan la *mass media*. Algunos se prostituyen tanto por la publicidad que una vasta clientela del "consumo estético" supone que son más el resultado de ella que de la calidad de su mercancía. Sin embargo, su valor de cambio se modifica. Qué pequeñitos se antojan quienes siguen a Diego Rivera en este rumbo, en el cual también fue maestro. En el Centro Rockefeller, catedral del capitalismo, cuyo nombre es todo un programa, pinta a Lenin: opone dos concepciones universales y causa escándalo sin fronteras. El mundo repite perplejo sus palabras y conoce su faz de sapo triste.

Tenemos en México, D. F., unas 80 galerías y unos 12 000 "pintores". Hay más difusión artística y más comercio. La pintura de caballete es buena inversión y otorga algún prestigio social. El mercado de arte en Norteamérica, fabuloso. Sus gustos, propagandas y exigencias ejercen tremenda influencia en el Continente y en el contenido. Nuestros artistas (galerías, becas, premios, exposiciones, prensa) aspiran a este patrocinio y a esta salida económica. La mitología de la contemporaneidad suele ser alienación mercantil: estímulo colonial totalmente externo, que constituye la "base" real: en el fondo, supeditación a la demanda de mercados nacionales o extranjeros. El pintor ansía la "promoción" —internacional, si posible— para subir sus precios y vender ampliamente en la sociedad de consumo.

Doy un panorama muy abierto; si atendiera sólo a mi preferencia, se reducirían a una decena los escogidos, aparte de Tamayo y los tres muralistas. Abomino de la moderación del ecléctico. Alguno de estos artistas se podría sustituir por otros de equiparable significación. Quizá sobran nombres y presumo que faltan. No describí cuadros: existe la fotografía. Tampoco señalé influencias: si son evidentes ¿para qué hacerlo? Si son asimiladas ¿para qué hacerlo?

Este panorama de la pintura en México nos confirma su diversidad, potencia y riqueza. Se renueva la plástica con la fidelidad de un pueblo que siempre ha sido muy dotado para ella. Las circunstancias en que se desenvuelve son comunes a otros países, sobre todo de América: influencias y situaciones socioeconómicas. He destacado, aun en mis textos muy breves, el valor, la originalidad, el talento de los artistas. Los discutí para intuir qué son y exaltarlos con alguna exactitud. Ofrecí un panorama de cimas y una visión aproximada de lo mejor que crean en México los más valiosos pintores.

El muralismo mexicano es la única aportación original moderna dada al mundo por el arte de América.

Pintura en México 1

Aborrezco de los críticos de arte.
Luis Cardoza y Aragón

Francisco Toledo [1940]

Plástico siempre. Su fantasía, en dos o tres direcciones cardinales, se apoya sobre sabiduría espontánea que aparece como si no fuera dueño de una cultura visual y de una de las sensibilidades más complejas y distintas de la joven pintura en México.

La temática, la arquitectura de la obra, el color (rojos quemados, ocres terrosos de adobe) la imaginación: se diría de troglodita australiano, de vuelta de doctas influencias asimiladas. Su voracidad abarca grandes distancias cronológicas o espaciales: lo que ve en la naturaleza, en el sueño, en el libro, en la vida, lo vuelve Toledo.

Rupestre y refinado. Qué de hoy y mañana es este arcaico. En su mitología borbotante, la eficacia de sus signos suele ser dilatada como su pertinaz invención. Un mundo propio, con atmósfera onírica, sin sabor del surrealismo que sobrevive, cargado de obsesiones sexuales agresivas, con humor, con no sé qué regusto indígena, de primitivismo gráfico que, por fresco y maduro, parece infantil, sin relación alguna con designios folklóricos. Se dice pronto: un mundo propio.

Estilo germinante: parte de cualquier objeto, de cualquier tema común, con la soltura de lo primigenio, del primer día de la creación, por un surgimiento de imágenes poseído por el demonio de las analogías. Su originalidad es raigal. Y esa originalidad inventó una escritura raigalmente propia.

Toledo está aparte y está solo. Su obra es algo más que contemporánea. Se intuye lo intemporal de lo auténtico. En él no existe preocupación alguna de actualidad. No sé qué impresión causaría a un jurado internacional. Con frecuencia reparo en que hay enorme provincialismo en centros principalísimos, como Nueva York, Londres o París. Una especie de sometimiento a las corrientes dominantes. Y muchas veces dominantes, no por virtudes intrínsecas: por imperativos de poderosas metrópolis económicas.

Muchos pintores jóvenes se jactan de vestirse con ropas ajenas y a la moda. Francisco Toledo todo lo crea con su gran talento y a la medida de su propio talento.

Pedro Coronel [1922-1985]

Pedro Coronel, con una paleta agria y bravía aún, con reminiscencias del mundo formal precolombino o, más bien, con sedimentos de la levadura de esos creadores, ha conquistado su sitio en la plástica mexicana de hoy. Intenta renovar un camino de lo primordial, de lo elemental y, por ende, más universal, como si desplegara las estelas de una mitología antiquísima y contemporánea. Su obra descuella por una violencia en que se logra mucho del inalcanzable portento mítico del arte antiguo mexicano, para crear formas a la vez precisas e indefinibles.

Pedro Coronel es más un creador de tradición que un multiplicador de particularismos. Como los mejores exponentes de las nuevas generaciones, aborrece de nacionalismos. Su pintura no se deja encerrar en fronteras, aunque sean muy mexicanas sus obsesiones. Hay una gran alegría de pintar, de meterse en la tela, en la materia. El pintor se abandona a la marea; registra el oleaje o el ramalazo que le cruza la cara. Camina dentro del cuadro. Registra sus sueños. Escucha voces. Avanza conduciendo, con un cabello de mujer, un dinosaurio dócil. Reinventa la pintura para sí.

Esta concepción de la pintura sentida entre las yemas de los dedos, entre las llamas del tacto, esta réplica al desierto de la tela que espera la mancha, y otra mancha, y otra mancha que ejerce gravitación sobre otra mancha que hace nacer otra, aunque no lo quiera el pintor, pero que sólo Pedro Coronel puede hacerla nacer así, porque sólo él siente cómo lo guía, lo saca de sí, lo embarra sobre la tela, como si le pasara encima un galope de piedra, guarda mucho de la excelencia de su sensibilidad plástica. Hacía tiempo que no veía una salud tan jocunda. Pintura de evocaciones y misterios, delicada y salvaje. Fiesta de la imaginación y opulencia táctil y visual. Cuanto pasado reflejándose en futuro. Pintura llena de gozo material.

Veo a Pedro Coronel como saliendo de la tierra. Como un buzo terráqueo. Está embadurnado de tiempo. Chorrea materia orgiástica de texturas magníficas, muy antiguas y actuales. Un alud de recios empastados enciende un fuego visceral. Golpea los sentidos, más que la inteligencia. Lo veo con el tacto. Con los ojos escucho sus secretos más recónditos. La pintura de Pedro Coronel es un golpe sobre la mesa de los enanos. La mesa tiembla, desvencijada. Los enanos escápanse hacia las atarjeas más próximas y a la moda. El puñetazo cae como un peñón sobre el rebaño de repetidores.

En parte de su obra, la resonancia formal es mayor por la sobriedad de los elementos compositivos, en su espacio luminoso, delicado y bárbaro. Atiende lo propio, sin influencias no asimiladas, con nostalgia (también en su escultura) del impulso de las formas precolombinas. Su fabulación plástica es intensa y personalísima, con ese vigor que me conduce a decir que hace talla directa con la luz.

Luis García Guerrero [1921]

Algunos pintores se evadieron del realismo al abstraccionismo, o a la inversa. No se han desdoblado: conquistaron unidad plural. La dirección de tal cambio: la del impulso que les llevó a crear el primer cuadro. García Guerrero ha saltado magistralmente en ambos sentidos. La expresión fue determinada por el designio oculto en su ánimo, más que en los temas. En sus naturalezas muertas palpo sus abstracciones. Conozco las invisibles manzanas de Mondrian.

Hoy pinta paisajes y naturalezas muertas, cargados de minuciosidad y de intensidad. Es una fanática retina muy sensible, con un pincel chino u holandés entre los dedos de un mestizo mexicano. Sensibilidad casi enfermiza: día a día, con un pincel de dos pestañas y con un ojo agudo con pestañas de pincel, erige pequeños cuadros cumplidos.

Todo en él es matiz, ponderación, nitidez. ¿Cuándo es más abstracto o más realista? ¿Qué importancia tiene tal pregunta subdesarrollada? Lo que nos maravilla no es el objeto baladí, sino la pintura inenarrable. (No hay objetos baladíes; hay pinturas baladíes.) Quimérico es todo realismo. Toda realidad, por infinita, imaginaria. Lo intenso y breve me basta. Siempre el tema es el propio pintor. Lo demás, pretexto.

¿Cómo explicar que no hay nada que explicar?

La hipotética expectativa de García Guerrero acaso héla aquí: decía Juan Ramón: ". . . Que mi palabra sea / la cosa misma, / creada por mi alma nuevamente." Decía Klee: "Lo más grande nunca es grandioso." Decía Kandinsky: "¡Cómo es silenciosa una manzana cerca del Laocoonte!" Decía Matisse: "El modelo es el hogar de mi energía." Decía Jean Genet: "Cada objeto crea su espacio infinito." Decía José Clemente Orozco: "Una pintura es un poema y nada más." Decía Cézanne (en mi sueño): "Dadme una manzana y un punto de apoyo y moveré el mundo."

Sí; pintar una fruta. Pintarla bien. ¿Por qué no? Se parte de ella para ir a la pintura. Se puede partir de no importa qué. La connotación cósmica está en la gota de rocío como en el astro. Cuestión de mirar. De visión. Se ve con toda la vida y no sólo con los ojos. Nada nos disuade de la dignidad propia del objeto. De la serena afirmación de su presencia. Sí; no es más que una simple cosita reiterada y siempre inédita, cuyo diario prodigio redescubrimos. El pequeño cuadro se acrecienta en su rotundidad formal. Desborda en nosotros su certeza sucinta y nueva y no novedosa. ¿Qué reclama? Solamente que lo contemplemos con cuidado amoroso. Solamente. Tal es la austera proposición de las tablitas admirables de Luis García Guerrero.

Artista es quien con sensibilidad nos transmite su emoción y despierta y suscita a la nuestra: García Guerrero con sus obras abstractas, o con sus pequeños paisajes y naturalezas muertas, ricas en perspicaces modulaciones de texturas, luz, densidad, peso, evidencias corporales muy matizadas, inmediatas y sutiles.

Ricardo Martínez [1918]

Pintura sin llama, en ascua. Luz organizada en volúmenes geométricos. Un dibujo severo define su austeridad. El color, en uno o dos tonos, vibra delicadamente. Pintura desde dentro, monumental, masiva. En ella resuena la vieja voz, honda y misteriosa de México.

Pintura delicada y precisa, sin concesiones. Un equilibrio adusto de reflexión e instinto surgido de la mayor exigencia canta en su realidad transfigurada. Lo que prefiero va de algunos paisajes con acento cézanniano a los óleos últimos, saltando sobre una etapa intermedia. Cada cuadro, rigor y matiz, es un juego refinado de valores. La economía de recursos se halla presente en los volúmenes medrosos insinuados, en la paleta parca y sensible. La luz, peculiar en esta serie, crea una atmósfera personalísima.

Ha ido destilando dentro de sí, decantando todo lo que se le propone. Escoge, afina hasta el límite de su fuerza. Su pintura se desnuda, se esencializa. ¿Hacia dónde ahora? Pienso que comprendemos muy mal el movimiento mexicano si lo reducimos a la obra mural y a la gráfica, lírica y combatiente. Mucho quedaría fuera de los tres muralistas (Orozco, Rivera y Siqueiros), de lo mejor de ellos, y de la obra antológica de los escogidos en estos ensayos. En Ricardo Martínez lo que conmueve es el alcance de la expresión purgada de lo pintoresco y otras adiposidades. El diálogo con su pintura se establece: habla del hombre y habla al hombre, con entrañable sentimiento de su pueblo.

La importancia de lo posterior al muralismo es evidente. La persistencia y renovación de la pintura en México. Los nuevos valores escogidos. La obra que se está haciendo y que se busca. Todo ello es la pintura mexicana de hoy, en donde Ricardo Martínez tiene sitio destacado.

La propio inevitable. No me refiero sólo a la sabiduría de sus valores, a esa luz de amanecer de su mundo penumbroso y hierático, ni al sabor remoto de su dibujo. Nos interroga, si respondemos. Y nos interroga y responde. No eleva nunca la voz. Hay rupturas aparentes de lo tradicional, y obras como éstas, cuya originalidad es más escondida por verdadera: fueron creadas por una voluntad ordenadora que rechaza la dispersión y por un afinamiento magistral de lo propio. Pintura refrenada a tal punto que algunos no se percatan de su pasión. Muchos no reconocen la pasión cuando no hay énfasis. Cuando tiene el pudor de su exactitud. Muchas veces, un artista ejerce dominio y adquiere prestigio por lo más endeble de él: por halagar tendencias momentáneas. La obra de Ricardo Martínez rezuma interioridad y esencia.

El contexto y las influencias condicionantes son insuficientes para explicar una obra: nada más conforman una orientación que excede al sociologismo determinista.

El parecido *ad nauseam* de tanta pintura realista o abstracta desprestigia al rebaño, y no a la abstracción o al realismo. Los estilos no cuentan. Sino la personalidad, la legitimidad de una obra.

Con la plenitud, Ricardo Martínez ha llegado a expresarse con la austeridad y la concisión de su dibujo escultórico: sus grandes cuadros se animan marítimamente. Ni un punto en ellos de espacio nulo: todo participa intensa y celularmente.

¿Qué hay en estas obras cuya presencia se impone? La proposición me parece sencilla y desmesurada. Decir más y más con menos elementos, transmitir vivencias personales y gentilicias con exquisita parquedad. Pintura nuestra y de todas partes, ante cuya real aventura siento lo profundo de su proposición y de lo alcanzado. En ella se concentra —como diría José Luis Cuevas— "el México universal y eterno que se abre al mundo sin perder sus esencias".

Gunther Gerzso [1915]

Gunther Gerzso[1] hace años, ha ido creando una obra original. Se le conoce poco. Ha mostrado conjuntos que afianzan la riqueza de su voz: propia, fría y precisa. En el abstraccionismo en México ninguno es dueño de un acento más personal. Un maestro.

[1] Escribí un libro sobre él: *Gunther Gerzso*, Ed. Universidad Nacional Autónoma de México, México, 1972.

Por su rigor y por su tensión, la obra de Gunther Gerzso es excepcional: es la personalidad más destacada de nuestra pintura de radicales trasposiciones o decididamente no figurativa. Cuadros de ricas texturas o lisos, en que el acento está en el concertado ajuste de los planos, en el equilibrio de las áreas, los ritmos, la unidad melodiosa del color, o en contrastes de texturas con superficies pulidas, fundando así un orden admirable por sus valores pictóricos. El tema se ha transfigurado: queda la emoción, el estilo de sentir, la realidad interior que sólo puede nacer de la realidad exterior, y nos la hace sensible con su deslumbramiento. Nos da conciencia de nuestra primitiva vinculación profunda con el mundo. Sus virtudes son muy personales y evidentes, la arquitectura de su visión, su sentido de la vida y del arte y el talento para revelarlo: cuando vemos un cuadro de Gerzso sabemos que es de Gerzso.

Hay un testimonio sin contenido preciso, libérrimo y denso, como en toda gran poesía, por la gobernada pasión interior: nos transmite lo esencial, con referencia o no a lo que nos rodea. La emoción que causan sus fermentaciones y cargamentos de imágenes rebasa la puramente estética. Esta pintura pertenece a una gran corriente contemporánea, mas no se borra en ella, no se opaca ni se amengua. Tiene cauce propio. A veces, se creen percibir sublimaciones de cerámicas nuestras, de no sé qué visiones con sabor arqueológico y con un vuelo que la hurta a toda preocupación de enraizamiento forzoso. En el prefacio a un catálogo de Gerzso señala Wolfgang Paalen "una fusión de glorias antiguas y nuevas promesas".

La serie pétrea y visceral en que evoca su Yucatán, orfeón de verdes y laberintos fluviales, contrasta con la serie en que evoca y crea su Grecia, con su soledad armoniosa, su luz calcárea, su trágica blancura erosionada. Su antología es sorprendente. Siempre da forma poética a la zozobra y a la sensación, más allá de la objetividad. Gerzso ha creado un mundo de visionario cuyo acento más íntimo se escucha en cualquier sitio y es poéticamente válido para cualquier hombre. Obra de transparencia intimidante, en la cual siempre veremos más lejos dentro de ella y dentro de nosotros. Se impone la fidelidad a su exigencia encarnada en signos propios, que ha ido formando lúcidamente a tientas, hasta crear esas estrofas magistrales de llanuras desérticas y trémulas geometrías heridas.

He deseado reunir algunos sumandos de la totalidad de Gerzso, para tratar de explicarme en qué y por qué su pintura irrevocable se impone. Nunca se estanca su forma, nunca es monótona, aunque reparo en que quizá quiere cambiar de infierno y le inquieta un vuelco por otras sendas. Porque si ha ido ahora más al fondo, siento en él un tímido violento con la terrible audacia de los tímidos, que con su pintura conquista la libertad, destroza la camisa de fuerza, y no saciado con lo que posee, codicia tal vez las afirmaciones de una carne cenital, como nostálgico de las antípodas soleadas que transitó Bonnard. Un creador con su insatisfacción sólo ha colmado sus días con hermosas treguas momentáneas.

Intenté determinar cuál es el lenguaje de Gerzso, lo característico de su realidad formal. Vivir su obra. No me precio de haberlo alcanzado. No di mi afectividad frente a ella: sólo retuve lo más concreto y plástico. Me rehusé a interpretar. Prescindí de aventuradas conjeturas subjetivas. No quise mostrarme, sino mostrar. Me limité a la contemplación de formas. A manejar datos objetivos. A esclarecer, más que a persuadir. La pintura de Gerzso me hace pensar sólo en pintura. Frecuentemente, el pintor afirma en las interpretaciones lo que pretende quien escribe. Tampoco agota a una pintura el análisis técnico y el formal. El arte no es construcción lógica. Gerzso no es enemigo de la opulencia; sí de lo patético, gesticulante y verboso. Sus impulsos dionisiacos los expresa clásicamente. Su obra enciende nuestra emoción: sabe concebir composiciones que viven con la vida inconfundible de una plástica personal que descuella por su intensidad, limpidez y equilibrio. Por la dignidad de su oficio. He deseado caminar por la vasta obra de Gunther Gerzso con toda libertad, sin intención didáctica, sin teoría, sin explicaciones, aparte de unas cuantas, superfluas acaso, como quien recorre una floresta. Quien no sienta su tensión, tampoco sentirá la sencillez del ágata o del fuego. Sencillez que es plenitud.

La obra de Gerzso es de aquéllas que me han parecido más refractarias a las palabras, móvil mayor para entusiasmarme porque, precisamente, nada tiene que ver con la literatura.

Para la sencillez de Gerzso huelgan las palabras. Contemplemos su obra. Enfrentémonos con el aire.

Frida Kahlo [1910-1954]

Frida Kahlo tiene situación única, solitaria y magnífica, en el arte de México. Su tragedia hecha canto encierra pasión humana general. Se intuye, como en la buena pintura de México, que sólo en esta tierra de Tezcatlipoca se habría podido pintar así: reúne lo propio con lo gentilicio, con tan perfecto enlace que en ello reside su valor.

Es una pintura trágica, referida siempre a su vida interior, asediada por dos o tres obsesiones primordiales, refinada y sangrienta, con delectación amarga en el dolor, para librarse de él y exaltar la vida. La autenticidad del sentimiento, de la angustia, es tan patente, que ha creado el lenguaje para su desgarrado monólogo hamletiano.

Cuando se la ha querido asociar a otras expresiones, señalar influencias, siempre se ha equivocado el camino. En Frida Kahlo no hay influencias de nadie sino de su dolor. Algunos han recordado los retablos populares. Otros, al Aduanero Rousseau, algunas facetas del surrealismo. Han querido combinar tales ingredientes heteróclitos en una receta y explicar, como resultado, la obra intensa y breve de Frida Kahlo. Me inclino a buscar en los orígenes. Nada está más cerca de un clima radicalmente poético que estas sílabas. No hay influencia de retablos, que no la ha menester en manera alguna, sino la influencia de una actitud de esta expresión frente a la pintura misma. Influencia original, es decir, de los orígenes; México, si es tierra del pedernal, de Coatlicue y Huitzilopochtli, también lo es del colibrí y de las muñequitas de Tlatilco.

En el Aduanero, si vino a México, hay influencias populares. Y si no vino, las hay populares, de libros de estampas y del jardín botánico. Invocar el surrealismo en el caso de Frida Kahlo, es desconocer la sensibilidad mexicana. Librarse de su angustia la encamina a reanudar sus vínculos no sólo con los retablos, sino con las viejas civilizaciones indígenas. Golpea y golpea Frida Kahlo en sus telas, como en los sacrificios humanos lo hacían los músicos sobre los teponaxtles: se sacrifica y sus preocupaciones monocordes caen como sangre sobre los ojos. Se desgarra y grita su pasión, sus ansias maternales, su amor por Diego Rivera, su vida explosiva que transcurrió sobre una silla de ruedas. Lo único que no hay en Frida Kahlo es literatura.

Su obra es visceral, un parto siempre. Una conquista sobre su vida, sobre la vida. Una resurrección ritual, como también un sacrificio. En todo lo suyo hay no sé qué de placentario, de muñón sangriento, de terráqueo y fisiológico. Podríamos decir, para explicarnos su singularidad, que usa los pinceles como cuchillos de obsidiana. Así pinta Frida Kahlo: su autobiografía adquiere dimensión humana general. Esta obra es nuevo testimonio de que la plástica de México se cumple por muchos caminos. Se ha asociado su inspiración con algunas formas oníricas, precisamente por ser tan directa y tan sencilla, que quien no conozca cómo Frida Kahlo vivió su pintura, y que su pintura es su vida más recóndita, creerá que piensa en fantasías nostálgicas y crueles.

Frida Kahlo logró con su canto vencer la vida, que en parte le fue deshecha. La reconstruyó con su dolor.

Me ha apasionado seguir el cordón umbilical que anuda la obra de Frida Kahlo con la corriente oscura de la sensibilidad mexicana, con la más popular y espontánea, como en la ironía de los corridos (como aquél de *Rosita Alvírez,* que en la mañana trágica "estaba de suerte: de tres tiros que le dieron, no más uno era de muerte"), en los retablos y la juguetería popular, las cartas de anatomía de la escuela, los judas de cartón, los telones de los fotógrafos de las ferias, sobre todo en aquella macabra y sonriente que surge en torno al Día de los Muertos. Gratuitas son muchas de las asociaciones que se le han descubierto. Su pintura, inmersa en sí misma, se revela dentro de una hiperestesia que puebla con sueños y monstruos amados su soledad, hasta romper el aislamiento a que se vio obligada.

Pocos ejemplos en México de mayor sinceridad, de mayor altura en el sollozo. Sin su obra, que es su resurrección cotidiana, se habría ahogado en sus propios ojos, que siempre vieron hacia dentro. Queda en mi memoria como algo de lo más real y realista de México, dentro de su tragedia que es la nuestra, porque es la criatura humana la que alienta en su pintura, lejos de toda escuela, lejos de toda tendencia, sin interesarle fijar fantasías, sino liberar su dolor, su obsesión de la muerte, su fuerza vital, que su espíritu encendió en su cuerpo golpeado por el destino.

Rufino Tamayo [1899]

Tamayo ha sido la primera y la mayor personalidad heterodoxa frente a la corriente del muralismo mexicano. Su dirección inicial, siempre cargada de sabor popular, fue ahondándose y refinándose. Su concepto de la pintura va situándole, va mostrándole diverso y a la vez con sabor de tradición. Con las expresiones más actuales y las fuentes del arte popular y de la vida popular, logró una síntesis poética plenamente arraigada y universal. Lo precortesiano, al fondo, vivo en él, no fosilizado. No copia lo popular ni sigue su huella; crea lo popular y abre su propio camino. No ha tomado los temas populares propiamente; ha creado con tal sentido, con el poder de la invención anónima. Quiero decir que nadie en México ha entendido mejor la lección del arte precolombino y de la tradición popular del arte. Es una veta que se manifiesta en él hasta cuando no la desea. No hay rebuscamiento sino naturalidad. Tal naturalidad suele desconcertar: lo instintivo en que se concilian, sin esfuerzo aparente, lo popular milenario y actual con algunas de las más delicadas disciplinas de la pintura contemporánea. Todo este fondo, es eso, un fondo: Tamayo sitúase en primer término como un gran lírico en su creación.

La obra de Rufino Tamayo mantiene unidad en sus características principales desde los comienzos hasta la fecha. Sus accidentes biográficos no han provocado en él ningún cambio fundamental. Tamayo ha perfeccionado las cualidades de los valores plásticos ya preponderantes en su iniciación.

Estos valores de la obra de Tamayo son aquellos que en pintura tienen menor significación intelectual. Conoce el mundo empíricamente, como el sentimiento, como el arte moderno expresionista. En Tamayo todo es naturaleza, instinto, efusión. Su pintura es eminentemente plástica, ligada a la materia, a los sentidos: obra de una de las naturalezas de pintor más ricas y auténticas de México.

Su obra se impone por la decidida invitación que hace a nuestro tacto, a nuestros sentidos todos. Con los objetos más sencillos colma el vacío que existe entre la sensación y la percepción. Nada queda aislado en el cuadro, como nada está aislado en el mundo: nos ofrece el puente que conduce hacia las relaciones infinitas de las cosas, aunque la razón, en los mejores casos, sea sólo un aturdido espectador que contempla sin comprender.

Su gran sensualidad nos cautiva, nos invita a un mundo conocidísimo de frutos, de escenas populares, de paisajes familiares, que en su representación se transfiguran. Todos los objetos se vuelven porosos a lo eterno. Lo sobrenatural se hace carnal. Siempre hay en sus cuadros un orden distinto del de la naturaleza. Un orden que crea la atmósfera propia del arte.

Ninguna pintura más distante de mi concepto de lo que debe ser la pintura que la pintura de Tamayo. La prolongada repetición de temas y motivos en que se recrea con tan equilibrada seguridad, me exige reclamarle experiencias opuestas. Me gusta tanto la pintura que debe poco a la materia. Esta contradicción me permite apreciar su obra por medio de contrastes que precisan mis conceptos generales sobre la pintura y mi concepto particular sobre la suya. Elie Faure me repite estas palabras memorables: "La materia es el espíritu de la pintura." En Alfaro Siqueiros, la materia pictórica —los chorreados del duco, de la piroxilina o los acrilatos—, son su énfasis. En Tamayo, parte de su voz.

El poder de enunciación de Tamayo no consigue liberarse de lo real, pero su realidad siempre es poética. Lo real es su propósito, pero radicalmente transfigurado. Él es uno de

esos hombres que sienten con particular delicadeza la voluptuosidad de los objetos. ¿Y quién preferiría a sus fruteros las pobres tonterías que logran algunos otros, siguiendo métodos superrealistas o escrituras abstractas, por ejemplo, pero que siempre son pobres tonterías?

Más que sensibilidad, hay sensualidad en la obra de Tamayo. No es delicado, sino sensual. Su brutalidad es exquisita. Pinta una rosa como un elefante recoge un alfiler. En sus primeros cuadros, como en los últimos, los temas son casi los mismos, o todos los temas los reduce a apariencias semejantes. La riqueza de su obra no es riqueza intelectual, sino que estas repetidas representaciones son cada vez más perfectas por las cualidades emotivas. Su perfección se ahonda en este sentido —color, texturas— hasta hacérnosla surgir como verdadera transformación mental. Es su naturaleza de pintor la que se ha afinado, al mismo tiempo que la habilidad manual y los recursos técnicos, para obtener más acabadas representaciones de los mismos temas que, desde sus comienzos, solicitaron sus sentidos, y que pintó, entonces, haciendo real no más una parte de sus posibilidades representativas. Su evolución es, quiero decir, singular refinamiento en la percepción, en el conocimiento físico y sensual de lo que pinta. Al mismo tiempo ahonda y domina los recursos para revelar tales refinamientos.

No hay visión objetiva: toda representación es idea y sensación de forma. Dentro de la representación cabe un tipo de sensibilidad, un tipo de representación, más o menos intelectual, más o menos objetivo. Acaso no es dable establecer los lineamientos generales de una crítica que reconozca en el dibujo el elemento intelectual, y en los otros atributos físicos, los elementos objetivos de la materia representada. Sin embargo, en pintura, con mayor razón que en otras artes que se cumplen con elementos menos materiales, si bien no menos concretos —como el sonido o la palabra— es más fácil advertir las posibilidades de esta división, que no existe plenamente, para explicar y conocer una obra. Así, en Tamayo impera la sensibilidad: la obra vive por ella. Color y materia son suficientes para alcanzar con estos medios los fines de la pintura. No enseña: crea.

Los frutos de Rufino Tamayo ya no son somera representación, sino toda una interpretación de nuestra naturaleza.

Su facultad evocatriz nos hace comprender que la naturaleza copia mal. Ya no es una simple naturaleza muerta: está animada con la pasión y la opulenta imaginación del pintor; ha entrado en un mundo general y sin tiempo al que le ha quitado por sorpresa su muerte permanente, para hacerlo vivir dentro de una poesía personalísima. Sentimos cómo atrae nuestra mirada, cómo enciende nuestro tacto. La intensidad física en apogeo nos fascina. Sensación llena del sabor de México, de esas tierras oscuras, capitosas, grasas, que no viene de la arcilla muerta, sino de la arcilla viva. En Tamayo es en quien se oye mejor el timbre de la voz de México, más perceptible por sus simpatías populares y por la sublimada utilización que hace de ellas

Todos los barros policromados, las tierras aceitosas y mojadas, los frutos y vegetaciones intensas, las ingenuidades equívocas de la provincia, la gracia rústica e inteligente, se revelan en su obra, con su molicie, con su pasión contenida. El fotógrafo ambulante, la pintura de retablos y pulquerías, la pintura de las carpas, de las lecherías, las calles de las barriadas de México, con sus sorprendentes y purísimos colores logrados con cal, se precipitan al fondo de Tamayo, y sobre ese sedimento edifica su obra refinadísima. Me encanta el dejo de "corrido" que hay en algunos de sus óleos. Ese Tamayo tropical de frutos y paisajes —gran poeta del color— me recuerda un aspecto de la obra poética de Carlos Pellicer.

La obra de Tamayo es una colección de lugares comunes, sin que su pintura sea nunca pueril. Su misma decisión para enfrentarse a ellos y valorarlos con su acento, nos da la medida de las cualidades excepcionales de su imaginación y de su sensibilidad.

Tamayo cuando pinta sólo se preocupa de la pintura, de expresar por su medio una realidad que se le impone y escoge, que no puede expresar de otra manera. Su complicación no está en lo que dice, sino en el estilo para decirlo. Aquello que desea decir es tan concreto que se sirve de lugares comunes.

No hay lugares comunes. Baudelaire interroga: "¿Existe algo más encantador, más fértil y de una naturaleza más excitante que el lugar común?" Tamayo o los lugares comunes misteriosos. Misteriosos como la verdad desnuda. Elementos que forman el cuadro, hostiles a la poesía: vestiduras. Y la poesía es la verdad desnuda. Poesía, un lugar común. Y cómo falta. Es, precisamente, lo que falta. Ella colma el vacío que la naturaleza, enemiga del vacío, no puede colmar.

No importa qué tema, qué motivo, pueden servir de punto de partida. Una obra de arte expresa mucho más que lo que representa: las manzanas de Cézanne son un mundo. Renoir fue un apasionado de los lugares comunes. Toda su vida no pintó sino un número reducido de ellos y, sin embargo, cómo son fecundos en su obra.

Tamayo, hasta con los motivos más triviales que le propone la vida, se deja llevar por ellos, seguro de que no faltará su propia emoción para darles trascendencia verdadera. Se deja llevar a un clima escogido por él, en donde ellos ya no se reconocerían, en donde la objetividad y las virtudes físicas sólo son ya como adjetivos, una parte de una composición más acabada y general. Y hasta la mesura es casi una disciplina que desconoce porque no la necesita: su exuberancia es castigada, dura y mate.

Rufino Tamayo ha preferido a temas complejos, a representaciones alegóricas, la sencillez de sus motivos, y, sobre todo, de la expresión de los mismos. Sencillez ardua que es prueba y desafío. No quiere salir de la pintura como Lazo, y está en desacuerdo con Orozco que, limitado en sus medios, es pintor sin limitarse. Tamayo ha limitado todas las cosas, ideas y sentimientos, a su pintura: sus propios límites. Limitaciones que le abren un panorama sin límites.

Las cosas son sólo las cosas. Una forma viva de una forma muerta. No sólo la vida recóndita del pintor, sino su asunción. El arte es más evocador que la realidad. Una obra bien escrita, bien pintada, pero ajena a la íntima realidad del arte, no nos conducirá más allá de una simple realidad natural. Crear, recrear en el cuadro lo que sirve de modelo, ya tan distinto que logra constituir, como exigía Leonardo, "un nuevo fenómeno de la naturaleza". Los naipes, los peces, los panecillos de Chardin. La naturaleza no está muerta, sino imantada.

La obra de Tamayo es transparente. Es más precisa cuando más irracional es. Y como carece de sombra, la hace. Su misterio es el de la cotidianidad. A mayor sombra, su emoción se recorta mejor. Su intenso reconocimiento objetivo se vuelve fosforescente. Los peces abisales se alimentan de estrellas fugaces y luciérnagas.

Es imposible copiar literalmente la realidad empírica y cotidiana. En toda representación artística hay siempre contribución personal, subjetiva: es lo que cuenta. En el bodegón, como en el retrato y el paisaje, por su mismo carácter objetivo, la imaginación se ejercita en grado máximo, o no hay pintura. Bastaría la fotografía, el cinematógrafo. La materia que se muestra no constituye en sí un hecho pictórico sin la intervención de la imaginación creadora que la torna más real que el modelo. El parecido se habrá relegado a una importancia secundaria y como accidental. La relación con el objeto que sirve de modelo es una elaborada relación en la cual priva la poesía.

Tamayo no es declamatorio, anecdótico, folklórico. La mayor parte de las veces huye de la decoración. Pero, ya lejos, suele volver la cabeza, como la mujer de Lot. Escueta es su forma. Fálicamente casta.

En el mural al fresco en el Conservatorio Nacional (1933) recuerda, lejanamente, a David Alfaro Siqueiros; en el del Museo Nacional de Antropología e Historia (1938), a José Clemente Orozco: son muy secundarios y alejados de su sensibilidad. No sabe, no quiere ni le interesa narrar. Es, ante todo, un pintor de caballete. Además, lo social no sabe verlo: no es su mundo. Su pintura está en otros dominios, intensamente.

Los otros murales de Tamayo son grandes cuadros en que el color, con acordes sutiles y su riqueza peculiar, es lo dominante: me refiero a lo pintado en el Palacio de Bellas Artes (1952). Aquí Tamayo es Tamayo.

No conozco sus murales en la Unesco, París, y en otros sitios fuera de México. Y acaso como Alfaro Siqueiros, el de las gigantomaquias, imaginó que las figuras grandes dan más sensación de fuerza, de ímpetu plástico, que aquellas con medidas ordinarias. Pero, uno de esos gigantes no quebraría una nuez de sus fruteros.

México, con todas sus resonancias, las más secretas y las más visibles, es la raíz de la grandeza y la legitimidad del arte mexicano de hoy. Tamayo revela lo íntimo suyo —lo íntimo de México— con la sencillez no buscada del canto. Esta sencillez antójase complejidad. Tamayo rezuma México cuando hay formas reconocibles o cuando no las hay. Esta sencillez ha originado mucha literatura sobre él, lírica y filosofante. En Rufino Tamayo nunca hay el propósito de probar: sedimentos remotos y la plástica más actual recreándose en su sensibilidad. En Tamayo no hay personajes sino símbolos. Los personajes desaparecieron antes de ser, detrás de los magueyes. El encanto de sus retratos, de sus objetos, de sus ensueños, surge en su inanimada presencia viva. Nos conocemos por ellos, *nos* somos.

Pintura fisiológica, visceral, sometida a la realidad física. Tiene calor de entraña, color de entraña. Obra realista, distante de la fría razón, casi siempre lírica y cargada de sensaciones objetivas, que nos da por su intensificación sensual, por su acentuación puramente plástica, una realidad pictórica. Su pintura es mexicana, porque nunca se ha preocupado de hacerla mexicana, sino de bien pintar.

El dibujo —el elemento más intelectual de la pintura— es en él secundario. No me parece plausible explicar la riqueza de su objetividad y de su emoción en relación al dibujo. El dibujo apenas circunscribe, limita y recorta lo que se halla representado por las calidades de la materia y la maravilla de los matices. Casi podríamos decir que el dibujo es en él una delimitación raras veces trascendente, y que sirve a la forma sólo en función del color y de la preciosa cualidad física de la pintura, de los valores que alcanza siempre en ella. Rufino Tamayo no dibuja con líneas. Su concepto es opuesto al representado por Ingres. El contorno le escapa para organizarlo sin procedimientos lineales: con planos interiores, con volúmenes. Siempre es plástico, antes de ser lineal. Concepto barroco del dibujo, si queréis; tiene, desde luego, su propia clásica tradición: hay dibujo hasta en lo ilimitado e impreciso, dibujo que es el suyo y el de los coloristas. Dentro de sus colores sombríos y sonoros crea delicados contrastes y relaciones personalísimas que constituyen una de las virtudes fundamentales de su pintura. Su color es una transposición que recrea la realidad y le hace pintar hermosos caballos verdes o rosados, como a Uccello el geómetra.

El goce de la materia unido a recias formas plenas, definidas por su sensualidad misma, casi religiosa dijera, como en los ídolos tarascos, lo lleva a preferir los medios al fin que atribuyo a la pintura. Mas la perfección de esos medios es tan intensa y acabada que se basta y hace de Rufino Tamayo un caso aparte dentro de la pintura moderna mexicana. La vaga y dispersa presencia de los objetos más usuales, la forma unánime y precisa. En las naturalezas muertas, en los retratos, se le ve siempre al trasluz, en filigrana. Por ello, ese autorretrato que pintará Tamayo alguna vez habrá de parecerme naturaleza muerta.

La orquestación del color se ha vuelto sinfónica y con una sutileza que no tiene ninguno de los mexicanos: Tamayo, con la inconfundible resonancia cromática que da a sus obras, descuella no sólo en la pintura de su patria sino en la pintura contemporánea. El recuerdo de Braque, de Matisse, acude a la memoria, no como influencia, sino por la vibración de su color. En Tamayo hay una profundidad situada en las antípodas de Matisse: es un color mexicano de Tamayo, grave y radical. Por este refinamiento, sólo se le intuye en la reproducción en negro de sus obras: una presencia fantasmal, poco satisfactoria, nos queda de su gracia, de su verdad concreta. Pero no lo reduzcamos a un gran colorista, es decir, a un pintor decorativo: sería ignorarlo. La excelencia del color es parte de su expresión, que es lo fundamental.

Nada hay más presente en la obra de Tamayo que su tierra natal, con sus formas, colores y resonancias, el mundo de los mercados de México, juguetes populares, cerámica, aquellos grandes preciosos muñecos que el pueblo llama "los judas". Dibujo, forma, color, sobre todo color, reina en su pintura y le da carácter. Cuando a veces, muy raras veces —nunca, en realidad— desaparece ese mundo, un instante brevísimo, como para reafirmar su potestad, pensamos que la mejor pintura francesa de nuestros días asoma como una flor entre los labios de un ídolo. Y si tornáramos los ojos a las primeras obras, óleos o gouaches, confirmaríamos que tal aparición es fiel desde entonces, y que ha servido como elemento catalizador para conseguir desarrollos sinfónicos. Es una relación de época que se establece por la necesidad en Tamayo de que los cuadros se sostengan solamente por las virtudes privativas de la pintura.

Tamayo entiende la pintura de manera muy diferente, —antagónica—, de la tendencia más conocida de la obra mural de México. Y en ello reside uno de sus singulares valores, así como la más visible de la múltiple razón de ser de su pintura.

Es opuesto, antípoda, a la tendencia de Siqueiros. Y digo a la tendencia, porque en la obra magna de Siqueiros, sin darse cuenta o contra su voluntad, tal oposición no suele ser tan manifiesta. Tamayo va, con muy sensibles balanzas, hacia la pureza de la pintura que nada más anhela ser pintura. Dentro de tal disciplina, logra revelarnos, con medios estrictamente plásticos, al hombre y a la verdad de México, en sus esencias populares y tradicionales. En Tamayo, las voces de su tierra, con su caudal de siglos, engendran un coro henchido de la unidad que le otorga, como a ningún otro, la tradición popular y su trasposición cultural y actual, actual de siempre, como ocurrió con Federico García Lorca. No me gusta esta invasión de distintos campos que acabo de hacer, al recordar la poesía del granadino a propósito de Rufino Tamayo; pero, dada la dificultad que encuentro al intentar asir la obra, la dejo aquí, con la validez de una metáfora.

Qué bien para el arte de México que además de la tendencia de la pintura mural haya surgido una obra de intención opuesta y alcances singulares. Sin puntualizar decimos pintura mural, generalizando, por la tendencia sociopolítica y nacionalista directa peculiar de parte de ella. En mucho de Orozco y también en lo mejor de Rivera y de Siqueiros lo más esclarecido es lo que llamé —para explicarme en el caso de Rivera— "herejías". Es indispensable que se sepa dentro y fuera de México que una nueva creación opuesta se ha abierto camino y continúa la tradición, no tal postrera marejada de un movimiento, séquito moribundo que marcha por inercia, sino como fuerza nueva animada por sus propias alas.

Las influencias. ¿Qué es la cultura? No hay influencias malas ni buenas: hay espíritus fuertes y dotados. Eso es todo. Tamayo, dueño de personalidad innegable, no puede ser llevado a la deriva por influencias y simpatías. México está presente en todas sus obras. La historia de las influencias es la historia del espíritu; el enlace perenne, el acervo humano, la tradición, en una palabra. Nada surge aisladamente, por generación espontánea, desvinculado y sin raíces. Pueril es recordarlo, pero no está de más hacerlo; a Tamayo aún se le discute con argumentos tan débiles. Desde luego, tiene influencias como todo gran artista: no las sufre, las disfruta. La Escuela de París —con Braque y su exponente máximo, Pablo Picasso—, acude a la memoria. Sobre todo Picasso, el de la *época furiosa* hasta *Guernica,* que es un nuevo jalón en la historia del arte universal. Sin embargo, no es tan directa como puede suponerse. En lo mexicano hay una línea de expresión *furiosa* precortesiana. Toda la obra de José Clemente Orozco, por ejemplo, es una época furiosa muy personal, que nada debe directamente a Picasso; es anterior a esa etapa del gran español, porque es el espíritu mismo del pintor mexicano.

En Tamayo es manifiesta esa línea expresionista de lo indígena. Sus relaciones con Picasso, el de la *época furiosa,* son coincidencias, en parte, por ser Tamayo exponente de las propias tradiciones. Hay una línea mexicana en todo ello, dueña de radicales contactos con otras presencias de la mentalidad primitiva. Afirmaríamos, sin que con ello deseemos menguar el genio de Picasso, que la influencia de todo un mundo primitivo se ha ejercido en él. Mucho de lo polinésico, de lo negro, de lo nuestro, lo hallamos fácilmente. A través de Picasso, la influencia primitiva diríase haber llegado de nuevo a su fuente original, dando la vuelta al mundo de la cultura, después de cortar el meridiano de París. En Tamayo la influencia procede de su mundo aborigen cuyas huellas son palpables desde las primeras obras. En ocasiones, la influencia ya no es directamente nativa: Tamayo la recibió después que Picasso la impulsó en su vuelo y la lanzó en su ámbito. Este punto no lo dilucidaría ni el pintor: pertenece al subconsciente, y las afinidades electivas pueden originarse en la confluencia de elementos autóctonos y en expresiones de la Escuela de París. En todo caso, nada significa en contra este origen o aquél.

Rufino Tamayo es resultado legítimo de su medio y de su tiempo, como los demás maestros. Esto es obvio; lo que distingo es que ha ido a contracorriente. Y lo es por todo

Rufino Tamayo, *Perro aullando.* Oleo/tela, 1942.

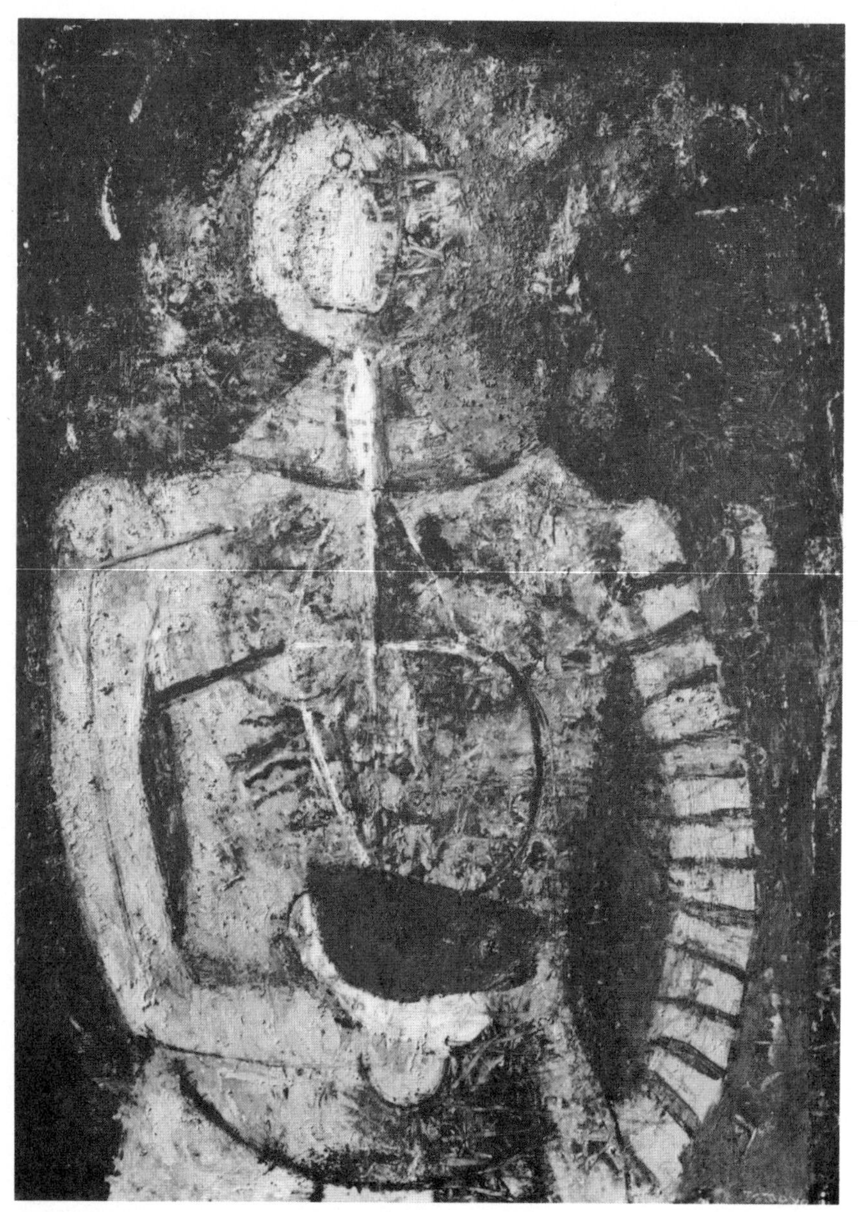

Rufino Tamayo, *Mujer con sandía*. Oleo/tela, 1964.

Frida Kahlo. *Las dos Fridas.* Oleo/tela, 1939.

Carlos Mérida, *Danzantes de quetzales.* Pergamino/madera, 1959.

Gunther Gerzso, *Paisaje de Papantla*. Oleo/tela, 1955.

Agustín Lazo. *El caballo*. Oleo/tela, 1930.

Pedro Coronel. *Animales*. Oleo/tela, 1958.

Ricardo Martínez, *La familia*. Oleo/tela,

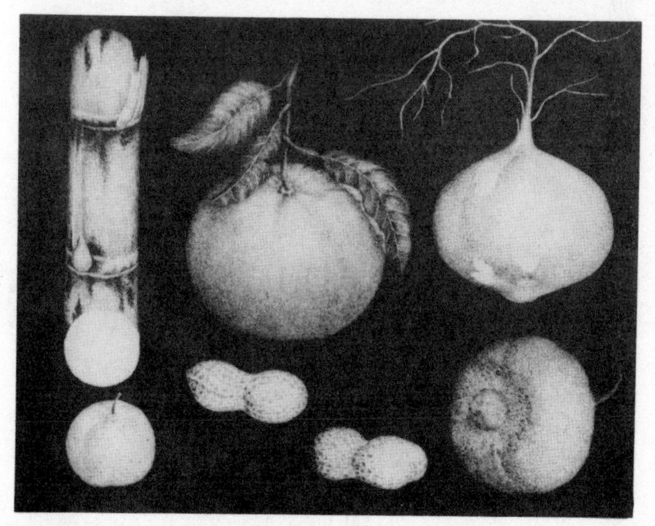

Luis García Guerrero, *Frutas de Navidad*. Oleo/masonite, 1970-71.

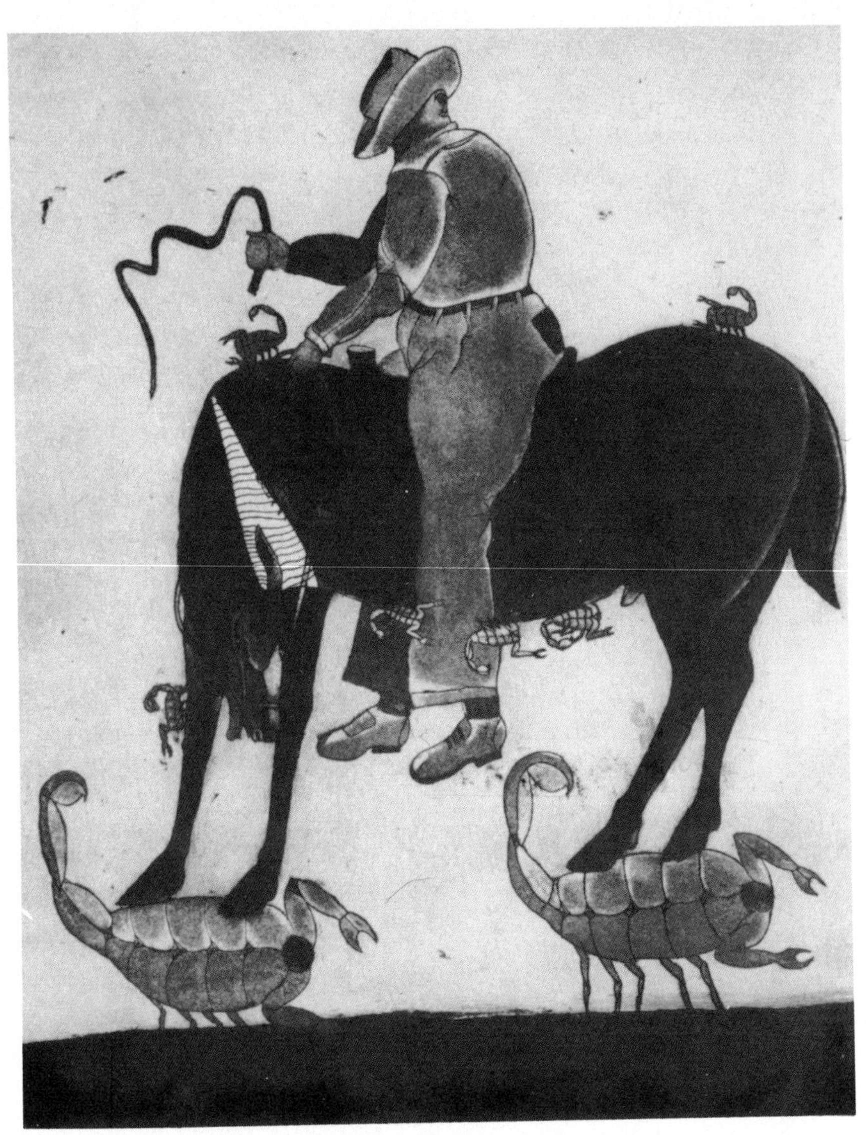

Francisco Toledo, *Animales*. Grabado, 1972.

orden de razones, ya sean estéticas o sociales, enlazadas siempre. El análisis que se haga de su obra, en donde se concreta una gran personalidad, por cualquier camino que quiera seguirse, no podría negar su fuerza, en Tamayo se junta, armoniosamente, el mundo primitivo de México con el ímpetu más refinado de la pintura contemporánea. Logró una síntesis de tales elementos, así como de los populares.

No pretendemos ser poseedores de la verdad, ni admitimos que nos la encuentren y nos la den ya hecha. La construimos y la conquistamos minuto a minuto: buscamos, investigamos, y nos alzamos contra todo sistema, contra toda tendencia a limitar la invención, aunque sea con el pretexto más valioso. El dinamismo de las cosas y los acontecimientos aleja la cultura de ejercer inmediata influencia, de hacerse política, para desarrollarse en el camino de la investigación, que es el mejor para servir históricamente. No es menos claro que el artista debe ser dueño del conocimiento de la realidad histórica en la cual alienta, así como el político debe comprender los problemas planteados por el artista. Las dos disciplinas, las políticas y las que llamaremos culturales, siempre se han encontrado unidas. En Siqueiros la confusión o, más bien, la limitación de sus escritos deriva de considerar el marxismo como un sistema, en vez de comprenderlo como una doctrina y como un método.

Qué bien que se conozca en México este nuevo eslabón de su tradición artística. La obra de Tamayo hace años tiene en el mundo repercusión mayor que en su tierra. No cabe duda que la primera etapa de la pintura mural ha pasado ya el cenit, después de cumplir con su destino histórico e intrahistórico en todos los terrenos de su posibilidad y de su ambición. No es que pretenda desconocer su valor, las obras logradas; no es que en nuestra memoria viva sólo la insistencia, la limitación y los aspectos vulnerables. El análisis de los ejemplos insignes lo hice hace varios lustros. Mostramos, a tiempo, con esfuerzo extenso y coherente, las razones más justas de su renombre y de sus debilidades. Todo ello me ayuda a darme cuenta del requerimiento para proseguir la tradición por el mejor camino de forjarla: contradiciéndola, enfrentándose a ella. Siempre se ha formado así la tradición: yendo contra ella, con aportaciones que no son continuación, sombra de un cuerpo, sino energía y verdad nuevas, que más tarde darán su propia sombra, cuando engendren, fatalmente su academia. No es la insistencia dentro de la pintura mural, en la dirección que apasiona, en sus teorías, a David Alfaro Siqueiros, lo que significaría renovación o continuidad de la tradición. Tamayo es sucesor de la tradición artística de México porque su obra es lo contrario a esa insistencia. Lo contrario a una sombra de José Clemente Orozco, Diego Rivera o David Alfaro Siqueiros. El sitio de Tamayo se halla, por lo mismo, entre los mejores pintores del México de cualquier época. Y tiene sitio destacado en el mundo.

Hay otra cosa en el arte de México, y no sólo la pintura mural que creó con su pujanza y el entendimiento de su momento, el renombre de la plástica mexicana. Digamos lo que digamos, la dimensión de José Clemente Orozco, Diego Rivera o Alfaro Siqueiros no la estamos escatimando. La consideramos como siempre lo hemos hecho: con la admiración crítica deseada. Allí está la obra, creciendo por su grandeza y reduciéndose por sus debilidades, como toda obra digna de resistir al tiempo, de renacer de generación en generación. Hay en México algo nuevo, diferente, opuesto a la pintura mural: el arte de Tamayo.

No hay asidero extraño a la pintura, y lo que Tamayo tiene que decir lo dice líricamente, cantando en formas y colores. No hay tema que no sea pretexto para los juegos trascendentes propios de la pintura. Desde luego, el mensaje existe, como ha existido siempre en toda obra esencialmente lírica, por extremada que sea la pureza y la intención. Esta obra sólo pudo haber sido pintada por un mexicano, pese a que se insinúe la Escuela de París: se cumple dentro de una intención universal, con acento y contenido inevitables de su propio suelo. Su valor reside en ello primordialmente. Y contra la enseñanza misma de la historia se halla el afán de querer mantener abierto un ciclo de la pintura mexicana que está cerrado ineludiblemente. Con la Revolución y por la Revolución, surgió a la vida la nueva pintura de México. Sin la Revolución no se hubiera producido tal y como es; pero, ha pasado más de medio siglo y otras son las condiciones.

Rufino Tamayo es resultado de las condiciones sociales y de la evolución de la pintura, como lo fueron y lo son, en dirección opuesta, Orozco, Rivera y Siqueiros. También la pintura de tesis o como quiera llamársele, reclama otro rumbo, una transformación de fondo: abrir un nuevo ciclo. Este juicio no niega a la pintura mural; por el contrario, su realidad misma destruye toda prolongación conformista. Falso sería en él aspirar a prolongar un rumbo con criterio que él no comparte, ni muchos valores de la joven pintura mexicana. Por su temperamento, intuición y circunstancias históricas, Tamayo no aceptó nunca ser voz en el coro de solistas: Orozco, Rivera y Siqueiros.

Rufino Tamayo ha escapado de la objetividad de sus fruteros a un mundo poético de pájaros y estrellas, de figuras sobre el mar, de hombres contemplando el firmamento, que dan a su pintura nueva profundidad, poblada de sugerencias y misterio. La maestría con que están pintadas sus obras no nace de su amorosa minuciosidad, de su ajuste o tono, sino de la hondura con que resuenan los elementos personales o gentilicios. Las formas precolombinas, las formas de las artes populares y, tal vez, las de los santos coloniales de los pueblecillos mexicanos, se hallan traspuestas ampliamente, hasta consumar la asunción de la obra creada. No están presentes imitativamente sino que de la captación de su energía poética, llevada a otros ámbitos, arranca esta pintura en donde encontramos confundidos ese primitivismo y el impulso de la mejor pintura contemporánea. De tal confluencia engéndrase nuestra sorpresa. Sentimos su remoto acento, y, a la vez, pensamos en dos o tres nombres de entre los más egregios del arte europeo de nuestros días.

Rufino Tamayo está pintando a México con lenguaje y metáforas y sentimiento tradicionales, en donde lo europeo con su lección nutre su fuerza, para que ésta se cumpla con plenitud. Porque esta pintura no es europea, y hasta lo es menos que mucha otra del México coetáneo: su carácter personal y nacional es raigal en tiempo y en espacio, como toda obra que se alimenta de legítimas esencias. Desborda su mexicanidad en síntesis arqueológicas, coloniales y populares, lograda a través de invención de acordes insólitos. Para muchos, en el color y en las calidades plásticas reside su valor general y más accesible. Sin embargo, color y calidades plásticas encierran función adjetiva y no función sustantiva: no son origen sino resultado. Nacen del desarrollo de un concepto de la forma y el color; nacen de sensualidad propia y, más que todo, del entendimiento de lo que es la pintura. Tamayo no descubrió su camino en el fresco, porque el fresco reclama una dimensión de la cual su pintura carece. Tamayo logra en las mejores obras un objeto, un ser poético que vive y revela sencillamente el gozo de la plástica. No es una pintura decorativa: la gravedad de sus violoncelos, de tono cálido y lento, reclama percepción aguda que ilumine las facetas ocultas y muestre su oriundez actual y milenaria.

Los objetos, recuerdos, nostalgias, son un punto de partida: se sale de ellos, se aleja, y su memoria de pintor se recrea en su meditación que asocia elementos distantes e inventa temas y variaciones. Cuando más logra salirse de los objetos o mayor penetración logra en ellos, por medio de asociaciones y confluencias de matices, rimas y trasposiciones, entonces nos percatamos con certeza del camino de su desarrollo. Sus límites pueden parecer reducidos en una naturaleza muerta; pero irrumpen innumerables correspondencias de elementos, y así el objeto como objeto mismo deja de existir para transfigurarse. Piedras, plantas, animales, obras de la naturaleza y de los hombres de México, emergen poco a poco, intensos y desnudos. No es un color objetivo, sino un color de esencias que consiguen preservar su hegemonía en el recuerdo y en la invención. Parte de los colores de una cajita popular, de unos papeles amarillos o morados en que se halla impreso un "corrido"; de un muro de tezontle o de cantera verde de Oaxaca; de un color Guanajuato o de un color Yucatán; de una figura humana, de un perro o de un caballo, exactamente como lo hace el músico con el tema de la danza popular que sublima dentro de una sinfonía. El impulso de Tamayo ahora es aún más insigne: los elementos reales, populares, los aprovecha con tan rica y variada trasposición que ya no recibe la simiente para devolverla simiente sino para devolverla fruto o flor. Tamayo expresa lo natal, lo humano, por otros caminos, sin influencia alguna de sus compañeros, de los cuales difiere fácil, firme y netamente. Se libera de convenciones visuales y conceptuales de su medio y alcanza íntegra soberanía. Hay una oposición fecunda a la corriente mural, y la equivocación al acercarnos a él se origina en establecer comparaciones inútiles. Si en Orozco, temperamento trágico, hay trasmutación de pasiones, en Tamayo, temperamento lírico, hay trasmutación de sensaciones. Los objetos que hace el pueblo, el ámbito en que vive, también expresan su alma y la conforman.

Pienso, o más bien sueño y creo en mi imaginación, el retrato de México que están pintando sus artistas. Es como un mosaico en el cual cada uno participa con sus dotes y sus más logradas perfecciones. No es una obra de sacrificio de personalidades, sino de madurez de las mismas. México es esa gigantesca imagen en que se halla la voz de los ídolos, los delirios de los altares virreinales, las expresiones populares, la complejidad y la exquisita elementalidad: pasión, misterio y profecía. Quienes han penetrado su misterio y profecía, son los pintores más grandes, los que han trabajado en nuevas dimensiones. Sin embargo, a México lo reconocemos en la suma de todos. Una suma en que cada uno da su espíritu sin sacrificarlo, sin limitarlo y confundirlo en el total. El retrato de México no puede ser sólo este rasgo o aquél, sino asimismo lo que no conocemos: sobre todo lo que no conocemos. Estará hecho y jamás terminado, como hubiera querido el Conde de Lautréamont: hecho por todos. Vemos la aportación de Rufino Tamayo en el retrato que la pintura contemporánea traza de México. La falta de Tamayo la advertíamos, y al sentir su ausencia con nuestra pasión y con las solicitudes de hoy, corroboramos su autenticidad. Se ha colmado un vacío. El retrato se ha completado un poco más, y hasta el parecido mejoró. El modelo se mueve sin cesar, y cuando pensamos que fue fijada una imagen definitiva, la duda nos ilumina simultáneamente con su fecunda molestia. Nuevas generaciones retocan o empiezan el trabajo interminable. Y a cada paso va siendo más clara la presencia de México, como si estuviésemos desenterrando una estatua en el centro de una noche de siglos. He visto a Tamayo soñar, con amor y eficacia, en tal empeño poético.

Es indispensable que se conserve y crezca la riqueza varia de la plástica mexicana. No creo en ningún dogmatismo. La diversidad, con profundidad y reales valores, servirá a la cultura de América en todos los terrenos: en el del arte y en el social. El arte es ámbito infinito en donde caben todas las plenitudes humanas, que también me parecen diversas e inagotables.

Por reducirse a los elementos esenciales, sin otra intención que la de ser canto, se ha querido señalar a Tamayo como superficial: es el ejemplo de una voz que dice su verdad de acuerdo con su idiosincrasia y con su comprensión de la pintura. Ha surgido su obra en el mejor momento para destacarse: se impone con sencillez y hasta con desgano, por sí misma, ajena a otro designio que el de ser y estar allí, cantando por cada pulgada de su superficie, con acento y contenido de legitimidad igual a la obra de arte más mexicana. No es una voz más en el coro: canta aparte, por su cuenta y riesgo, y como se le da la gana. No había sitio para ella en el coro mural, en donde, en realidad, hay tres grandes solistas en apariencia reunidos por una misma intención igualmente aparente. El ciclo mural pertenece a la historia.

Rufino Tamayo —escribí ya en 1948— abre un nuevo ciclo de la pintura de México.

Y así fue. En la obra más reciente —1959-1973— hay telas no propiamente realistas, siempre figurativas, de accidentada materia opulenta diversamente construida. Las vibraciones del color, con sus armonías y disonancias, con su efectividad debida a refinamiento en matices y texturas, han llegado acaso al límite de la posibilidad del pintor. En algunos de estos cuadros ha desmantelado la realidad, la ha hecho estallar, adelantando en tal dirección hasta una pintura —como toda buena pintura— que no está hecha sólo con los ojos y para los ojos. Las apariencias y lo que no se ve, el objeto, la figura humana, el paisaje —la realidad objetiva— se hallan trascendidos. No reconocemos directamente el tema que origina el cuadro, que no se encierra en la forma objetiva: se abre para darnos la emoción, para suscitarla. Muy exigua es toda huella identificable; aunque ésta se limite a una lírica relación formal: sólo permanecen vivas y como tangibles, en lo informal o no lejos de lo informal, las esencias y las resonancias.

Ha caminado más adentro en el despojo para la limpieza de su pintura en que no hay objetivación reconocible a veces, sino sólo pintura significante. Si las preferencias de algunos van hacia periodos iniciales, o hacia intermedios o recientes, debemos destacar la unidad en toda la obra, del principio al fin, la inquietud que la ha hecho vivir con un sentimiento y un entendimiento poéticos originales y renovadores. Qué líricos y persuasivos son el color, las texturas de este pintor nato. En la última etapa no hay esteticismo sino mayor depuración, con esa materia sensual y ese color prodigiosos que emergen de una realidad invasora hecha canto: siempre es Tamayo, siempre es México y siempre es gran pintura.

La obra última posee la delicadeza y perfección de sus mejores años. ¿Para qué decir más?

Agustín Lazo [1898-1970]

Qué insólito es en México tener clara conciencia de la evolución de la pintura. Agustín Lazo no parece pintor en México. No quiere parecerlo. No siempre recuerdo sus obras mismas, sino el espíritu de su esfuerzo. Y algunas cuantas obras acabadas dentro de tal espíritu.

Agustín Lazo es el menos pintor de los pintores mexicanos. Sus mejores obras (las que así considero) son aquellas que están en oposición a la "pintura" de México. En ellas no sólo es ajeno, sino hostil a tales formas animadas por retórica, esa mala embalsamadora.

Agustín Lazo pinta anécdotas, lo que se quiera. Arte impersonal, invisible como el aire. No es poco lo que representa entre el grupo de artistas personalísimos de México. Por su impersonalidad es inconfundible. Podríamos decir que no dibuja, que no pinta. En un ambiente de pintores con ideas para la ilustración de sus obras, que pintan y dibujan mucho, él representa la parte inconsistente del banquete y su sola razón de ser: una fina, delicada conversación.

Sus buenas obras son poemas. Sus poemas son buena pintura. No desconoce la belleza de la materia, las posibilidades retóricas. Es virtuoso en ellas cuando quiere. Su obra no vive solamente por las cualidades plásticas, sino por algo en él aún más verdadero. Por eso que se antoja casi como extrapictórico. La sencillez de su técnica no es sino un alarde de su refinamiento que ha abandonado todo refinamiento.

(Recuerdo algunos óleos de Chirico, pueriles como tarjetas postales, pintados como sillas o puertas, llanamente, con colores de cromo: sus mejores obras.)

Es el poeta. A medida que avanza en sus reflexiones, le vemos encaminarse hacia el pensamiento abstracto con la mayor sencillez de medios objetivos. Todo lo que escoge le propone un enigma. Nada más justo que un apasionado de la verdad poética, la única que merece nuestro amor, absorto en ella sola, haya cedido a otros toda ansiedad de análisis de cualidades técnicas, siempre un tanto llanas, accesorias y pedestres. Encontraremos de este pintor, de vez en cuando, entre la enorme cantidad de periodismo pictórico en México, un breve poema transparente, duro y exacto, como un palacio.

En las buenas obras de Lazo todo es insólito, cabal y cotidiano. Hasta los objetos más humildes son prodigiosos. No es lo sobrenatural lo que nos enamora, sino lo maravilloso. Una obra de Lazo no nos gustará por el dibujo, acaso tampoco por el color, la construcción, la materia. Las cualidades se diría que son extrapictóricas, si la pintura no sirviese, precisamente, para expresar todo lo que se desea. Hemos entrado en un huerto cerrado para muchos, paraíso abierto para pocos, en una realidad extraordinaria formada con la más ordinaria realidad.

Se creería que en Agustín Lazo las influencias mayores son más bien literarias que plásticas. No nos recuerda siempre otra pintura, sino el espíritu de algunos libros. La intromisión de lo poético en la pintura es un recurso para responder a dudas propias y ocultar debilidades. Lo literario de un Delacroix deja de ser literatura para constituir un hecho lírico. La pintura crea un organismo nuevo. La literatura no está en Delacroix, en Duccio, en Bosco: está en nosotros. No se pide, en modo alguno, participación de la poesía en la pintura, sino que la pintura se cumpla con sus medios. La obra breve de Agustín Lazo es un retorno a la pintura. El espíritu de la obra: sus aproximaciones. Ello es suficiente para situarlo aparte.

Carlos Mérida [1893-1984]

Nacido en Guatemala, Carlos Mérida ha unido el destino de su vida —su pintura— al patrimonio artístico de México.[1] Antes de los veinte años vive en París, en las postrimerías de la pintura de los *fauves*, continuación de la varia marejada cézanniana que, según algunos, culminó en el cubismo.

A su vuelta inicia en Guatemala sus trabajos de pintura americana basados en temas folklóricos. Es el caso estrafalario del americano que regresa americano a América después de larga permanencia en Europa. Le preocupó desarrollar un arte nacional, expresar el ambiente en que vivió su niñez. No era de poca significación esfuerzo tal en un medio que desconocía en lo absoluto toda inquietud artística.

Cuando Carlos Mérida llegó a México en 1919, poco antes de que principiara la decoración mural, encuentra un campo más propicio. Las fuerzas latentes estaban dispersas hasta que la revolución las reveló a sí mismas y las enfrentó a su propia realidad. Los trabajos anteriores —Téllez Toledo, Herrán y algunos otros— parecen engendrados con inseguridad por la misma riqueza del medio. La obra de Carlos Mérida, dentro de sus limitaciones, se sostenía por la intención: planteaba el problema de la existencia de una pintura americana. Y si no ofrecía solución, renovaba la actualidad permanente del problema.

Esta época de Mérida perdura hasta 1926, y tiene mayor importancia que una experimentación, aunque no haya sentido la obra de los muralistas. Vivió al mismo tiempo que la etapa inicial del muralismo, pero sin poder vivir la polémica artística y social, alejado de las motivaciones profundas: la Revolución, la base que hacía posible y exigía la expresión americana. Sin embargo, no nació por simple romanticismo su empeño de afrontar la realidad con los recursos que le proporcionó la cultura europea. Quería darle interés universal a la plástica americana reducida antes del muralismo a alusiones pintorescas, a industrializadas artes populares, a imitaciones de lo más académico de Eu-

[1] En 1920 abrió en México su primera exposición.

ropa. El problema de la cultura en América se debatía someramente en su pintura. El mismo que en esa misma época López Velarde resolvió en su poesía. López Velarde fue nuestro Baudelaire. La debilidad de México fue el folklore. El folklore estorbó en México la creación de un arte nacional.

No hay arte popular, sino tradición popular del arte, afirma Juan Ramón Jiménez. El arte popular no hace estilizaciones: tiene estilo. Estilizaciones del folklore: arte extraño al pueblo y al arte. La pintura de Mérida, con muy varia fortuna, se ha debatido hasta la fecha dentro de este planteamiento, con inteligencia y sensibilidad. Lo mejor lo ha logrado a partir de 1930, después de su segundo viaje a Europa: diversas etapas, entre ellas una de trasposiciones líricas, próximas a la abstracción o hasta la abstracción misma, en óleos y acuarelas en que descuella su color.

La necesidad del pintor de fijar sus imágenes se ha afinado como el lenguaje poético por medio de palabras, hasta crearse un lenguaje que no toma sus modelos de la realidad sino de la imaginación. La sensibilidad da a los objetos más vulgares aspecto maravilloso. Todas las cosas están ungidas de milagro. Un cuadro es una ventana que da a un mundo propio, organizado según determinado orden poético: un cuadro es una ventana abierta al infinito. La poesía es la esencia de la total presencia de seres y cosas, creados e imaginarios. Es *una*, y está en todas partes. Plurales son los caminos para aproximarse a ella. Música, forma, palabra, son simples afluentes que componen su final realidad.

La fotografía y el cinematógrafo han hecho progresar a la pintura. Crear o recrear, tal es el dibujo. Si la mentalidad primitiva o el niño dibuja de manera comparable a la de algunos artistas, se debe a que por falta de dominio omite los detalles. En el artista la desnudez que alcanza significa que escoge dentro de su posesión. Impone su rigor y pinta lo que imagina. Sin poderosa imaginación no puede haber realismo. "Un poema no se copia nunca: necesita ser formado", escribió Baudelaire.

La descripción, en donde el objeto pintado no es más real que en la realidad, es arte menor. Bodegones, retratos, paisajes no son nada en sí: la imaginación los alienta, diferencia y termina. Nunca el tema es más preponderante que las facultades expresivas del pintor. Aquellos "ilotas de la república poética" —como llama Ortega y Gasset a los escritores costumbristas— son hermanos de los pintores pedestres de tales motivos. Las costumbres son antipoéticas. Carlos Mérida no se ocupa tanto del juego de las formas, cuanto del juego poético de las sensaciones de las formas.

El dibujo es lento arabesco sensible, o bien rígido y decorativo, siempre en función de otro trazo. La forma construida a base de matices, de calidades, de transparencias, de insinuado volumen, se basta a sí misma. El afán es analítico: captar elementalmente la esencia inmediata de las cosas. El color, fino y logrado desde los comienzos, es sutil en matices. En la obra primera apunta ya la intención ornamental que no abandonará nunca, basada en artesanías populares de Guatemala (códices, textiles, máscaras, jícaras, cerámica), seducido por la organización lineal y siempre con ritmos admirables.

A partir de los años treinta inicia uno de sus mejores periodos: gouaches y acuarelas. El color por el color mismo, sin alusiones formales discernibles. Luego, la etapa geométrica última —más diseño que dibujo, siempre lírico—, en la que ha creado obras que son en sí preciosos objetos, acentuando el sentido ornamental, refinándolo y componiendo magistralmente.

En algunas de sus pinturas nos es imposible reconocer el motivo que las origina, justamente como no podemos explicar un poema: las formas ya no tienen sentido literal. Las mejores obras de Carlos Mérida fueron creadas dentro de tal espíritu, y si no alcanzan siempre tal perfección, despiertan nuestro interés por su rigor que desvirtúa, con su sola presencia, parte de la producción pictórica mexicana. En ellas ya no existe la representación de las cosas, sino las cosas en acto. Un concepto mental. Una realidad más concreta.

Nunca hay descripción, relato, sino sensaciones de formas y formales sensaciones de informes sensaciones. Toma los modelos de un mundo íntimo, y la pintura se vive dentro de tal ambiente: el de un sistema de señales que debe dar vida plástica a sus sensaciones. En los casos impares consuma su finalidad: constituir una presencia de la poesía.

Por la poesía, todo está como más cerca.

La pintura de Mérida no se limita a asumir lo exterior de sus orígenes. Su dimensión la encontramos sobre todo en la espontaneidad, la libertad y la gracia. No renuncia a lo irrenunciable. Quería ser americano, ¿se puede ser algo distinto de lo que se es? Y lo suyo más suyo es su pintura, tan actual como anacrónica, moderna y tradicional. Su léxico visual, por su diferenciación, llega a dominios amplios, a públicos amplios. Conoce sus límites evidentes, y esto contribuye a la eficacia de sus variaciones sobre el mismo tema. Lo prefiero en pequeño formato, en cuadros, acuarelas, apuntes. La nueva arquitectura exige un muralismo nuevo. La obra mural más importante de Mérida no la conozco: fue realizada en Guatemala en 1956. Cuando veo lo que hizo en México y estudio sus maquetas para murales, pienso que al pasar a los muros amengua su seducción decorativa.

Me repugna la afirmación estrecha de un arte nacional y de un mensaje *a priori*. En la raíz de lo humano surge la poesía. Y es por elemental, prístino y directo, que lo precolombino encanta en cualquier parte. Como las artes negras o las polinésicas.

Es ocioso exigir a Carlos Mérida una interpretación profunda y trascendente de la realidad, extraña a su temperamento y a su vida interior. Su inquietud nunca ha sido dramática, y menos trágica. Se afirmó en un purismo que le distingue, le limita y define. No abrió una ventana hacia un horizonte, sino hacia un jardín trazado —regla y compás—, nítido y pequeño, lírico y entrañable. Perseveró en una obra que al verla reunida en conjunto demuestra seguridad y cohesión. Emociona su tranquila, reposante y accesible presencia. Es un tono menor en el cual sentimos, sin embargo, algo de la certidumbre de un pueblo, sobre todo en las trasposiciones abstractas. En lo regido por ritmos geométricos cautiva la sensibilidad de su sabor raigal.

La pintura de Carlos Mérida se ve —se oye, debo decir— por su musicalidad, por su timbre, cualidades básicas de su significación. La originalidad arranca de fuentes precolombinas y de fuentes cultas y populares de hoy: su origen mismo cantado con un lenguaje propio, rico en modulaciones o en acordes de colores planos. La creación surge del encuentro de su presente con su pasado, como un riachuelo entrando en el mar: la tradición.

La obra más reciente, en la que ha vuelto a una geométrica figuración recreativa de temas guatemaltecos, tiene el acabado de un virtuoso, la riqueza de una sensibilidad afinada para el ritmo y el color, con una *mise en page* perfecta y un oficio que constituyen una lección. Técnicas y materiales diversos los aprovecha con sabiduría, y algo básico y muy valioso para mí: con personalidad. Su pintura sobre pergamino, madera, papel de ámatl, petroplásticos, es de una calidad de orfebrería. Qué absurdo exigirle a Carlos Mérida una sensibilidad con otras afinidades. ¿Por qué no ver aún hoy el sectarismo y la necedad de tales exigencias? A pesar de la incomprensión de muchos años, prosiguió su camino. Un camino legítimo y válido como cualquier otro si conduce, como el de Mérida, a una revelación de lo suyo y de las raíces que lo nutren. Nunca olvido esta naturaleza de su obra. Su parva luz, distinta y categórica, siempre la he visto entre las llamaradas. Es un grano de especia que da su agudo sabor, delicado y tenaz; no se sabe en dónde está, pero hay algo más importante: se advierte que está, y que es nuestro.

Pintura en México 2

Comment parler peinture?
Paul Valéry

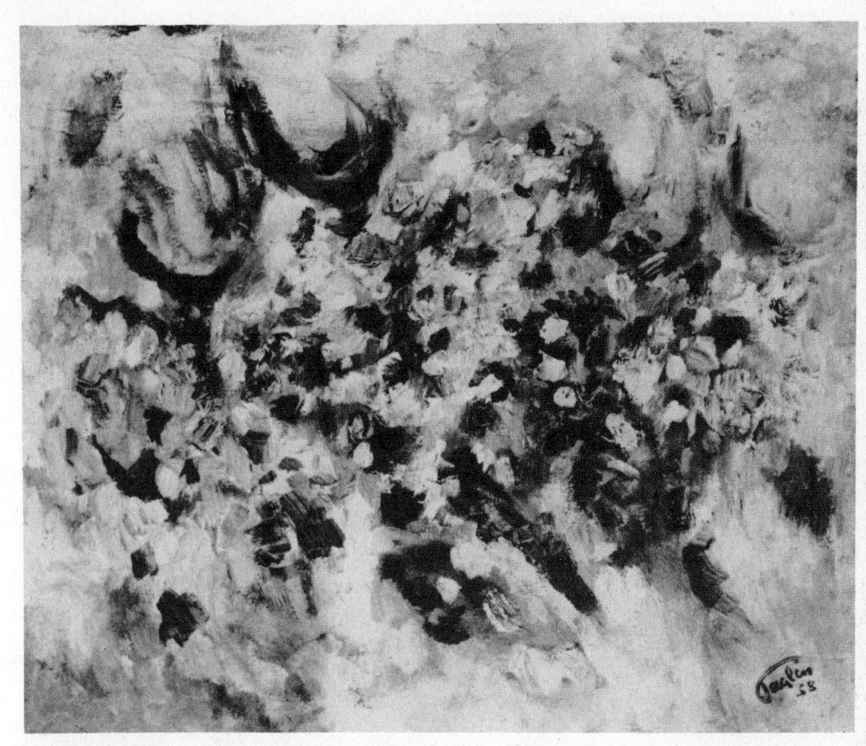

Wolfgang Paalen, *Bouquet de nuit*. Oleo/tela, 1958.

Alice Rahon, *Monumento a los pájaros*. Oleo/tela, 1959.

Leonora Carrington, *Are you really Syrius?* Oleo/tela, 1953.

Remedios Varo, *Tres destinos.* Oleo/masonite, 1956.

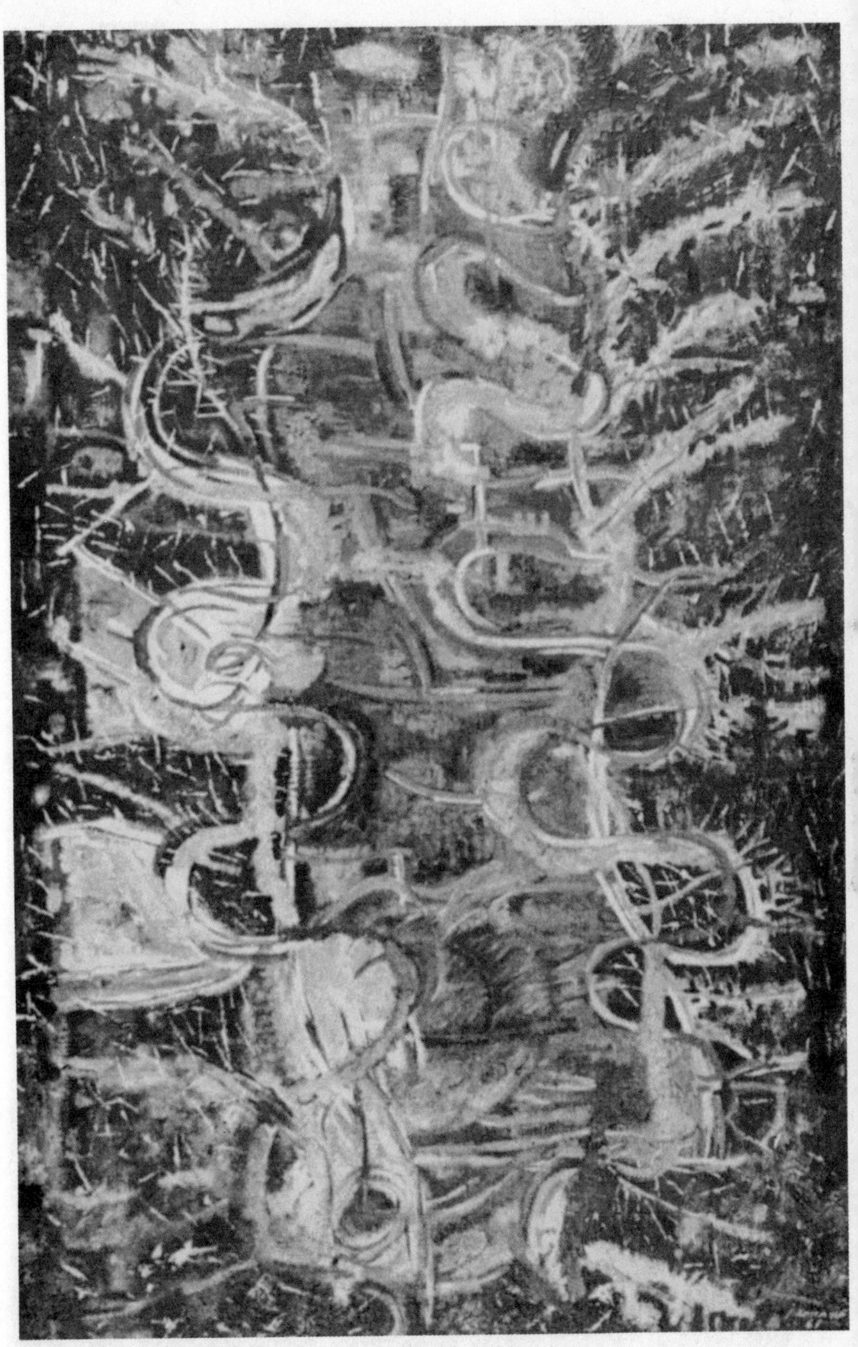

Juan Soriano. *El cometa*. Oleo/yute, 1961.

Enrique Echeverría, *Esther hacedora de flores.* Oleo/tela, 1964.

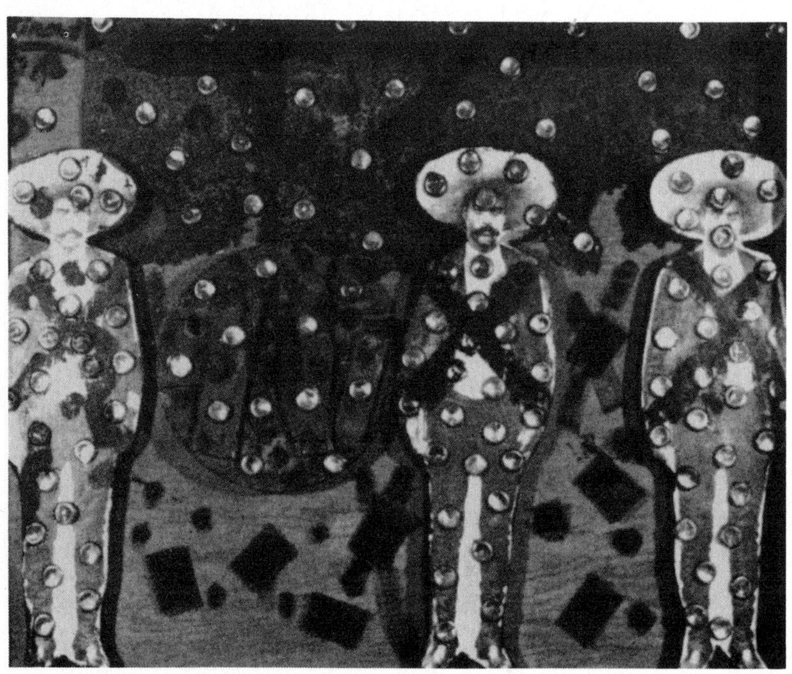

Alberto Gironella, *Zapata.* Técnica mixta, 1972.

Manuel Felguérez, *Buscando la gaviota*. Oleo/tela, 1959.

Vicente Rojo, *Negación 354*. Oleo/tela, 1974.

Roger Von Gunten, *Nido de amor*. Oleo/tela, 1967.

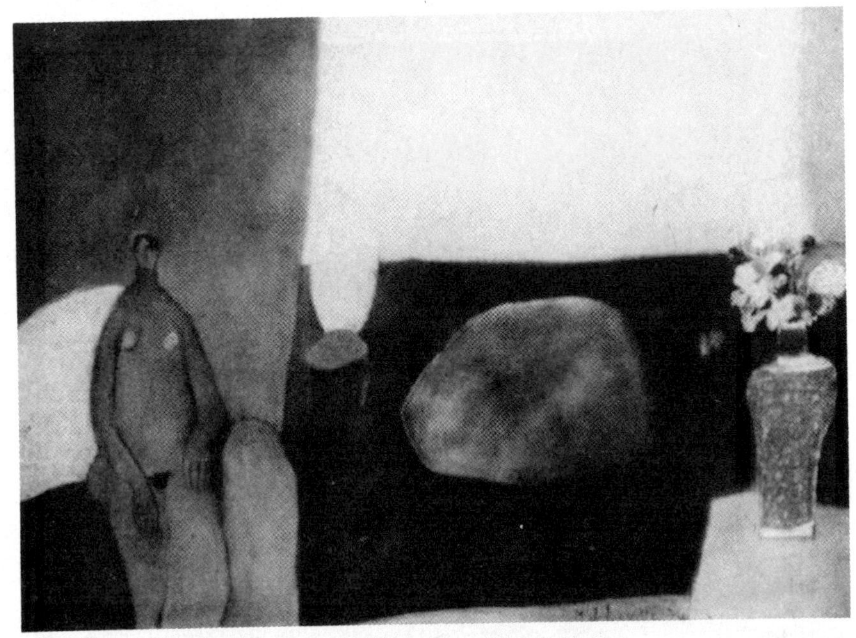

Joy Laville. *Mujer sentada en un cuarto rosa*. Pastel, 1964.

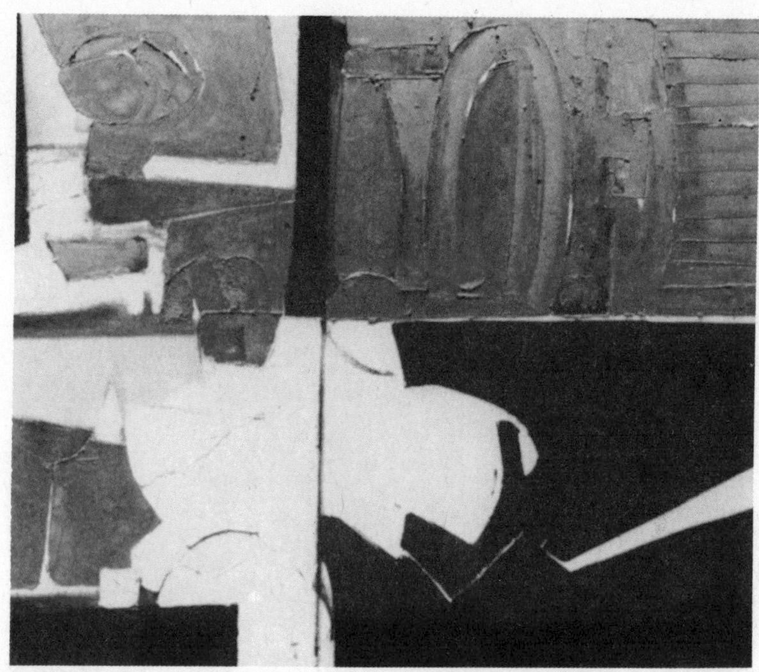

Fernando García Ponce, *Imagen variable.* Oleo/tela, 1966.

Arnaldo Coen, *Signos de distancia.* Oleo/tela, 1967.

José Luis Cuevas, *Los saltimbanquis*. Grabado, 1976.

Arnaldo Coen [1940] Fernando García Ponce [1933] Roger von Gunten [1933] Manuel Felguérez [1928] Joy Laville [1923] Enrique Echeverría [1923-1972]

Arnaldo Coen es el más joven de este conjunto. Cumple con lo más deseable para sus años: mostrar talento dentro de su inestabilidad, que a la postre configura la unidad de su obra. Lo mejor que he visto de él es una serie de pequeñas acuarelas como de un Klee muy influido por Coen.

Fernando García Ponce sabe estructurar su obra. Se mantiene en una línea de variaciones sobre el mismo tema, con abstraccionismo violento y preciso.

Roger von Gunten sobre todo en la delicadeza de sus caseínas, que suelen ser admirables, nos da un eco suave, como vegetal, de diluido expresionismo germánico. Es dueño de un estilo. Coen, García Ponce y von Gunten han alcanzado, en lo que ahora están empeñados, obras memorables.

El hermoso mural en chatarra del cine Diana, si bien nada original, es de lo mejor de Manuel Felguérez, pintor y escultor. Sobresale en ambas disciplinas. Su pintura ha logrado algo propio en sus oscilaciones.

(Nadie es íntegramente original; tal originalidad no existe. Pero, así como hay sumisión al nacionalismo, hay otra, igualmente consternante, al internacionalismo.)

Enrique Echeverría, murió en plenitud, a los cuarenta y nueve años. Pasó de la abstracción a la semiabstracción, en paisajes de colores mates y oscuros, con grandes brochazos que sintetizan el tema que exalta. En las obras últimas se transforma y se apasiona por lo decorativo: color brillante y muy contrastado.

Joy Laville, sabiduría y sensibilidad que recuerda la pintura "intimista" de Éduard Vuillard [1868-1940], con sus suaves colores apagados. Su síntesis, su visión, es más compleja que tal apariencia.

(Diré lo que pienso de lo "actual", en la presente ocasión, con palabras de Valéry: "...nada está más manchado de automatismo que tomar como referencia lo que otros hicieron o lo que otros no hicieron, de *vivre pour imiter ou de vivre pour démoder*, lo que se vuelve profundamente lo mismo".)

Los artistas de este conjunto muestran el camino ante la corriente que llamaríamos tradicional. En verdad, lo tradicional también suele estar en dicho cambio. Hay academicismos y tradicionalismos que sólo transforman su apariencia. Como ayer, la excepción es la válida. He recogido lo que columbro auténtico o con voluntad de renovación. Excluí lo que por su palmaria indefinición anula mi sensibilidad hasta la total indiferencia.

Por falta de pasión lúcida y grande, de profundidad y de vida interior trascendente, por oídos fáciles al espejismo del número: el dinero y el renombre, algunos se reducen y merecen malograrse. Detrás de la fachada de pesos y saliva, de televisión y piruetas vacías, hay límites muy inmediatos en algunos de los jóvenes y de los ya no jóvenes. Vemos cómo el talento se estropea por coprofagia propuesta por la sociedad de consumo, que los para de cabeza: es inevitable, en el fondo, si no tienen ánimo para más. Hay que verlos sin la lupa de la publicidad.

Siempre trato de quienes son para mí representativos en determinada tendencia; además, cuando los juzgo aún no logrados, ya me aparecen como leal esperanza.

Se atenuó el chovinismo, aunque prosiga el subdesarrollo del cual (quizá) proviene en parte y de millares de kilómetros de frontera con los Estados Unidos. Se vive problemática universal y lo que se suele llamar simultaneidad internacional. A ninguno de nuestros pintores le desvela el tradicionalismo, hasta por ejemplo de la tradición y por apremio artístico de renovarla incesantemente.

(Si nadie sabe para qué sirve la pintura ni qué es ni qué se propone ¿cómo "criticarla"? Pero...)

José Luis Cuevas [1933]

José Luis Cuevas posee un estilo poético y profundo de lo fantástico y una sensibilidad excepcional y despiadada. Es un pintor terrorista con una ternura cruel y trascendente y una elocuencia corrosiva. Por pereza de la crítica se le aproxima a obras con las cuales no tiene más analogía que la de una apariencia lejana y exterior. Su poesía la siento como una tormenta que reclama precisión para desentrañar su fuerza. Ninguno vive en México con tanta inconformidad y agresividad artísticas. Se le imita en México, en otros países, siempre muy mal. Se expresa cabalmente, inconfundiblemente, con manchas magistrales, con líneas desgarradoras. Sus datos se concentran en desnudez y tensión. Tenebroso, delicado y lúcido.

Dice José Luis Cuevas: "No me considero renovador y reformador en arte. He tratado de continuar dentro de una tradición en la que creo y a ella he querido incorporar un poco de aliento distinto, algo que la lleve adelante." (Una tradición de libertad, a la que ha dado su poderoso aliento distinto, hasta ser representativo con sus obras y sus juicios en el vuelco ya operado en la plástica mexicana, antes de que él empezara su creación artística.) Comparto su opinión.

Dejó atrás, al comenzar, la influencia de Orozco "a quien seguí y a quien todavía intensamente admiro" (1965), porque su talento, si le llevó a comprender "el mensaje y la grandeza de Orozco, posiblemente la figura cimera de nuestra plástica y uno de los artistas fundamentales del siglo XX", pronto hizo surgir lo suyo, "un orden de solidez", más allá de cualquier influencia definida. Su obra es ya vasta y singular.

"Obra desencajada del marco de su época" en su problemática y en su condición formal. Estas condiciones son, precisamente, las que me emocionan en él. Elementales juzgo las referencias (expresionismo) que se han repetido. Son simplificaciones. Cuevas es lo que quiere ser: Cuevas. Un dibujante porque crea imágenes diferenciadas, suyas, que encierran tensión y suscitan múltiples lecturas. El predominio de Goya, Picasso u Orozco, lo descarto. Sus admiraciones son efímeras. Su personalidad me hace olvidar tales acercamientos. Su alcance es múltiple: sentido de lo grotesco, de lo trágico, con humor amargo. En el terreno de la ineluctable subjetividad, se extiende sobre él, como una enredadera o una plaga, toda una literatura que le oculta: tiene renombre y es desconocido. Un talento rico de fervor y de furia.

"Desencajado del marco de la época" porque no expresa: crea. No está preocupado por modas, por ser actual. Vive pasiones. Sus pasiones perdurarán en su dibujo.

En suma, no le percibo como "ilustrador de su tiempo".[1] Es más y un poco menos. Con otras palabras: otra cosa. No hay en él desarrollada conciencia sociopolítica. Sus libros publicados y tal vez por publicar dan también indicios: *Cuevas por Cuevas, Cuevario, Cuevas contra Cuevas.* No ve hacia afuera, sino hacia sí mismo, aunque se incendie con Kafka, Dostoievski o Quevedo. Predomina un monólogo frenético. Rembrandt, Durero, Goya, cuando pinta autorretratos aludiendo a tales maestros, es igual que con los escritores: le sirven para hurgar en sí y revelarse en sus expectaciones y desencantos. Se autopsia con ellos. No sigue a nadie. Su obra es un paroxismo en cámara lenta. Siempre se está viendo. Como se ve tanto, no se conoce. Muchísimo más prefiere buscarse que encontrarse. El tema de Cuevas es Cuevas. Su estilo de ver. Sus admirables dotes expresivas. Un drama de su sensibilidad.

"¿Qué es dibujar? ¿Cómo se logra? —se pregunta y responde Van Gogh—. Es la acción de abrirse paso a través de un muro invisible de hierro, que parece encontrarse entre lo que se siente y lo que se puede. Como se debe atravesar ese muro, porque de nada sirve golpearlo fuerte, se debe minar ese muro y atravesarlo limándolo, lentamente y con paciencia, según entiendo."

En José Luis Cuevas vivo la definición de Van Gogh. De un concepto del dibujo, si bien no hay similitud alguna entre ambos. Van Gogh: "suicidado de la sociedad", como lo llamó Artaud.

Cuevas es una península rodeada de ruido por todas par-

1 En el sentido en que lo fueron Daumier, Lautrec, Grosz, Orozco, Picasso, por ejemplo.

tes, menos por una que lo une a lo auténtico. El ruido en torno a él no deja verlo. Muchos lo ven con los oídos.

Inmune al ruido, un ruido con muchas nueces, me encuentro con la desesperación de Cuevas, advertible en su dibujo y palmaria fuera de su dibujo, en su estilo de vida. Este hombre público es el artista más secreto que existe en México. Es un Narciso que se odia. Tal ansiedad ¿se debe a que no le satisface su obra, aun cuando es más inteligente y sentidamente encomiada? Esa inquieta exigencia es de lo mejor en él. Desearía que fuese Cuevas mismo, escrupulosamente.

Admiro su fecundidad, su tenacidad, su diabólica vocación. Su prestigio es de los fundados: hay una obra singular y varia que va desarrollándose, transformándose incesantemente. Cuando he bosquejado lo que aventuro como algo de su imagen, percibo que ya no corresponde a la realidad. Pienso que aún no existe el ensayo que merece, más allá del estulto ditirambo que ha padecido o el regateo mezquino. Reclama un análisis, pleno y exacto, con simpatías y diferencias. Escribiré más detenidamente sobre él.

Inventor de formas: dibujante.

Vicente Rojo [1932]

En líneas generales, en la pintura en México percibo tres corrientes: la que llamaríamos Escuela mexicana, para entendernos; los desligados de ella, con acento gentilicio; y los ajenos a la problemática de las dos anteriores. En la tercera corriente, Vicente Rojo es la figura destacada más radical.

Si las dos primeras corrientes suelen establecer relaciones elásticas, la tercera se halla aparte. Separación decisiva. No vuelve la cabeza atrás. En quienes lejos y libres de la (llamada) Escuela mexicana guardan espontáneo acento gentilicio, su vinculación la juzgo mayor con las extrañas a ésta. No existe ecléctica posición de equidistancia: es otra proposición. Asimismo, la de Vicente Rojo, caracterizada por su rigor.

No confiero superioridad a una tendencia sobre otra. En el fondo, no se oponen entre sí. Persiguen la misma quimera. En las tres hay buenos pintores. Una puede ser más "contemporánea" que otra; tal cosa la apreciaríamos, como el arte olmeca o el egipcio, siglos después: perpetuaron su sensibilidad. Ser contemporáneo por seguir una concepción en boga, se antoja inevitable. El problema consiste en que "al enfriarse sin desaparecer, no se descomponga".

Vicente Rojo trabaja sobre el propósito clásico, milenario y futuro, de la abstracción. En tal terreno hace su apuesta, desnuda y neta. Universalidad de simples formas, de proporciones, de armonías elementales en planos de color: elocuencia de cifra y signo. En su obra mejor encontramos siempre la sensibilidad y la disciplina de su talento gráfico, sin confundirse: su diseño es diseño y su pintura es pintura. En los dos campos, que a veces son el mismo, logra culminaciones.

En sus juicios, los pintores suelen preferir los estilos a lo que llamaría la autenticidad de una obra. En desacuerdo con ellos, no me oriento por estilos: lo que reconozco auténtico me orienta. Lo mejor de Rojo: firme y concreto como un cristal.

En la mayoría que juzga según los estilos, el arte no es un modo de expresión, sino la expresión de una moda.

Es absurdo inquirir esta pintura con exigencias ajenas a su designio. Invocarlas es dislate, por cuanto no sólo le son impropias, sino las ha rechazado. Además, se opone a ellas.

A Vicente Rojo, a quien he seguido en su devenir, lo he visto avanzar en un proceso de superación por búsqueda y encuentro de lo primordial.

(Esta resta llevó a Malevich al cuadro blanco con cuadrado blanco; a Yves Klein, a los muros blancos sin cuadros.)

Rojo ha caminado hacia drástica depuración, en obras lacónicas de dos o tres gamas, de extremada sencillez. Crea y transmite así, con diseño sucinto, una emoción, en las antípodas de toda literatura.

Formas inmediatas y directas, a veces texturas de parco énfasis, que se asientan en el equilibrio y como en la dirección del movimiento de los planos. Pintura sin retórica, llana, exacta. Geometrías con lógica intrínseca, sin efusión, como autónomas de la vida interior del artista y de la locuacidad del mundo real.

Su intuición va por caminos que evocan, con acento propio, la difícil lección de Joseph Albers y otros. El hecho plástico en sí, perentorio y sin mediaciones, exento de lo extraño a su naturaleza. Ahonda en el propósito de ser pintor (un visual, retina pura), sin interés en la emoción extrapictórica.

(Picasso cerró el linaje de los Grandes Maestros. Dominó su época como Miguel Ángel. Marcel Duchamp entreabrió, tal vez, otra proposición. Mucho será demolido en la obra de Picasso; pero, es incomparable su alcance. El propio Duchamp no se explicaría bien sin la proteica influencia de Picasso. Desde el Renacimiento no hay creación más revolucionaria.)

Cuando aún se pintan cuadros, excluir toda sensación ajena a lo intrínsecamente plástico, es lo que lleva a término Vicente Rojo, en línea que se remonta a la necesidad de la forma "desnaturalizada" y suficiente: no insinúa objeto alguno o exaltación alguna. La elocuencia severa de un signo escueto en un medio escueto, se basta a sí misma cabalmente.

La veta que Rojo explora está hecha de armonías intuitivas o calculadas por sensibilidad para principios de las estructuras abstractas —proporciones, ritmos, contrastes—: unidad y equilibrio. La forma conquista plena autonomía y más que lo original, lo originario. El aforismo de Libermann sobre el dibujo lo cumple en su pintura de omisiones. (Esta concreción —aun en Mondrian— es subjetiva.) Y qué talento para el color.

Recuerdo a Apollinaire: "El arte de pintar conjuntos nuevos con elementos no tomados de la realidad visual, sino creados enteramente por el artista y dotados por él de poderosa realidad."

Vicente Rojo no acepta su facilidad.

Alberto Gironella [1929]

Alberto Gironella se me escapa. No me aventuro a interpretar sus interpretaciones. Si no veo bien lo que imagina, menos puedo imaginar lo que ve. Conozco cuanto he podido de su obra, para aproximarme a su naturaleza. Sigue (para mí) en el terreno mejor y más arduo. No quiero decir promisorio; quiero decir que espero lo inesperado. Imagino que empieza a entrar en su selva virgen. Si en 1938, en una exposición internacional del surrealismo, en París, Marcel Duchamp suspende del techo 1200 sacos de carbón, Gironella, en 1973, en el Palacio de Bellas Artes, como ambiente para sus Zapatas, suspende varios centenares de saquitos de azúcar. Así nos muestra las metamorfosis que nos propone de *El entierro del Conde de Orgaz* ya devorado, con otro sentido, por Picasso: Gironella es un pintor de desafíos y profanaciones. Hay en él rebeldía y esfuerzo racional para inundar el arte de irracionalismo, para hacer material la emoción y el concepto. Saber qué es nos ayudaría a intuir qué vale.

Afronta el problema de comunicar su alucinación, más que el de imponerla. ¿Cómo darle un tercer "aire", un nuevo aliento, a un surrealismo cuya veta se siente agotada? Y es difícil para mí la obra de Gironella, porque participa de lo plástico y de la ilustración en sus ensamblajes.

Lo plástico (Arp, Miró, Tanguy) lo capto mejor que lo ilustrativo (Varo, para poner un ejemplo más conocido en México, quien siempre está ilustrando el cuento que nos cuenta).

La imaginación analítica de Gironella compone altares barrocos —escarnio, fasto, sátira y carcoma—, que en lo insólito no siempre me atrae, como alguna vez me ocurre con la poderosa imaginación de Luis Buñuel: propia, goyesca, subversiva, de novela negra o galdosiana. Aprehendo en el pintor su decepción: "Busca absolutos —como Novalis— y encuentra sólo cosas." A partir de tal requerimiento, su estética renace. Es, más bien, possurrealista su visión. Gironella: Eros y muerte.

Comprendo que nunca es la cantidad, sino la invención, lo que cuenta. Gironella ha pintado poco, regido por su exigencia. Tal posición, para mí, es la irreprochable. Además, su planteamiento se liberta del lienzo o el papel, inunda la vida, por incitaciones plásticas y extraplásticas: poesía en tres o más dimensiones. Espero de él sorpresas.

Juan Soriano [1920]

Juan Soriano, después de 1950, salta de lo figurativo a lo no figurativo y no vuelve a su punto de partida y se marcha otra vez. Pinta sin preocuparse por nada extraño a su expresión. Su obra es una presencia de su libertad. El tema es la pintura misma: no le concierne lo que estima ajeno a lo específico de la pintura. Su vida interior, que supone desligada de lo circundante y de las circunstancias, impera en su obra, rica de inquietud y opuesta a todo criterio nacionalista y aleccionador, a lo que llama, para explicarse, literario. La emoción le apasiona.

Intuitivo y ligero, convincente sin insistencia, juega con descuido minucioso. Cargado de interioridad, la pintura en él es lúdica necesidad secreta, que le decepciona y le exalta. Algunos de sus cuadros —fiestas de formas y acordes, nada más y nada menos—, los capto como lenta deflagración.

Veo lo que tengo enfrente; me basta. Sin nada preconcebido, lo veo. El cuadro se va iluminando. De pronto, está en el apogeo de su luz. Me vivo y lo vivo. No hay que buscar más allá. Quedarse en el cuadro; salir de él. Volver a verlo. Pesar sus elementos y el enlace disciplinado entre ellos. Paladearlo con lentitud, con sencillez. Todo se revela en Juan Soriano como poesía. Como estupor.

No le reconozco en lo que he leído sobre él. Esto me ha encantado: su lejanía de las palabras. Complicándolo, cargándolo de metafísica, no podemos verlo. Hay que verlo con precisión; esto es, con mayor claridad. Rescatarlo del ditirambo y el palabrerío. El cuadro de Soriano sólo quiere ser cuadro, por sus propios medios estrictos. No le colguemos corbatas o medallas. No hagamos poesía o novela.

Es uno de los pocos artistas singulares nuestros. No olvido su escultura. Es mal conocido. Expone raras veces. Vive hace años fuera de México. Cada vez que tengo la alegría de contemplar una nueva pintura suya, advierto el rigor con que ha ido creando su obra: firme, lento e impaciente. Mentalmente, reúno lo mejor de él y me aparece con toda su delicadeza y sensibilidad. Y me viene a la memoria Valéry: "Comment parler peinture?"

Casi niño y muy joven, pintó algún tiempo dentro de gustos tradicionales del movimiento tal vez derivado de propensiones gentilicias. Las vivió con la espontaneidad y el talento que luego desarrolló con vehemente amplitud en su obra exenta de lo que no fuese invenciones formales y matices. La ineludible reacción contra el muralismo abrió nuevos rumbos, se consagró a lo intrínseco, rechazó el discurso. A mi entender, en la exposición nacional (se le debe a Soriano), encontraremos a un artista con un díptico de gran unidad, que recuerdo sorprendente: poeta, hondo pintor de parábolas visuales.

Leonora Carrington [1917]
Remedios Varo [1913-1963]

Leonora Carrington[1] en sus escritos (plástica: *La dama oval*) y en su pintura (poética) se ocupa con temas repetidos que, sin sus cualidades específicamente pictóricas, poco me atraerían. Su mundo lo manifiesta con la mitología de una invención personal y una singular destreza de pintor. Se le siente desbordada de hipótesis y obsesiones: su obra es nostalgia, expectación, perplejidad. Vive lacerada de enigmas. De recuerdos imaginarios. Interpretarlos sería un intento de establecer límites. *Who art thou, White Face?*

Cuando no se compromete extremamente la inteligencia y la sensibilidad, una construcción con palabras o formas y colores no me apasiona.

El caso es equiparable en lo que entiendo como crítica y en lo que entiendo como arte. El proceso de la creación es un proceso de crítica consciente e inconsciente. El de la

[1] Llega a México en 1942.

crítica, de creación consciente e inconsciente. Ambas quimeras, nacidas de la perentoria necesidad absoluta de lo inútil, son infinitas, maravillosas y nulas.

El arte es incierto; su crítica, dudosa: vasos comunicantes. La perennidad de ambos, frágil y tornadiza: me vencieron tales axiomas. Les pertenezco. Vivo dominado por su posible imposible.

La crítica de arte es la Venus de Milo llevando en sus manos la cabeza de la Victoria de Samotracia.

Remedios Varo[2] y Leonora Carrington son dueñas de concepciones muy diversas en el (indelimitable) terreno del surrealismo.

(Algunos autores anexaron al surrealismo obras que muestran lejanía de la realidad convencional. La anexión de Picasso a mi entender, es arbitraria: un realista que no puede prescindir del mundo exterior que arrasa y transfigura. Su creación no responde a los postulados de Breton o de Max Morise. Con tal criterio, todo arte es surrealista. Y si todo es surrealismo, el surrealismo no existe.)

Remedios Varo, muy cotizada por su celebridad, la estimo ilustradora. Aun en los mejores cuadros es inminente la aparición de Blanca Nieves.

La factura magistral de los valores oníricos corresponde al dictado de su pensamiento en que interviene la razón, con preocupaciones estéticas o morales. De lo notable en su obra, que se diría animada sólo por los mitos de la infancia, sin influencia alguna de México, es su fabulante y fabuloso humor.

Varo y Carrington ¿por qué reunirlas en mi crónica si son tan diferentes sus talentos y virtudes? Cierto clima las acerca y las distingue a fondo. El surrealismo no está sobrepasado o muerto: como la abstracción, es una constante del espíritu. El surrealismo: anterior a su nacimiento y posterior a su muerte.

Cierta pintura surrealista menor la sentimos lejana. Más que imaginación, en ella hay insistencia. Su desgastada mitología corresponde a un romanticismo caduco. Tediosa es la repetición de lo "insólito". Pintar un hipogrifo o una quimera y una manzana o una mano, desde el punto de

[2] Llega a México en 1942.

vista formal, es semejante. Las botellas de Morandi siguen siendo sorprendentes.

Más que una nueva visión sobresale el artificio en los atroces epígonos de Remedios Varo y Leonora Carrington, —a veces, en ellas mismas—, plasmado académicamente. Gironella no tiene seguidores. Intuyo que propone algo más complejo. Pienso, no pretendo ser original, que un arte construido sobre la noción de lo insólito es muy limitado. Cuantas puerilidades se basan sobre la manida sentencia de Lautréamont: "Bello como el encuentro fortuito, sobre una mesa de disección, de una máquina de coser y de un paraguas."

Parece haber unanimidad en que el surrealismo "no hizo estallar el rostro del mundo visible". Fue, más bien, el cubismo y la *action painting*. Su influjo se afianzó como liberador de la conciencia y por su concepción de la vida. En sus principios fue de los acontecimientos artísticos, vitales y fecundos, en lo que va del siglo. André Breton y otros poetas y pintores del dadaísmo y el surrealismo provocaron un cambio de la sensibilidad. No es poca cosa.

Con los años, el prodigio se volvió hábito sin virtudes, escuela, academia, movimiento, sistema. En vez de pasmo produjo bostezos. Más que anécdotas plásticas encontramos plástica anecdótica: diría —para explicarme— que vive más del cuento que de la forma. En esta línea, rancios se sienten su nula novedad y sus conjuros inoperantes. El surrealismo dice René Loureau, "tuvo que luchar menos por ser reconocido que por evitar su integración con la cultura oficial".

El dadaísmo (Tristan Tzara) fue el no absoluto. Sarcasmo y tabla rasa. Nihilismo. Una catarsis. Una gran vomitada. Impugnación radical. Destrucción y caos. Con el surrealismo se regresó al orden, a la literatura, a las exposiciones, a las galerías, aunque se proclamara "el surrealismo es la escritura negada" y se condenara "toda actitud estética". La preocupación rigurosa por el estilo surgió a primer plano. Las formas lapidarias. *El amor libre* es una obra maestra escrupulosamente construida y trabajada. La escritura automática no se reveló convincente. Breton oscilaba de Descartes al tarot.

En suma, pone en tela de juicio al surrealismo "la realidad, terriblemente superior a toda surrealidad" (Artaud).

El dadaísmo fue la revolución. Con el surrealismo, la revolución degeneró en gobierno.

(La originalidad no se encuentra: se tiene.)

La obra mejor de Leonora Carrington y Remedios Varo, pertenece, por su legitimidad, a la exigente selección de pintura de un linaje fantástico.

Alice Rahon [1913]
Wolfgang Paalen [1905-1959]

Wolfgang Paalen (Viena, 1905-México, 1959) llega con Alice Rahon, pintora y escritora francesa, en 1939. Su leve influencia, un momento acaso la más discernible de los artistas no nacidos en México, comenzó con la exposición internacional surrealista (1940), organizada aquí, por él y César Moro (Lima, 1903-1955), poeta peruano que vivió en México de 1938 a 1948.

Antonin Artaud, en 1936 estuvo entre nosotros: escribió sobre dos artistas: María Izquierdo y Luis Ortiz Monasterio. André Breton, en 1938, con León Trotsky redactó el manifiesto "Por un arte revolucionario independiente". Trotsky no lo firmó. Diego Rivera, aunque aparezca como firmante —y como surrealista en la exposición de 1940—, no contribuyó a pergeñar tal documento. Estos tres nombres tan contrarios forman un "cadáver exquisito".[1]

Algo influyó Paalen con su obra y la revista que editó en México: *Dyn* (1942-1944). Los surrealistas contaron algún tiempo con él. Luego, ruptura y regreso. Varias épocas en su obra: la de paisajes árticos (*Fata Alaska*, 1947); influencias de los totemes de la Columbia Británica, y la serie (Colección Carrillo Gil) de menor impacto, en que se desvanece la forma y todo es efusión cromática, en cuadros de medianas dimensiones, sin la brillantez de esos probables antepasados de la surrealidad: Moreau o Redon. Quiero decir que lo mejor de Paalen no lo encontré en la Colección.

[1] En efecto, Trotsky nunca fue trotskista ni surrealista; Breton nunca fue marxista; Rivera nunca fue surrealista y, políticamente, ¿qué fue?

Entre lo más notable recuerdo el ausente *Combats de Princes saturnians* (1938). (Advierto, por ahí, a Kurt Seligmann, tan olvidado.)

¿La influencia de Paalen? Gunther Gerzso fue amigo de los surrealistas en México. En algo de su obra más temprana tal vez exista alguna influencia de ellos. (Probablemente, de Paalen: *Panorama*, 1942.) Con la abstracción, entonces considerada como de lo más opuesto al surrealismo, el joven Gerzso fue revelando su personalidad.

Alice Rahon encarna la libertad de la imaginación visual, sobre todo cuando se aleja de la figuración. Está en ese dominio muy vasto de sensibilizar una superficie con matizaciones refinadas y estructuras difusas, como con algo de Vieira da Silva y de Paul Klee. Su lirismo es suave y persuasivo.

Escuela mexicana

Il n'est en art qu'une chose qui vaille:
celle que l'on ne peut expliquer.

Georges Braque

Julio Castellanos, *Las tías*. Oleo/tela, 1935.

José Chávez Morado, *Hidalgo liberador*. Fresco en la Alhóndiga de Granaditas. Guanajuato, 1955.

Alfredo Zalce. *Interior*. Litografía, 1945.

Abraham Ángel, *Retrato de la Srita. Esperanza Crespo*. Oleo/cartón, 1924.

Jesús Reyes Ferreira, *León amarillo*. Gouache/papel de China.

María Izquierdo, *Mis sobrinas*. Oleo/tela, s/f.

Olga Costa. *Ramillete*. Oleo/masonite, 1959.

Guillermo Meza, *Cabezas religiosas*. Oleo/tela 1950.

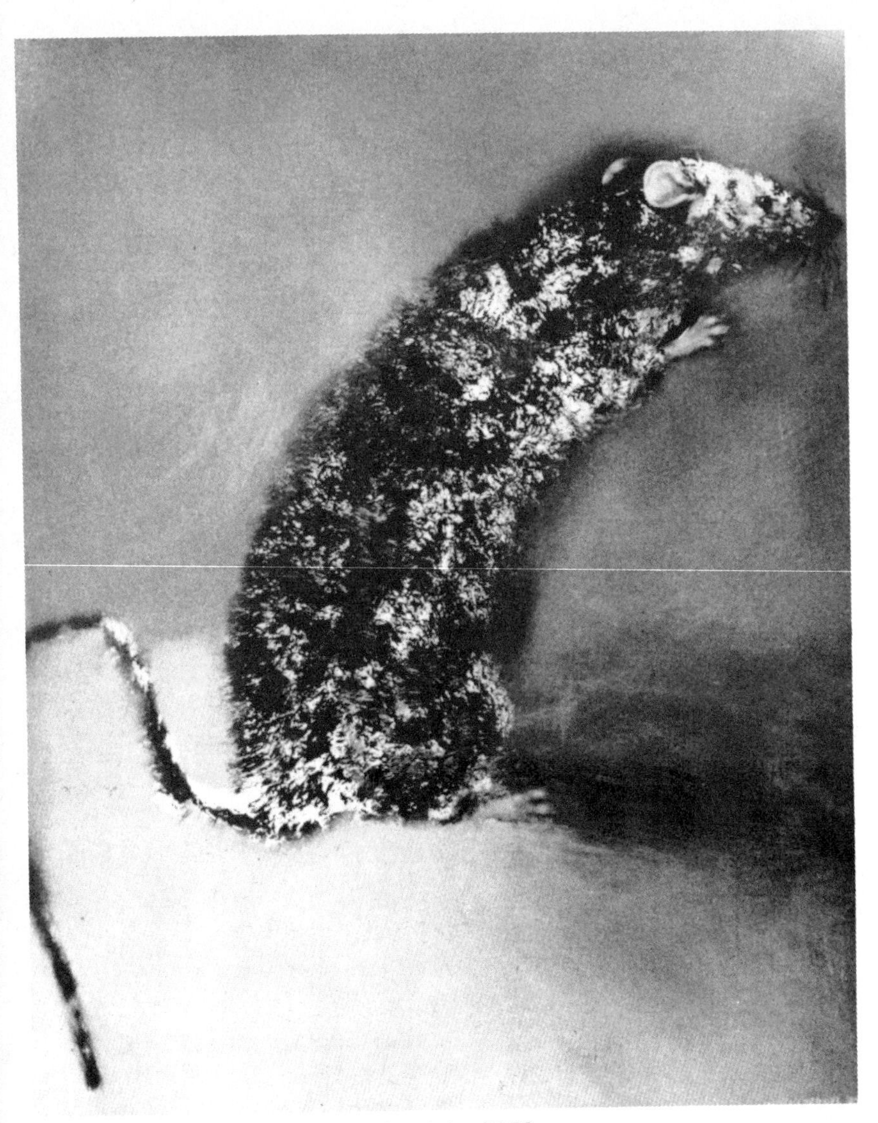

Rafael Coronel, *La rata verde*. Acrílico/tela, 1973.

La *Pintura* y no lo "nacional"

Hay cierta huella imprecisa y sin embargo discernible en la pintura no figurativa. Un ojo experto, sin considerable margen de error, podría decir la procedencia de las obras de una exposición de abstractos. Se suele sostener que del muralismo se desprende una plástica que contribuyó a configurar lo estimado como un estilo nacional.

El probable estilo nacional —impreciso y, sin embargo, a veces discernible— (un folklore que muere, según otros, como todo estilo nacional), se revela con distinción y calidad en muy contados murales o fragmentos de murales, posteriores a Orozco, Rivera y Siqueiros; en obra de caballete, así como en la gráfica, en donde fue tardío el cambio. En esta pintura no me atrae lo imaginado nacional. Me atrae la *Pintura.*

No manejo la noción de "actualidad". "Moda es lo que pasa", afirmaba Picasso. La obra en sí, sin criterio de "progreso" en el arte. De lo contrario, cabría preguntar si es moderno el arte abstracto; algunos autores ya lo encuentran en el neolítico. Manejo la noción de autenticidad: cuando la obra algo (mucho) me dice, aunque no esté bien hecha.

En este conjunto, como en los otros, se me ocurren nombres de algunos artistas más: Antonio Ruiz, Carlos Orozco Romero, Fermín Revueltas, Federico Cantú, Jesús Guerrero Galván. Traté de reunir los ejemplos que juzgué más característicos. No me ocupo de una pintura "mexicanista"; simplemente, de pintura.

Mi comentario es breve. En varias partes del texto, implícita o directamente, indago esta obra, sobre todo en las que expongo los antecedentes del muralismo. El conjunto es de muy varia tendencia figurativa.

He dudado de la existencia de una Escuela mexicana. Más exacto me parece hablar de un movimiento. Estos pintores están abiertos a todas las corrientes, más allá de la impronta del muralismo. Sobre todo, de lo pintoresco y nacionalista.

El sectarismo nunca fue de Orozco. Diego Rivera olvidó que fue cubista y profesó una estética "antiformalista", diría Siqueiros, quien impugnó públicamente, como perverso contagio, una exposición de Picasso en México, en 1945. Este criterio castrante no existe en los seleccionados. Su pintura nace de su sensibilidad y no de un dogma o tradicionalismo.

Para nada puede compararse la lucha de los muralistas de los años veintes y la revolución que ocasionaron, con las dificultades de las primeras exposiciones abstraccionistas, surrealistas o de otra índole. Habría que culpar a ciertos pintores y a la crítica, estúpida y servil, por su debilidad, más que a los muralistas, por su influencia y dominio. En todas las probables escuelas los interesantes son heterodoxos.

Los abstraccionistas, ahora tan numerosos como los figurativos, ocupan su sitio, algunas veces con dogmatismos como los de ayer contra ellos. Los abstraccionistas o figurativos sin autenticidad no nos conciernen: son idénticos, en el fondo y en la superficie.

Los pintores que reúno en este conjunto se oponen a la académica pretensión de Siqueiros, a su "no hay más ruta que la nuestra". Sobre el Polyforum publiqué un ensayo tan extenso como el dedicado aquí a Siqueiros.[1]

(Antes de cerrar esta nota, doy algunos datos complementarios: en 1940 la Universidad Nacional Autónoma de México publicó *La nube y el reloj/Pintura mexicana contemporánea.* Incluía, exigentemente, sólo a siete pintores: los tres muralistas y Tamayo, Mérida, Lazo y Castellanos. En 1953, la propia institución, *Pintura mexicana contemporánea.* Los razonamientos, con diverso enfoque, llegan a parecidas conclusiones, como en *México: pintura de hoy* [Fondo de Cultura Económica, 1964]. Son retratos del mismo modelo. Tales obras se hallan agotadas.)

[1] *La Cultura en México,* suplemento de *Siempre!,* México, 15 de marzo de 1972.

(Mi primer ensayo sobre José Clemente Orozco es de veinte páginas en la revista *U. O.* [marzo de 1936, n. 6], publicación de la Universidad Obrera de México. Situé al pintor en sitio señero. A Orozco lo ignoraban o lo menospreciaban: los juicios sobre él eran diatribas.[2] El cambió total de opinión de Justino Fernández, por ejemplo, su historiador más ferviente y el crítico más minucioso y acucioso, ocurre hasta 1942, en *Orozco/Forma e idea*.)

[2] Justino Fernández, *El arte moderno en México.* Ed. Antigua Librería Robredo, José Porrúa e hijos. México, 1937.

Rafael Coronel [1932]

Hace tres lustros escribí con entusiasmo sobre la primera exposición de este pintor, en el Palacio de Bellas Artes, 1959. Un año antes había conocido algo de su talento. De inmediato pensé que su gran riesgo, su peor enemigo, era su facilidad. No dejarse seducir por el éxito comprueba la autenticidad. En arte no se triunfa.

No descubrí a Rafael Coronel. Rafael Coronel se descubrió a sí mismo: su creación cargada de valores, dije entonces, no precisa de la palabra de nadie. Se afirma y se revela con obra diversa y espontánea. Necesitaba expresar mi alegría ante la renovación que anunciaba continuidad por varia invención realista o abstracta.

Rafael Coronel: surgimiento de un río en el mapa de la pintura mexicana. Su obra ha crecido atropelladamente, a borbotones. Seguirá creciendo. Sus formas, abstractas o no, a veces caligrafías fulgurantes, comprueban por su imaginación que Rafael Coronel —no me importan las clasificaciones ni las influencias en él ni en los otros pintores jóvenes— es de los mejor dotados. Suya es una obra fuerte, muy desigual, suelta y ágil.

Los mexicanos suelen ser buenos o grandes dibujantes. Hay más inclinación o dotes para el dibujo que para el color. (Aparto a Tamayo por su sensibilidad para el color.) Contemporáneos: Lazo, Méndez, Castellanos, Siqueiros, Rivera, Orozco (sobre todo), Cuevas. También, entre ellos, Rafael Coronel. Y logró saltar al color desde el principio, con más acierto en los tonos opacos que en los encendidos.

Un cuadro es algo más que el ornamento de un muro. Hay que pintar, como decía Picasso de Matisse, "con un sol en el vientre". Quien no ha educado sus ojos supone que los artistas divagan cuando aseveran que hay proyección trascendente en una cestilla de flores de Zurbarán o de Sánchez Cotán.

Guillermo Meza [1917]

Pintor con imaginación lírica, de color personal y refinada materia, ha creado ya una vasta obra de caballete. Ha visto con renovada visión el paisaje del valle de México, lo que se dice pronto sin medir tal capacidad. Es una pintura distante del detalle: se colma del paisaje, lo olvida y lo reinventa al pintarlo. Paisaje real y paisaje de sueño, como toda su obra, tensa de vibraciones de luz emulsionada.

Su originalidad es sencilla por auténtica, con acento romántico y con la obsesión mexicana de la muerte. Pinta lo suyo, su vida interior, los viejos mitos resonando en él. A veces, nos evoca lejanamente una atmósfera onírica. Esta condición poética se evidencia porque no la busca: es espontánea, lograda con sentimiento y perfeción. No le imagino frente al paisaje, frente al modelo. La luz la tiene dentro de sí; el modelo se transfigura. El mundo exterior es el punto de partida, y aunque conserva su apariencia lo transforma en creación personal. "La milpa" es una pequeña obra maestra.

José María Velasco frente al valle de México, y Guillermo Meza, medio siglo después —y esto sólo es un momento en su pintura— nos devuelve la misma verdad perseguida desde las cavernas hasta las obras y tentativas de nuestros días. La pintura menos separada (no digo más desligada) de la realidad objetiva, es una interpretación poética, como la más opuesta: la más separada. Cambian los medios y las apariencias para el mismo fin: la interminable aprehensión del misterio plástico, la evocación intensa de relaciones profundas. Esa irreductibilidad surge de una aptitud y de una voluntad artística que nunca se halla desligada de valores humanos: emoción trascendida, asombro, lírico sentimiento de soledad, de la condición humana. El hecho que se crea, o la descripción cuando la hay —hablamos de pintura—, participa en la posibilidad de significación y en la concreción de vida formal. ¿No es el *meaning of meaning* de la pintura la forma entendida sin esa escisión a que se tiende al relacionarla sólo a lo objetivo y al no hacerla vivir en su esencialidad de símbolo de la realidad y en la realidad misma al mismo tiempo? La efusión imaginativa, su poesía revela en sus valores pictóricos —"la pintura sólo es interesante por el color y la forma"— dan a la obra de Guillermo Meza su acento y su excelencia.

Olga Costa [1913]
Abraham Ángel [1905-1924]
María Izquierdo [1902-1956]
Jesús Reyes Ferreira [1882-1977]

Olga Costa pinta paisajes y naturalezas muertas, que se caracterizan por la delicadeza del color y la composición. Grandes o pequeños organismos, con cierto gusto tradicional, a veces con facturas y tonos contrastados que sólo pueden ser de nuestros días. De su obra recuerdo no pocos óleos memorables.

Abraham Ángel nos dejó la certidumbre de un gran talento. Su breve obra nos dice sus virtudes y los años en que pintó: se advierte un reflejo de las Escuelas de Pintura al Aire Libre, fundadas por Alfredo Ramos Martínez, el auge de lo popular, con sencillez, intuición y diafanidad del adolescente dotado que fue.

En María Izquierdo se siente una pintura rústica y espontánea, con carácter popular y no se qué agil torpeza, casi diría magistral. Artaud se interesó por ella, aunque percibiera acentos de la "*dominación fascinante* europea". Pero la legitimidad —precisaría que "mexicana"—, de María Izquierdo, la distingue por su originalidad. ¿Cuándo se reúne su obra y se expone dignamente? En su gracia hay, a veces, la "originalidad de la incompetencia".

Jesús Reyes Ferreira ha pintado mucho sobre papel de china con anilinas. Ha empleado, después, colores firmes sobre cartón o finos papeles. Soltura en su maestría, sentido decorativo, y esa rareza: buen gusto y refinamiento. Con unas cuantas pinceladas, a veces de un sólo color que resalta sobre el fondo que lo complementa, logra un hecho plástico: Cristos sujetos a la columna, enfáticos gallos líricos, ángeles (con lo mejor del barroco mexicano), flores y bodegones.

A Abraham Ángel, María Izquierdo y Reyes Ferreira los siento con más vínculos entre sí que con Olga Costa, cuya obra, sin embargo, no la alejo de lo más logrado de estos tres artistas. A partir, precisamente de su personalidad, de su diversidad, intuyo afinidades en la intención de todos ellos.

(La produción sin acento gentilicio corresponde a México de hoy. Y ahora corresponde más que la indianista o con regionalismo patente, con rostro mexicanista. Lo dominante es la inversión extranjera, la influencia y afluencia tecnológicas [*mass media*] y la transformación o ampliación de la colonial sociedad de consumo. Estos factores pesan celular y profundamente: deciden, en medida considerable, las formas de cultura y la expresión. La busca de identidad nacional es una depresión anímica.)

La sociedad actual es muy distinta de la sociedad y de la problemática de la época del muralismo. Intentar revivirla o continuarla burocráticamente, es menospreciar las leyes del desarrollo histórico de las sociedades: la imitación de la obra de Rivera —por ejemplo— y sus derivaciones pintorescas y nacionalistas, produce pinturas no sólo tardíamente epigonales y bastardas, sino postizas, obsoletas y exóticas. Además, ¿quién o quiénes en esta temática y esta orientación? Los artistas apartados de lo "nacional", pienso que también representan la realidad nacional. Es absurdo querer inmovilizar la llamada identidad gentilicia en una imagen nacida de las corrientes sociopolíticas y estéticas que la configuraron hace más de medio siglo. ¿Quién no recoge este desafío? No alego un determinismo; reconozco cierto condicionamiento. Lo que hoy se crea en México, lo más "desarraigado", proviene de la realidad mexicana.

El problema se sitúa más allá de lo nacional o no nacional. El arte no puede sustraerse cabalmente a las leyes de la producción capitalista de mercancías, que anulan, en gran medida, la libertad de creación. Hay ostensible discordia entre la obra de arte en su carácter intrínseco y las relaciones económicas que la apartan de su naturaleza y la vuelven valor de cambio de un trabajo enajenado. No creo en el repetido lamento de la muerte del arte: sí en que es precaria su endémica, consustancial situación que corresponde a la sociedad burguesa, ésta sí en vías de extinguirse, como ayer el dinosaurio. ¿Es mejor la situación en el mundo socialista? Espero que en él (aún en transición) el artista será apoyado por todo su ámbito, ya sin ninguna de las limitaciones impuestas por esa atroz excrecencia epidémica: la burocracia.

¿La identidad nacional? Si no acierto a saber cómo es, qué es, quién es mi yo personal ¿cómo saber el yo de un gran pueblo multinacional, dividido en clases y con dilatadísima gama de niveles de conciencia distinta? Es clasista aún la identidad nacional que se propone o se presume. Y a despecho de clasista, no puede surgir por consigna; así, surgiría una falsificación: una mascarada somera.

Andrei Rublev (hacia 1370-1440) está muchísimo más cerca de mi sensibilidad con sus iconos y murales que los pintores del realismo socialista, aunque yo esté muchísimo más cerca del socialismo que de la remotísima Iglesia. Hay estéticas de las formas y no de los contenidos. Rublev y los pintores del realismo socialista crearon para su pueblo, condicionados (no soy determinista) por las capas dominantes de la sociedad de su tiempo. (Un juicio político sobre una obra de arte es más que insuficiente.)

Alfredo Zalce [1908]

La obra de Alfredo Zalce nos deja la emoción de una sensibilidad velada y evidente: ponderación y matiz. Es una pintura estricta y jugosa, de materia sabia. La sutileza de los valores y este empeño nuevo en cada obra, aunque no radical, así como el equilibrio dinámico y las relaciones con forma y color, hacen de Zalce uno de nuestros pintores menos fáciles de captar en su originalidad. Siempre inventa lo que ve. Y ve con sus propios ojos.

La obra de Zalce se organiza dentro de un orden abierto

a la invención, y no a la novedad como apariencia. Y dentro de tal estilo, la diferenciación es clara: en él hay personalidad, y las obras están hechas. Presencia de la pintura como pintura misma, lejos de implicaciones extrañas a su intención específica. Su poesía es íntima, difícil de ceñir, a pesar de su certidumbre. Su exigencia se esconde dentro de la unidad de la obra.

Su dibujo se distingue siempre: libra lo íntimo, delicadeza o violencia, de los buenos artistas gráficos. Cuando se piensa en lo mejor de la obra de Zalce pintada en cinco lustros, vivimos su perfección, su refinamiento, su inconformidad. Los murales me interesan en detalles y no en conjuntos. No logra aún expresión épica de los temas, adecuación que nos haga sensible su personalidad, como en la obra de caballete y en dibujos y grabados. Me dice más con unas flores que con un tema épico: música de cámara.

Julio Castellanos, Alfredo Zalce, José Chávez Morado tienen la posición más ardua respecto a la obra mural de Orozco, Rivera y Alfaro Siqueiros. No la continúan propiamente, pero les apasiona en la intención de un arte monumental público, cada uno por su camino, cuando ha perdido su fuerza la marejada social que impulsó al muralismo en su gran época. Estos pintores, muy distintos entre sí, a contracorriente, han logrado los mejores murales o fragmentos de murales después de nuestros maestros. Zalce es para mí, ante todo, un dibujante, un pintor de caballete.

Como artista gráfico distínguese asimismo. No sigue, como Leopoldo Méndez, los pasos de José Guadalupe Posada. Méndez es el heredero de Posada; se perfecciona dentro de tal dirección y construye una obra propia. Con Zalce hay un cambio en ese grafismo popular que, con la obra de Méndez, es la aportación más personal y sobresaliente recibida por el Taller de Gráfica Popular en los años de apogeo: ninguno dibujó mejor que Zalce, con tanta sensibilidad y gracia.

La generación opuesta al muralismo y a la gráfica del Taller destaca la repetición, el academicismo, y olvida lo consumado con la obra singular: contra Siqueiros, en primer término, se ha concentrado tal reacción. Qué fácil, en apariencia, descuidar lo extraordinario en la obra de Siqueiros, lo que representa su creación y su vida de lucha.

La obra de Alfredo Zalce se ha ido creando lentamente, apartada, pero cierta, innegable y segura. Surge de la profundidad, y no de las ventoleras del día que forman espumas en la superficie. No está flotando en lo efímero. Tiene cimientos. Fuera de moda y de modas. Situada. En efecto, cuando Zalce es para mí un pintor no es, desde luego, porque copie formas —no copia: recrea—; sino porque ha creado un estilo para concretar su visión. Y más que abolir, ahonda, con rigor en que está todo él, con difícil originalidad, cuya sencillez no es sistema sino conquista sobre su complejidad.

No necesito decir más.

José Chávez Morado [1909]

En varias direcciones se debate la obra de caballete, la obra mural de José Chávez Morado. Toda se reúne en el ahínco para alcanzar equilibrio en la interpretación del tema sin sobreponer una preeminencia narrativa o ilustrativa a la pintura misma. Este planteamiento se observa en el mural al fresco en la Alhóndiga de Granaditas (Guanajuato, 1955).

Es uno de los mejores murales en México en los años últimos, más que con influencias de determinado maestro, con influencia del ámbito creado por lo excepcional del muralismo y de la tradición de los grabadores populares. Chávez Morado ha sido también un grabador realista y popular. En la precisión del dibujo, en el sarcasmo, en el tratamiento de la luz, irrumpe la enseñanza dejada por esta disciplina.

El mural en la Alhóndiga de Granaditas es una obra vivida, sentida. Pintar en la escalera de honor de este altar cívico de México no podía ser una obra más, sino una afirmación artística que conjugara los requerimientos nacionales y los más íntimos del pintor. Superar la anécdota, que el suceso se haga sueño o revelación, conquistando su realidad profunda. No poco de lo endeble del muralismo mexicano proviene del clima en que las obras fueron creadas:

les falta tensión, invención, trascender la emoción. Les falta Forma.

La escalera presentaba dificultades para reducirla cinéticamente a un total homogéneo sobre muros y bóvedas, arcos, balaustradas y columnas. No es una escalera monumental, pero ganó monumentalidad con el mural. La escalera se creció, se hizo más alta y más espaciosa. Sin un estudio exigente se habría reducido o habría conservado su dimensión. Por el aprovechamiento de los ángulos de visión que ofrece la escalera, por la posibilidad de las bóvedas y los arcos que apuntala una columna, por la composición, conquistó tal carácter.

A partir del muro del fondo, el mural se desarrolla con más libertad y elocuencia. El tema fluye fácilmente. La pintura habla por sí, sugiere por sus propios caminos. Logró una integración severa, un todo animado dentro de una sinfonía cromática. Técnicamente, el mural es limpio y de buena factura.

Por el arco del pórtico, al entrar en la escalera, la luz se precipita como la de un reflector sobre la figura central y dominante de Hidalgo, pintada en el fondo. Un Hidalgo tranquilo y heroico, de claros grises verdosos, en escala perfecta dentro de la dimensión del conjunto. Los tonos fríos echan hacia atrás el muro, participan en la creación del espacio. Noble la cabeza prócer, sólida, expresiva. En la otra parte del fondo —díptico por la arquitectura misma— el pueblo insurgente armoniza sus tonos cálidos con los fríos del Hidalgo monumental, y se completa un ritmo en contrapunto con el dinamismo de la arquitectura.

El muro en que se muestra a las fuerzas oscuras es el más libremente pintado, el que tiene más renovada tradición popular de los grabados y en el cual la fantasía del pintor, con los recuerdos de la niñez traspuestos, nos resume su capacidad. Los temas históricos y humanísticos que distinguen al muralismo mexicano sobrepasan la pintura de género cuando son obras magistrales: no son narraciones o arengas nacionalistas. La plástica cuando se finca en los recursos específicos nos conduce más allá del adocenamiento costumbrista o histórico sin elocuencia: tensión y severidad. El tema nace de la pintura en sí, y la pintura en sí del tema, o a pesar de él. No obstante que el tema es una epopeya (la abolición de la esclavitud decretada por Hidalgo) se habría reducido a lección cívica si no hubiese alcanzado monumentalidad, acento personal, para librarse de los obstáculos inherentes.

Hay un aire de familia, de la familia de los muralistas, que no debe preocupar a ningun pintor capaz de aprovecharlo creativamente, sino enorgullecerlo. El pintor ha dado con esta decoración su ejemplo más personal. La obra de Chávez Morado en la Alhóndiga es una obra suya, muy suya. Al recordar el aire de familia sobre sus velas bien gobernadas, señalamos que esas esencias nacionales y populares enriquecen por su legitimidad, y no por dócil insistencia, al patrimonio artístico de México.

Julio Castellanos [1905-1947]

Julio Castellanos no ofrece complejidad. Su ejemplo podría reducirse a pocas palabras. Su obra es una sucesión armoniosa que nos hace suponer que en su vida interior hay gran concordia: no existe tragedia ni conflicto. Su arte es segura exposición de su vida.

Se bastó a sí en cuanto sintió que el ambiente estaba en contra de su pintura. Se aisló sin necesidad de éxito. En posesión de sus medios, seguro y paulatino, empezaba a probarnos lo que tenía que decir con ellos.

La pintura de Castellanos está vinculada al estilo de su dibujo. Siempre le vemos preferir la forma cerrada, obediente a exigencias tectónicas. Su dibujo ciñe el contorno de los objetos, hasta situarnos dentro de ellos. Nada es vago en su obra. Nada deja de terminarse en sí mismo. La composición es táctil, de precisión sentida plásticamente. Sus formas son inteligibles, definidas. Hasta lo impreciso, las nubes, el viento, puede circunnavegarlo con su lápiz. Su línea separa radicalmente las formas, y éstas se destacan firmes, medibles, limitadas.

Un gran dibujante. El dibujo de Castellanos es sensibilidad; pero, más que sensibilidad, talento. Organismos sobrios y exactos, regidos por un orden delicadamente impuesto. En el dibujo, su voz es como más íntima y persuasiva. La verdad se ofrece más consistente en la simplicidad de su desnudez, que demuestra la certidumbre de su perfección. Recuerdo sus retratos a lápiz de Xavier Villaurrutia, Gunther Gerzso y Emilia Revueltas.

Dibujo tranquilo, frío, convincente. Nos da una sensación aséptica. Las obras están hechas con minuciosidad, prevista en los detalles mínimos, mas no ha quedado excluido su sentimiento: razona con él. No hay visión objetiva ni en el más estricto dibujo imitativo: en Castellanos la fruición de la forma es, esencialmente propia. En los buenos óleos, el dibujo no aparece ni se presiente como un esqueleto que hubiese sido recubierto de colores que le otorgan presencia nueva. Nunca son huecos sus dibujos: se distinguen por lo firme de los volúmenes, tácitos o manifiestos. Esta cerrada trabazon de estrofa, tan presente y asequible en sus dibujos, se encuentra escondida en los frescos y en los óleos.

Si se quiere, en los dibujos se logra mejor, con más felicidad y facilidad aparentes. Pero, si recordamos dos o tres de los óleos más hermosos y los frescos en la Escuela de Coyoacán, nos daremos cuenta de que Julio Castellanos alcanza verdadera maestría. Sus frescos son preciosos dibujos agrandados sobre el muro. Y mucho más. Como en los óleos, a veces de académico dibujo moderno, en los frescos son las cualidades específicas las que hacen cantar el conjunto. Preferentemente, se ha querido apreciar al dibujante, para restarle importancia al pintor. Esto es erróneo.

Su composición está formada, a veces, por yuxtaposición plana, porque el plano es el terreno propio de la línea. Todo cuadro tiene siempre profundidad, pero la profundidad actúa según se articule el espacio o se anime con movimiento. Desde luego, el movimiento es el medio más eficaz de que dispone la profundidad para evidenciarse. Sentimos la amplitud del ámbito, el movimiento de las formas, el equilibrio de principios que nos ofrece esa postrera sensación: sensualidad intelectual, extraña a pasiones comunes y a soluciones pueriles, que se cumplen ante nosotros, con fría facilidad.

Una influencia en él: Picasso. Castellanos no fue clasicista, como lo son casi todos los académicos: somera pasión exterior e impotencia para inventar. Temas nuestros, pintados con sensibilidad, reclamaron la palabra que nadie más que él pudo decirnos; reclamaron su voz que él pudo y debió hacer surgir de sí. Murió cuando más esperábamos de su gran talento. Nos dejó obra que no puede olvidarse.

Muralismo

La crítica de arte es la Venus de
Milo llevando en sus manos la cabeza
de la Victoria de Samotracia.

Luis Cardoza y Aragón

Antecedentes y desarrollos

El movimiento pictórico que surgió en México por la Revolución es único, poderoso y esclarecido en la historia de la plástica de América. Y hablo de un movimiento por lo abierto, y no de una escuela, que me da una idea limitadora y cerrada, aunque algunos tiendan a que sea más una escuela que un movimiento. Sus exponentes se cumplieron dentro del horizonte de la época y los más altos lograron ver más lejos en tal horizonte. Fue lenta la gestación de ese impulso, como la gestación de la Revolución: a partir de los primeros murales de Rivera, Orozco y Siqueiros se puso en marcha, con mayor decisión, aquella búsqueda, su propio hallazgo.

Es muy considerable la diferencia de grado, de intensidad, de la propia naturaleza de lo que es la pintura en Orozco, Rivera y Siqueiros, además de temperamentos e ideologías. Siempre, por ello, me ha parecido más exacto hablar de un movimiento que de una escuela. "La idea misma de escuela desagrada —dijo Zola—, porque una escuela es la negación misma de la libertad de creación humana." Los tres muralistas y los pintores siguientes, antes de la necesaria insurgencia ineluctable actual, aun cuando tengan, como dice Lukács, por denominador común "el sentido de una época" son, afortunadamente, muy distintos y hasta opuestos. Orozco escribió sobre la primaria orientación temática y formal: "se está enmierdando a la *Pintura* como jamás había sido enmierdada ni en México ni en ninguna parte. Todo ese negocito político-académico-turístico me produce verdadero asco".[1]

[1] Luis Cardoza y Aragón, *Orozco* op. cit., p. 178 (mayúsculas y cursiva de Orozco).

Cómo se comprendió y se sintió la revelación de México a sí mismo, las luchas en que se estaba empeñado, la problemática del hombre, crearon varias corrientes que tenían, sin embargo, rasgos comunes. Distinguió a parte de la obra de los primeros lustros el entusiasmo por la tradición, como continuidad con trasposición, y por un arte mexicanista, es decir de lo no esencial. "Fue cuando empezó a inundarse México de petates, ollas, huaraches, danzantes de Chalma, sarapes, rebozos y se iniciaba la exportación en gran escala de todo esto. Comenzaba el auge turístico de Cuernavaca y Taxco", escribe José Clemente Orozco (1883-1849) en la *Autobiografía*. "Esta enfermedad que hemos denominado *mexican curious* inició manifiestamente el debilitamiento de la pintura mexicana en su conjunto, y hoy infesta gravemente a casi toda la producción literaria, cinematográfica, teatral, escultórica, popular, etc., de nuestro país. La más superlativa de las cursilerías seudonacionalistas está degradando el arte de México en sus más diversas manifestaciones y amenaza con hundirlo en la superficialidad, la mediocridad y el desprestigio total", afirma Alfaro Siqueiros.[2] Frente a esa visión somera y evasiva de la realidad surgió, asimismo, la universalidad de México vista desde dentro. La Revolución impulsó la creación, según las ideologías y las personalidades, y la pintura nos dio la imagen de un pueblo.

Si evaluamos el arte moderno a partir de la independencia hasta la Revolución (1810-1910), nos damos cuenta de que vivía precariamente, como el propio país. El orden feudal, consolidado durante el virreinato, perdura después de la independencia, y aun se agrava por luchas intestinas y contiendas internacionales. Una minoría latifundista centralizaba el poder absoluto. El país arrastraba una existencia trágica, oprimido por el feudalismo y por el imperialismo que forjaban su estructura semicolonial. El arte se redujo a serviles imitaciones de escuelas extranjeras. Se olvidaban los motivos nacionales. Se huía de la realidad. La clase dominante vivía superficialmente en México, con los ojos en Europa. El pueblo, la nación, lo nuestro, se diría que le era extraño y hasta odioso. París e Italia, en sus

[2] David Alfaro Siqueiros, *No hay más ruta que la nuestra*. México, 1945.

aspectos finiseculares y decadentes, fijaban las normas de la alta burguesía que había perdido toda tradición nacional. La corte de Porfirio Díaz se retrata, con sus gustos y aspiraciones, en la patética arquitectura de repostería europea del Palacio de las Bellas Artes. Se vivía de reflejo. El artista se encontraba sometido a ese criterio, a pesar de su pretendida libertad estética. Quedan de esos años algunos paisajes, algunos retratos y naturalezas muertas. La vida nuestra, el indígena, la tradición propia, no eran temas y fundamentos dignos del arte. Hasta las piedras del edificio de correos fueron traídas de Europa.

"La pintura mural se encontró en 1922 la mesa puesta. La idea misma de pintar muros y todas las ideas que iban a constituir la nueva etapa artística, las que le iban a dar vida, ya existían en México y se desarrollaron y definieron de 1900 a 1920, o sean veinte años. Por supuesto que tales ideas tuvieron su origen en los siglos anteriores, pero adquirieron su forma definitiva durante esas dos décadas. Todos sabemos en demasía que ningún hecho histórico aparece aislado y sin motivo" afirma Orozco en la *Autobiografía*. "Es interesante señalar —prosigue Orozco— el hecho de que también la música había llegado a conclusiones semejantes en la misma época. En 1913, Manuel M. Ponce descubría, antes que nadie, el valor y la significación de la música popular y en un concierto que dio en la Sala Wagner con canciones como *Estrellita* fue siseado y censurado por tomar en serio lo que se tenía hasta entonces por cosa insignificante."

México, desde épocas inmemoriales, es dueño de expresiones populares, de una gran tradición con raíces. Durante la época virreinal, la pintura fue peninsular, extraña a la recóndita vida mexicana: pintura religiosa que terminaba la conquista, como las demás artes, en los reductos más íntimos. ¿Qué no se hizo para arrasar las culturas, para someter pueblos y adueñarse de su espíritu y sus bienes materiales, atándoles las manos, cosiéndoles la boca? "Pues fueron tan atropellados y destruidos ellos y todas sus cosas —escribió Sahagún— que ninguna apariencia les quedó de lo que eran antes." Lo prodigioso de esos años es nuestro barroco, en donde aflora el lamento de los vencidos.

Antes del muralismo tenemos a José María Velasco (1840-1912) y, sobre todo y aparte, a José Guadalupe Posada (1851-1913). Velasco fue un gran pintor naturalista de paisajes; y Posada, autor de más de 15 000 grabados, supo vivir la vida de su pueblo. En Posada lo de ser popular abarca todos los aspectos: temas y formas comprendidos y gustados por la tradición popular, con clamor popular y defensa de los intereses populares, con inventiva, carácter y calidad elevados y populares. Su influencia fue extraordinaria por su sentido y su imaginación. Recordemos a Julio Ruelas (1870-1907), Saturnino Herrán, muerto a los treinta y un años (1887-1918) y Joaquín Clausell (1866-1936), en obras de pequeñas dimensiones.

Posada[3] fue un juglar maravillosamente legítimo. Lo imagino como una especie de lo que en México se llama "evangelista": esos secretarios públicos que en las plazas, en los mercados, con sus viejas y niqueladas máquinas de escribir, aún redactan para su clientela analfabeta peticiones al juez o al alcalde, noticias para la familia, cartas de amor. Posada fue un "evangelista" del grabado. Con sentimiento popular creó su obra, sin clara ideología política, mas con espontaneidad e imaginación, y sabiendo, sintiendo, viviendo el dolor, la miseria y las luchas de su pueblo, con quienes sigue soñando en la fosa común del cementerio de Dolores. Y llevó a publicaciones y hojas sueltas las noticias de ese pueblo, la protesta, la carta de amor, la petición, la ira y el sarcasmo, no sólo a la conciencia de sus contemporáneos, analfabetos en más de un ochenta por ciento, sino a la historia del arte mexicano, como uno de los mayores exponentes, y sin que tuviera intención de ello.

El 10 de julio de 1906, año de la huelga de Cananea, se publica en San Luis Missouri el *Programa y Manifiesto del Partido Liberal Mexicano*, una de las fuentes valiosas de la ideología revolucionaria. En ese mismo año se abre la primera exposición antiacadémica. En ella figuran obras de Diego Rivera (1886-1957).

En 1904 había vuelto de Europa el Doctor Atl (1874-1964), el gran animador de la plástica. En 1908 celébrase

[3] Luis Cardoza y Aragón, *Posada*. Ed. Universidad Nacional Autónoma de México, 1963.

la manifestación a la memoria de Gabino Barreda: "En el orden teórico —escribe Alfonso Reyes—[4] no es inexacto decir que allí amanecía la Revolución. Entre él [Porfirio Díaz] y su pueblo se ahondaba un abismo cronológico. La voz de la calle no llegaba ya a sus oídos, tras el telón espeso de prosperidad que tejía para sí una clase privilegiada."

Savia moderna fue fundada en 1907 —año de la huelga de Río Blanco— por Alfonso Craviοto y Luis Castillo Ledón. El positivismo de Gabino Barreda entra en crisis definitiva, identificado además con los "científicos" y el porfirismo. Surgen Alfonso Reyes, José Vasconcelos, Antonio Caso. En todos los niveles de la conciencia mexicana gestábase la Revolución. El Ateneo se constituyó en 1909, año en que Francisco I. Madero publica *La sucesión presidencial.* "Los frutos de nuestra revolución filosófica, literaria y artística iban cuajando gradualmente. Faltaba sólo renovar, en el mundo universitario, la ideología jurídica y económica, en consonancia con la renovación que en estos órdenes precisamente traía la Revolución. Hacia 1920 se hace franco el cambio de orientación en la enseñanza de la sociología, la economía política y el derecho."[5] El 13 de diciembre de 1912, la generación del centenario funda la Universidad Popular. Reyes reconoce en ella "una preocupación educativa y social", rasgo, dice, que "la distingue de la literatura anterior, la brillante generación del Modernismo que —ésa sí— soñó todavía en la torre de marfil".

El Doctor Atl se marcha a Europa en 1896 y vuelve en 1904. José Clemente Orozco hace amistad con él en la Academia de Bellas Artes, en donde Atl "tenía un estudio y asistía con nosotros a los talleres de pintura y de dibujo nocturno; mientras trabajábamos, él nos contaba con su palabra fácil, insinuante y entusiasta, sus correrías por Europa y su vida en Roma; nos hablaba con mucho fuego de la Capilla Sixtina y de Leonardo. ¡Las grandes pinturas murales! ¡Los inmensos frescos renacentistas, algo increíble y tan misterioso como las pirámides faraónicas, y cuya téc-

[4] Alfonso Reyes, *Pasado inmediato y otros ensayos.* Ed. El Colegio de México, México, 1941.

[5] Pedro Henríquez Ureña, *Obra crítica*: "La revolución y la vida intelectual en México", Ed. Fondo de Cultura Económica, México, 1960.

nica se había perdido por cuatrocientos años!" Atl impulsó la pasión por la pintura mural. Fundó el Círculo Artístico en octubre de 1910, con domicilio en la calle de la Moneda y consiguió permiso para decorar el Anfiteatro de la Escuela Nacional Preparatoria. La agrupación tenía, entre sus intenciones principales, conseguir muros del gobierno, por medio de la Secretaría de Educación Pública, a cargo de Justo Sierra. En el Anfiteatro Bolívar se levantaron andamios, se hizo dibujos y se organizaron discusiones acerca de los procedimientos por seguir y los temas que se pintarían. Estos datos históricos encuéntranse en la *Autobiografía* y en la correspondencia de Orozco publicada en el Apéndice de mi *Orozco*.[6]

Poco después, 20 de noviembre de 1910, estalla la Revolución. En 1911, Francisco I. Madero entra en México. Los alumnos de la Academia de Bellas Artes acuden a recibirlo.

Para David Alfaro Siqueiros (1896-1974), Atl, de "pensamiento avanzado, político y estéticamente renovador, es el verdadero precursor político intelectual, teórico por lo mismo, de nuestro movimiento".[7] En 1911 estalló la huelga de Bellas Artes, que duró dos años. "El Doctor Atl —escribe Orozco— se había ido a Europa y el líder del movimiento era Raziel Cabildo, el compañero más culto y más ecuánime." El comité de huelga lo formaron: Raziel Cabildo, Francisco Romano, José del Pozo, Manuel T. Casas, Miguel Ángel Fernández, José de Jesús Ibarra —primer presidente de la Unión de Alumnos Pintores y Escultores de la Escuela Nacional de Bellas Artes, fundada el 24 de julio de 1910—, Francisco de la Torre, José Clemente Orozco, Miguel Ángel Pérez y Boanerges Morales.

Débese recordar, entre los antecedentes del muralismo, que hacia 1916 el Doctor Atl realizó un proyecto para el cubo de la escalera de la Escuela de Bellas Artes. Los propósitos del Círculo Artístico se estancan durante los años de lucha armada. En Orizaba, algunos pintores del grupo, careciendo de paredes disponibles, pintaron, con esténciles y al temple, gran cantidad de carteles de propaganda para

[6] Luis Cardoza y Aragón, *Orozco*, op. cit.

[7] David Alfaro Siqueiros, "Carta a Orozco", *Hoy*, México, 7 de octubre de 1944.

fijarlos en los muros, en los mítines revolucionarios en el Teatro Llave y en los templos que servían de centros de organización, y aun de habitación, a los trabajadores de la Casa del Obrero Mundial, que siguieron a los Constitucionalistas y formaron los Batallones Rojos. El Doctor Atl funda en Orizaba *La Vanguardia* —febrero de 1915—, y en uno de los números publica un manifiesto en que expone las tareas artísticas de su tiempo.

Los preparatorianos de Jalapa editan *La Calandria* —en recuerdo de Rafael Delgado— dirigida por Mauro M. Cruz.

Después de la huelga de Bellas Artes, Alfredo Ramos Martínez (1872-1946), fue el primer director nombrado por la Revolución; en 1913, funda una clase en la Academia, basada en temas de las artes populares; el mismo año, organiza en Santa Anita la primera Escuela de Pintura al Aire Libre. Los pintores le dieron el nombre revelador de Barbizon. En 1914, Ramos Martínez dirige la Escuela al Aire Libre de Coyoacán. Se abren cuatro escuelas más en 1925: Xochimilco, con Rafael Vera de Córdova; Tlalpan, con Francisco Díaz de León; Guadalupe Hidalgo, con Fermín Revueltas, y la Escuela de Churubusco, con Ramos Martínez.

Las escuelas al aire libre, superficialmente organizadas, se dividieron en dos tendencias: hacia la "educación" y hacia un infantilismo que Orozco siempre juzgó estéril. La idea de crear tales escuelas nació hacia 1911, con la huelga de la Academia de Bellas Artes, inspirada en el ejemplo de los impresionistas: dejar el taller y enfrentarse a la naturaleza, a la realidad, como reacción contra el arte académico. Estas escuelas, al salir a la calle, con su contacto con el campo y la vida, se interesaron, asimismo, por las artes populares.

Si la idea de la pintura mural había ido germinando con la vuelta de Atl en 1904, la idea de una obra revolucionaria nació, posiblemente, hacia 1911, con la huelga de la Academia de Bellas Artes y, sobre todo, como consecuencia de la Revolución.[8] Orozco, en su correspondencia, señala 1910 y 1915 respectivamente.[9] La tragedia social cobra pri-

[8] Luis Cardoza y Aragón, *Orozco*, op. cit. p. 302.
[9] Ibid., p. 302.

macía. A Joaquín Clausell la naturaleza le retiene y le domina más que la tragedia de los hombres. No; no es que no sepa de su pueblo todo lo que pasa, sino que su temperamento logra revelarse mejor en el paisaje. La lección impresionista deja en él algunas de sus luces.

Atl se marcha de nuevo a Europa en 1911, regresa en 1914 y se incorpora activamente a las fuerzas de Venustiano Carranza. A los veinte años, Diego Rivera se marcha a Europa en 1907 y vuelve, por corto tiempo, en 1910. De nuevo se marcha a Europa en noviembre de 1911 y vuelve en julio de 1921. Por su ausencia de cerca de quince años, no le tocó vivir en México el periodo más trágico y decisivo de la Revolución Mexicana. En 1921 se inicia el muralismo hasta entonces pospuesto por la contienda, con Diego Rivera, José Clemente Orozco y David Alfaro Siqueiros como figuras capitales.

Siqueiros se alista en el ejército que combate al usurpador Victoriano Huerta, por indicación del ministro Jesús Urueta, en la División de Occidente, en 1913, mandada por el general Manuel M. Diéguez. Desde entonces, ningún pintor ha tenido en México una vida política más activa, dirigente y anárquica. De 1924 a 1929 es miembro del Comité Central del Partido Comunista de México, fundado en 1919 con el nombre de Partido Socialista. En 1919 vive con una beca en París. Viaja por España, Francia e Italia; encuéntrase con Diego Rivera y discuten los problemas de una expresión nacional ya iniciada en México. Siqueiros lanza en Barcelona, en mayo de 1921, en la revista *Vida Americana,* su *Manifiesto a los plásticos de América.* David Alfaro Siqueiros vuelve de Europa en 1922.

En septiembre de 1910 tuvo lugar la gran exposición de pintura moderna organizada por el Doctor Atl, con motivo del centenario del Grito de Dolores. Los temas sociales aparecieron tímidamente. Orozco expone algunos de sus trabajos; más tarde, lo encontramos en Orizaba, con los Batallones Rojos, haciendo caricaturas y carteles para *La Vanguardia,* que se imprimía en el templo de Dolores, con prensas y linotipos que habían pertenecido a *El Imparcial,* periódico en que ya había publicado caricaturas. También trabajó Orozco en *El Ahuizote* (1912-1915), *El Hijo del Ahuizote, El Malora* y *A.B.C.* (1925), y sobresale en *El*

Machete, periódico que empieza a publicarse en la primera quincena de marzo de 1924.

Es importante señalar que Orozco se formó solo en México. Vive y participa como dibujante en la Revolución. Viaja a Estados Unidos, a San Francisco, California, en 1917-1918; a Europa en el verano de 1932, breve y único viaje, casi a los cincuenta años. Visita Londres, París, Italia y España. De nuevo, en Estados Unidos, de 1927 a 1934, año en que vuelve a México. La revolución tiene en él —por su capacidad y por haber vivido los años más crueles y confusos de la lucha— su primer intérprete plástico: de los periódicos saltó más tarde a los muros de la Escuela Nacional Preparatoria (1922-1927). En 1916 presentó su primera exposición individual de dibujo y pintura, en la Librería Biblos, de Francisco Gamoneda, en la capital de México, en donde desde años anteriores se dictaban conferencias renovadoras, después de la fundación de la Universidad Popular en 1912.

La acción del Doctor Atl es importante en esos años precursores. Fue el principal creador de la agitación artística: en él se aunaban el hombre de acción y el artista. Orozco —que vivió cerca de él— se apasionó desde entonces por la pintura pública y monumental. La personalidad de Atl, a pesar de su fascismo, es para mí muy superior a su pintura. Prefiero, además, los dibujos a los cuadros: un dibujante, sobre todo como paisajista. En 1922 publica *Las artes populares de México*, dos volúmenes, con motivo de una exposición de artes populares; en 1924-27, *Iglesias de México*, seis volúmenes, en colaboración con Manuel Toussaint y J. R. Benítez. La inquietud de Atl, en sus buenos años, fue como una antorcha.

"En aquellos talleres nocturnos —escribió Orozco de su paso por la Academia de Bellas Artes— donde oíamos la entusiasta voz del Doctor Atl, el agitador, empezamos a sospechar que toda aquella situación colonial era solamente un truco de comerciantes internacionales; que teníamos una personalidad propia que valía tanto como cualquiera otra. Debíamos tomar lecciones de los maestros antiguos y de los extranjeros, pero podíamos hacer tanto o más que ellos. No soberbia, sino confianza en nosotros mismos, conciencia de nuestro propio ser, de nuestro destino.

"Fue entonces cuando los pintores se dieron cuenta cabal del país en donde vivían. Saturnino Herrán pintaba ya criollas que él conocía, en lugar de manolas a la Zuloaga. El Doctor Atl se fue a vivir al Popocatépetl y yo me lancé a explorar los peores barrios de México. En todas las telas aparecía poco a poco, como una aurora, el paisaje mexicano y las formas y colores que nos eran familiares. Primer paso, tímido todavía, hacia una liberación de la tiranía extranjera, pero partiendo de una preparación a fondo y de un entrenamiento riguroso.

"¿Por qué íbamos a estar eternamente de rodillas ante los Kant y los Hugo? ¡Gloria a los maestros! Pero nosotros podíamos arrancar el hierro de las entrañas de la tierra y hacer máquinas y barcos con él. Sabíamos levantar ciudades prodigiosas y crear naciones y explorar el Universo. ¿No eran las dos razas de donde procedíamos de la estirpe de los titanes?

"Tal era el espíritu de rebeldía que animaba a aquel pequeño grupo de aprendices, enriquecidos poco después por los más jóvenes que iban llegando y todos oíamos asombrados las palabras proféticas del Doctor Atl: ¡El fin de la civilización burguesa! ¿El fin de la civilización? ¿La civilización era burguesa? Palabras absolutamente nuevas para nosotros, aunque ya viejas en los libros."[10]

La *Autobiografía* y las cartas de Orozco que publico en mi libro aludido, son documentos fundamentales, apasionados y agudos de esos años. En el capítulo VIII de la *Autobiografía*, Orozco resume en ocho puntos lo que se pensaba en México en 1920 sobre el arte. Son los siguientes:

"1. Eran los días en que se llegó a creer que cualquiera podía pintar y que el mérito de las obras sería mayor mientras mayores fueran la ignorancia y estupidez de los autores.

2. Muchos creyeron que el arte precortesiano era la verdadera tradición que nos correspondía y llegó a hablarse del Renacimiento del Arte Indígena.

3. Llegaba a su máximo el furor por la plástica del indígena actual. Fue cuando empezó a inundarse México de peta-

[10] José Clemente Orozco, *Autobiografía*. Ediciones Occidente, México, 1945, pp. 23 y 24.

tes, ollas, huaraches, danzantes de Chalma, sarapes, rebozos y se iniciaba la exportación en grande escala de todo esto. Comenzaba el auge turístico de Cuernavaca y Taxco.

4. El arte popular, en todas sus variedades, aparecía con abundancia en la pintura, la escultura, el teatro, la música y la literatura.

5. El nacionalismo agudo hacía su aparición. Ya los artistas mexicanos se consideraban iguales o superiores a los extranjeros. Los temas de las obras tenían que ser necesariamente mexicanos.

6. Se hacía más claro el obrerismo. El arte al servicio de los trabajadores. Se pensaba que el arte debía ser esencialmente un arma de lucha en los conflictos sociales.

7. Ya había hecho escuela la actitud del Doctor Atl interviniendo directa y activamente en la política militante.

8. Los artistas se apasionaban por la Sociología y la Historia."

"Todas estas ideas fueron materializándose y transformándose en la pintura mural, pero no de buenas a primeras porque era necesario, antes que nada, una técnica. que no era conocida por ninguno de los pintores." Fue un pueblo y sus circunstancias históricas, así como la personalidad de varios grandes artistas empeñados, por diversos caminos, en un mismo propósito, lo que puso en marcha a la pintura mexicana contemporánea. "Los pintores que habían estado en Europa —escribe Orozco en la *Autobiografía*— traían de allá su expresión y sus conocimientos especiales de la Escuela de París, muy útiles y necesarios para relacionar el arte de México con el europeo. Jean Charlot fue muy servicial en este punto, pues era pintor exclusivamente europeo y por añadidura francés y joven en extremo. Es decir que representaba la sensibilidad europea más moderna y más libre de prejuicios. Por regla general, con brillantísimas excepciones, los profesores de estética que nos visitan son viejos fósiles que se han quedado parados en alguna época del siglo XVIII o XIX y que creen que el arte sólo puede existir en París, heredero de Roma, interpretando torcidamente lo de que París es el 'cerebro del mundo', mirándolo todo con su 'lupa' o lente de su erudición de biblioteca anticuada.

"La pintura mural se inició bajo muy buenos auspicios.

Hasta los errores que cometió fueron útiles. Rompió la rutina en que había caído la pintura. Acabó con muchos prejuicios y sirvió para ver los problemas sociales desde nuevos puntos de vista. Liquidó toda una época de bohemia embrutecedora, de mixtificadores que vivían una vida de zánganos en su 'torre de marfil', infecto tugurio, alcoholizados, con una guitarra en los brazos y fingiendo un idealismo absurdo, mendigos de una sociedad ya muy podrida y próxima a desaparecer.

"Los pintores y los escultores de ahora serían hombres de acción, fuertes, sanos e instruidos; dispuestos a trabajar como un buen obrero ocho o diez horas diarias. Se fueron a meter a los talleres, a las universidades, a los cuarteles, a las escuelas, ávidos de saberlo y entenderlo todo y de ocupar cuanto antes su puesto en la creación de un mundo nuevo. Vistieron overol y treparon a sus andamios."

Se ha discutido quién pintó el primer mural al fresco. La iniciación ha sido atribuida a varios artistas. Para mí no presenta mayor importancia esta discusión. Sin la Revolución, ¿qué muralismo se hubiera pintado? Sin Diego Rivera, José Clemente Orozco y David Alfaro Siqueiros, ¿qué habría acontecido? Recordemos aquí a algunos de los entusiastas del muralismo: José Vasconcelos, rector de la Universidad, encargó a Diego Rivera el primer mural: la encáustica en el Anfiteatro de la Escuela Nacional Preparatoria. Rivera, posteriormente, al encontrar a México, se encontró a sí y orientaríase con muy distinta intención. Orozco también fue comisionado por Vasconcelos para pintar en la Preparatoria. Vicente Lombardo Toledano, director de la Preparatoria, pagó algunos de los primeros frescos en la Escuela; después, el rector de la Universidad, doctor Alfonso Pruneda (1924-28). El camino se fue abriendo. Muchos no lo siguieron por incapacidad, o porque lograban algo de lo que querían en obra de pequeño formato. El muralismo, al menos en México, no se discutió seria, críticamente, antes de los años treinta. Se identificaba, sin deslinde alguno, mecánicamente, muralismo con Renacimiento. Por otra parte, Rivera, Orozco y Siqueiros, artística y humanamente, eran las personalidades más inquietas, vitales y capaces.

 En 1922 se pintaban murales al mismo tiempo en el anfiteatro de la Escuela Nacional Preparatoria (Diego Rivera), en los corredores de la Preparatoria (José Clemente Orozco), en el Colegio Chico de la Preparatoria (Alfaro Siqueiros); también pintaban en la Preparatoria Jean Charlot —el primero, en darse cuenta de la significación de José Guadalupe Posada—, Emilio García Cahero, Ramón Alva de la Canal, Fernando Leal, Fermín Revueltas. Al ser sustituido José Vasconcelos en el Ministerio de Educación por el subsecretario, doctor Bernardo J. Gastelum, Orozco y Alfaro Siqueiros se vieron obligados a interrumpir el trabajo.

Rivera y muchos otros pintores: Alfaro Siqueiros, Jean Charlot, Roberto Montenegro, Atl, Goitia, Ramos Martínez, Orozco (aunque este último, entonces, sólo a través de reproducciones) conocían bien los movimientos pictóricos europeos. Sobre todo Rivera. Con el muralismo, cuyo impulso se inició en la Preparatoria (aunque poco antes Roberto Montenegro, Xavier Guerrero y Jorge Enciso hubiesen pintado [1921] en la Hemeroteca Nacional, y el Doctor Atl en el Convento de San Pedro y San Pablo) Rivera, Orozco y Siqueiros expresaron la tensión de esos años. Pronto, después de la temática costumbrista o religiosa de algunos murales en la Preparatoria, empezó la múltiple revelación de México. Los murales de la Preparatoria son: *La Creación*, de Diego Rivera, encáustica, en el Anfiteatro de la Escuela; *La fiesta del Señor de Chalma*, de Fernando Leal; *La toma de Tenoxtitlan, por los españoles*, de Jean Charlot; *Alegoría de la Virgen de Guadalupe*, de Fermín Revueltas; *Desembarco de los españoles*, en que Ramón Alva de la Canal glorifica la Santa Cruz; un ángel (*Los elementos*) y una figura de Cristo, apóstol o San Cristóbal (*Los Mitos), Entierro del obrero sacrificado, Llamado a la libertad*, de Alfaro Siqueiros. Y de contenido revolucionario, entre muchos murales de Orozco, *Cristo destruye la cruz*, borrado por el pintor (quedó la cabeza de Cristo en *La huelga*) todo el primero, segundo y tercer piso, así como los franciscanos de la escalera, de intención anticlerical, según me expresó Orozco, y de fácil interpretación en tal sentido dentro del ánimo de su obra en la Preparatoria. En estos primeros murales se advierte una influencia formal bizantina, primitiva o renacentista, según los casos; mas no un sentimiento católico en Rivera, Orozco, Siqueiros, que nunca tuvieron tal sentimiento. Orozco pintó más tarde, aspectos trágicos y mesiánicos: Prometeo, Quetzalcóatl, Cristo rompiendo su cruz, etc. El mural *Maternidad* —mujer y niño desnudos—, que provocó reacciones violentas, debemos considerarlo aparte: no era la "Virgen desnuda", como la llamaba la Sociedad de Damas Católicas, para desatar los ataques contra Orozco y rayar sus murales con inscripciones y dibujos insultantes y soeces. La burguesía se dio cuenta de que los murales atacaban sus concepciones ideológicas y su gusto colonizado.[11]

Con el doctor Alfonso Pruneda, rector de la Universidad Nacional, Orozco pudo volver a la Preparatoria y pintó los murales de la escalera y el tercer piso. En 1922, Alfaro Siqueiros fue electo secretario general del Sindicato de Pintores y Escultores. Con Diego Rivera y Xavier Guerrero, publica *El Machete*, periódico del sindicato. El manifiesto del sindicato, redactado por Alfaro Siqueiros, es un documento clave de la época. Orozco lo comenta en la *Autobiografía.*

Francisco Goitia (1882-1960) fue de los primeros en sumarse a la Revolución, en pintarla. Después vivió alejado, metido en sí, en su pasión por la pintura. De 1904 a 1912 reside cuatro años en Barcelona y, luego, viaja por Italia. Su *Tata Jesucristo* (1927), posgoyesco, y aunque sólo de interés local, es una pieza maestra, cargada de tragedia vivida.

Goitia pintó, muy lentamente, paisajes admirables por la sensación de luminoso espacio, como esos de los silos de Santa Mónica, en regiones desérticas de su Zacatecas natal. Cada cuadro está ajustado como una relojería perfecta, marcando una hora de siglos atrás. Pintura con luz congelada y armoniosa, bajo cielos implacables. Su acuciosidad recréase en la brizna de hierba, en los acordes cromáticos minuciosos y sutiles, con delectación amorosa olvidada.

Su realidad, sentida arena por arena, causa desasosiego

[11] Alma Reed. *Orozco*. Ed. Fondo de Cultura Económica, México, 1955, p. 16.

al revelarnos un mundo que conocemos con ojos educados en otras disciplinas visuales. Resalta su concentración en el tema, como buscando borrarse en el tema mismo, para dar el paisaje en sí, para ponérnoslo, tranquilo o jadeante, en el fondo más sensible de nosotros. Goitia pintó poco, demasiado poco, absorbido por la exactitud. Algunas de sus obras, gusten o no gusten, vivirán por su perfección.

El Machete lo dirige La Mano del Pueblo, y como responsable, por exigencias legales, Xavier Guerrero. La redacción estaba en Uruguay 160. El Sindicato de Pintores y Escultores se disolvió en 1925, al año siguiente de fundado. *El Machete* pasó a ser el periódico del Partido Comunista. Orozco fue el dibujante más asiduo y puntual de *El Machete* en esos años. El lema del periódico, escrito por Graciela Amador:

El Machete sirve para cortar la caña,
para abrir la vereda de los bosques umbríos,
decapitar culebras, tronchar toda cizaña
y humillar la soberbia de los ricos impíos.

En el número 2 de *El Machete*, primera quincena de abril, 1924, se protesta por la persecución del Partido Comunista guatemalteco. En el número 6, el Doctor Atl es ya atacado a fondo como intelectual enemigo del pueblo. En el número 9 desaparece el nombre de Diego Rivera. Desde el número anterior, figura Rosendo Gómez Lorenzo como jefe de redacción y Graciela Amador como administrador. En el número 12, leemos "Nuestro problema agrario", discurso del delegado comunista de México al Quinto Congreso de la Internacional celebrado en Moscú: "En 1917, cuando estalló la Revolución Rusa, Zapata vio inmediatamente su importancia. Tengo en mi poder una carta que él escribió a uno de sus generales, diciéndole que lo que era para Rusia su revolución, tendría que ser para México la Revolución Mexicana. El líder agrario propuso la unión de los campesinos y obreros, una unión entre los campesinos y los elementos obreros revolucionarios."

"En 1922 ya estaba organizada la flamante Secretaría de Educación Pública —escribe Orozco en la *Autobiografía*— su edificio estaba por ser terminado y por todas partes se levantaban escuelas, estadios y bibliotecas. Del Departamento Editorial, creación también de Vasconcelos, salían copiosas ediciones de los clásicos, que eran vendidas a menos del costo para beneficio del pueblo. Fueron llamados todos los artistas y los intelectuales a colaborar y los pintores se encontraron con una oportunidad que no se les había presentado en siglos. Yo no sé cómo ni por qué Rivera volvió de Europa. Siqueiros fue llamado de Roma por Vasconcelos y los dos artistas se unieron a sus compañeros residentes en México, y a ellos se unió Jean Charlot, pintor francés recién llegado a este país a los veintitrés años de edad, y que había sido oficial del ejército de su patria."

Años notables, de ambiente desbordado de ímpetu. "Al dejar el señor Vasconcelos su puesto en la Secretaría, ya no fue posible seguir trabajando. Siqueiros y yo fuimos arrojados a la calle por los estudiantes, y nuestros murales fueron gravemente dañados a palos, pedradas y navajazos." Y prosigue Orozco: "El Sindicato de Pintores y Escultores no sirvió para nada, pues los compañeros se negaron a apoyar nuestra protesta."

La primera gran represión contra *El Machete* la hizo Obregón en 1924, por una caricatura de Orozco: un obrero encadenado, conducido a la fuerza por el líder Morones y el arzobispo. En 1926, con el presidente Calles, nueva represión por una caricatura de la Cámara de Diputados, de Alfaro Siqueiros.

La vuelta de Europa de Diego Rivera es fecha memorable en la historia de la plástica mexicana. El ejemplo de Rivera y sus dotes extraordinarias, el de Orozco y Alfaro Siqueiros y, sobre todo, hallar a la Revolución ya fuerte y arraigada, impulsaron la creación artística. Cuando Rivera llegó a México en 1921 —contaba 35 años— después de vivir cerca de quince años en Europa, encontró un ambiente favorable, definido en parte por los pintores del Círculo Artístico fundado en 1910. La batalla revolucionaria había madurado ya lo perentorio: nuevas expresiones para nuevos temas que proponía y exigía la vida. En efecto, fue una afirmación mexicana que reveló las fuerzas que hoy, en su impaciencia, buscan normas con los ojos hacia Europa, ya sin el afán de una afirmación nacional.

"En todas las telas —escribió Orozco en la *Autobiografía*— aparecía, poco a poco, como una aurora, el paisaje mexicano y las formas y los colores que nos eran familiares." Tal madurez de conciencia originó las indagaciones precursoras. Se ha dicho que nada existiría de la pintura mural mexicana sin la presencia de Diego Rivera. Se ha querido dar a Rivera una importancia providencial que no tiene ni necesita, al pretender explicar toda una época en razón de un solo artista, y no en razón de la vida de una nación y de las condiciones históricas y sociales. Ni nuestra pintura contemporánea ni Diego Rivera requieren tal falsedad. Bastaría la obra de José Clemente Orozco para probar definitivamente lo contrario. En pocos meses, empezó a surgir un arte nacional más profundo, como lo precisaban las circunstancias. Rivera trajo todo un panorama vivo de la plástica desde sus orígenes hasta nuestros días. Abrió camino y avanzó como un gigante. Decidir a su favor de manera absoluta y considerarlo el fundador del arte contemporáneo de México, es continuar una equivocación pueril. Y decidir en contra de igual modo, negándole o regateándole alcance, sería incurrir en parecida necedad.

Correspondiente a junio-julio de 1925, se publica el primer número de la revista bimestral *Mexican Folkways*, fundada por Frances Toor, con textos en español e inglés. A partir del número cinco, en vez de Jean Charlot, Diego Rivera es el director artístico. La revista editó en 1930 una monografía sobre José Guadalupe Posada, con prólogo de Diego Rivera. La atención a lo nacional y la influencia de tal revista fueron muy importantes en México y en el extranjero.

Sintetizaré en tres puntos las raíces y las circunstancias en que se desarrolló el muralismo: 1] tradiciones precolombinas, arte colonial —distingo singularmente nuestro barroco—, artes populares; 2] condiciones históricas, influencias universales; 3] personalidades.

La influencia del teatro me la señaló Orozco, en carta de noviembre de 1935: "Otros hechos que usted no menciona: la pintura, lo mismo en México que en cualquier otra parte, no vive ni puede vivir sola, aislada. Influye y es influida por las otras artes, sin mencionar las condiciones sociales en general. Esas influencias son más poderosas de lo que se admite generalmente. Ahora bien, ¿cuáles han sido y *son* estas influencias en México? Son las principales:

ARQUEOLOGÍA
ARTES POPULARES
Y TEATRO.

"Esto usted lo sabe mejor que yo, pero yo quiero mencionar especialmente el *Teatro.* En el caso particular de la pintural mural de 1922-1935, el teatro fue la más poderosa influencia en la pintura mural, algo así como el 80%. ¿Que el teatro en México no existe? Sí existe y ha existido, el teatro de Beristáin, la Rivas Cacho, Soto, los escenógrafos Galván y mil más 'soldados desconocidos' *y lo más curioso es que este teatro* comenzó en 1910, ¡también! Antes que los pintores pintarrajearan paredes y se holgaran con reparticiones de ejidos y matracas zapatistas, héroes y tropa formada, ya Beristáin y la famosa Amparo Pérez, la Rivas Cacho y tantos más 'servían' a las masas, *auténticas obras proletarias* de un sabor y una originalidad inigualadas, ya se habían creado *El pato cenizo, El país de la metralla, Entre las ondas, Los efectos de la onda* y millares más, en donde lo que menos importaba era el libreto y la música, pues lo esencial era la interpretación, la improvisación, la compenetración de los actores con el público, formado éste de boleros, chafiretes, gatas, mecapaleros; auténticos proletarios en galería, rotos, catrines, militares, prostitutas, ministros e 'intelectuales' en lunetas. Aquí en Guadalajara hay un teatrillo, 'El Obrero', muy semejante, casi igual al 'María Tepache'; sólo faltan las oportunas leperadas de Beristáin y Acevedo y las monumentales 'ondas' de Amparo Pérez, más ancha que larga y más gruesa que ancha. Por esos escenarios desfilaron todos los políticos, todas las situaciones internacionales, la Guerra Europea, la Revolución, el Zapatismo, etc., y la dizque pintura mural sólo tomó una pequeña parte, trasladándola torpemente a las paredes, cacareando más que las gallinas acabando de poner. En cambio, sería imposible encontrar un solo ejemplo de influencia de la pintura sobre el único teatro mexicano que hemos tenido ni sobre ningún otro teatro."

"Uno de los lugares más concurridos durante el huertismo fue el teatro 'María Guerrero', conocido también por 'María Tepache', en las calles de Peralvillo. Eran los mejores días de Beristáin y Acevedo, que crearon ese género único. El público era de lo más híbrido —escribe en la *Autobiografía*—: lo más soez del 'peladaje' se mezclaba con intelectuales y artistas, con oficiales del ejército y de la burocracia, personajes políticos y hasta secretarios de Estado. La concurrencia se portaba peor que en los toros; tomaba parte en la representación y se ponía al tú por tú con los actores y actrices, insultándose mutuamente y alternando los diálogos en tal forma que no había dos representaciones iguales a fuerza de improvisaciones. Desde la galería, caían sobre el público de la luneta toda clase de proyectiles, incluyendo escupitajos, pulque o líquidos peores y, a veces, los borrachos mismos iban a dar con sus huesos sobre los concurrentes de abajo. Puede fácilmente imaginarse qué clase de 'obras' se representaban entre actores y público. Las leperadas estallaban en el ámbito denso y nauseabundo y las escenas eran frecuentemente de lo más alarmante. Sin embargo, había mucho ingenio y caracterizaciones estupendas de Beristáin y Acevedo, quienes creaban tipos de mariguanos, de presidiarios o gendarmes maravillosamente. Las 'actrices' eran todas antiquísimas y deformes.

"Posteriormente, este género de teatro degeneró (no es paradoja), se volvió político y propio para familias. Se hizo turístico. Fue introducido el coro de tehuanas con jícaras, charros negros y canciones sentimentales y cursis por cancioneros de Los Ángeles y San Antonio Texas, cosas todas éstas verdaderamente insoportables y del peor gusto, pero caras a las familias decentes de las casas de apartamentos o de vecindad, como antes se llamaban. El castigo no se hizo esperar, todo acabó en el horrible radio con sus locutores, magnavoces y necedades interminables."

Dice Orozco en "Notas acerca de la técnica de la pintura mural en México en los últimos 25 años", introducción al volumen *José Clemente Orozco, Exposición Nacional* (Palacio de Bellas Artes, México, 1947, publicado por el Instituto Nacional de Bellas Artes y Literatura) al tratar "Las ideas":

"Haciendo un examen de las pinturas mexicanas modernas, nos encontramos con los siguientes hechos: Todos los pintores comenzaron con asuntos derivados de la iconografía tradicional cristiana o franca y literalmente tomada de ésta. Se encuentran en los primeros murales la figura barbada o imberbe del Pantocrato, vírgenes, ángeles, santo-entierro, mártires y hasta la Virgen de Guadalupe. Sólo falta el Sagrado Corazón de Jesús y San Antonio.

"Después de esta primera época aparecieron tres corrientes perfectamente definidas; una indigenista en sus dos formas, arcaizante y folklórica pintoresca, el Olimpo Tolteca y los tipos y costumbres del indígena actual con toda su magnífica riqueza de color.

"Una segunda corriente de contenido histórico en la que aparece la historia de México, de preferencia la conquista, presentándola con criterios opuestos, contradictorios. Los personajes que son héroes en un mural, son los villanos en otro.

"Y por último, una corriente de propaganda revolucionaria y socialista en la que sigue apareciendo, con curiosa persistencia, la iconografía cristiana con sus interminables mártires, persecuciones, milagros, profetas, santos-padres, evangelistas, sumo-pontífices, juicio final, infierno y cielo, justos y pecadores, iconoclastas, concilios, Savonarolas, inquisidores, jesuitas, Luteros, Calvinos, el Camino de Damasco, Fe, Esperanza y Caridad, el Santo Sepulcro y hasta Las Cruzadas. Todo modernizado muy superficialmente; si acaso fusiles y ametralladoras en vez de arcos y flechas; aeroplanos en lugar de ángeles, bombas voladoras y atómicas en lugar de la maldición divina y un confuso y fantástico paraíso en un futuro muy difícil de precisar.

"A toda esta imaginería anticuada se mezclan símbolos liberales muy siglo XIX: la Libertad con su gorro frigio y sus indispensables cadenas rotas; la Democracia; la Paz; la Justicia vendada y cargando su espada y sus balanzas; la Patria, antorchas, estrellas, palmas, olivos y nopales; los animales heráldicos o simbólicos, incluyendo águilas, leones, tigres, caballos y serpientes. También tuvieron y siguen teniendo lugar muy prominente en los murales, los antiquísimos símbolos de la 'burguesía enemiga del progreso', representada por catrines barrigones y con sombrero alto o bien por cerdos, chacales, dragones y otros monstruos que de puro viejo son tan inofensivos como la Serpiente Emplumada."

Las alusiones son claras. Y en muchos casos atañen al propio Orozco. Cuando se sirvió de tan lamentable arsenal conocido, logró revalorizarlo algunas veces.

En carta no fechada, seguramente de noviembre de 1935, José Clemente Orozco me escribe de los antecedentes del muralismo. Había hecho indagaciones para *La nube y el reloj*, que empecé a escribir a mi paso por México, cuando conocí la pintura monumental mexicana. Mis textos estuvieron inéditos muchos años. El interés nacional por la pintura, por un libro costoso sobre ella, era más limitado que hoy. Finalmente, la Universidad Nacional Autónoma de México editó el libro, que demoró en la imprenta largo tiempo. Salió al público hasta 1940. Orozco señala las condiciones históricas en la *Autobiografía*, en las cartas, algunas cargadas de diatribas, que publiqué en mi *Orozco*, para mejor entendimiento de la época.

Cuando pregunté a Orozco qué crítica podía hacer a mis notas acerca del origen del muralismo mexicano y le envié algunos de mis escritos, me respondió (10 de diciembre de 1935): "El valor de las cosas depende en gran parte de la actitud definida y resuelta, cualquiera que sea. Desde luego, toda la parte especulativa y de crítica merece mi mayor respeto. En lo único que yo haría alguna observación sería en lo que se refiere a *hechos*, puramente. Por ejemplo: parece que todos los escritores, sin excepción, que se han ocupado de la pintura en México, se han puesto de acuerdo en ignorar de un modo absoluto la pintura y los esfuerzos de los pintores antes de 1922. Tal parece que apareció el 'Mesías' de improviso, sin ningún 'Juan el Bautista' que lo anunciara ni ningún antecedente ni causa. Más todavía, parece cosa admitida que, sin la aparición de ese Mesías providencial y creador nada hubiera *sido*, la *pintura mural* jamás hubiera venido a existir, los pintorcillos no hubieran pasado de simples nenes aficionados. La verdad es otra: la idea de la pintura mural y de la pintura 'revolucionaria' nacieron respectivamente en 1910 y 1915 y esto como resultado de la obra de renovación emprendida por los jóvenes pintores de esa época, luchando contra la entonces omnipotente Academia hasta vencerla y destruirla. Todo esto es largo de contar, etc."

Orozco me precisa en seguida muchos acontecimientos de mayor sentido en la historia de la pintura mexicana contemporánea. En carta escrita en Guadalajara el 27 de noviembre de 1935, me dice: "Pero, lo interesante no sería cuestión de méritos personales, sino el estudio crítico de toda una época de pintura, época que coincide con el último periodo de agitación revolucionaria, los últimos 25 años. Yo no sé realmente si tal estudio tenga interés realmente o si debemos desentendernos en lo absoluto del pasado para mirar sólo al presente y al futuro. Se me ha ocurrido nada más que para explicar algún fenómeno o personalidad es necesario, indispensable, tomar en cuenta los antecedentes del mismo y las condiciones ambiente. Pudiera yo estar equivocado. La selección natural, a través del tiempo, destruye todo lo que debe desaparecer y deja en pie lo que es fuerte y tiene poder de sobrevivir. Quizá la crítica ayuda a violentar esa selección y a hacerla más efectiva y útil."

En 1928 se organiza un nuevo grupo de pintores y publica *30-30*. Sus miembros principales: Francisco Díaz de León, Gabriel Fernández Ledesma, Fernando Leal, Leopoldo Méndez, Fermín Revueltas, etc. Años más tarde, cuando se disolvió la Liga de Escritores y Artistas Revolucionarios, fundada en 1934, se crea a principios de 1937 el Taller de Gráfica Popular, cuya acción fue muy destacada en los primeros años; sirvió a la expropiación del petróleo, a la Universidad Obrera, a España republicana, a la lucha contra la Alemania nazi. El Taller se creó por iniciativa de Leopoldo Méndez —uno de los grandes artistas de México—, Pablo O'Higgins, Luis Arenal, Alfredo Zalce, Ignacio Aguirre. Han trabajado en el Taller: Ángel Bracho, Jesús Escobedo, Everardo Ramírez, Antonio Pujol, Gonzalo de la Paz Pérez, Xavier Guerrero, José Chávez Morado, Rodolfo Mexiac, Isidoro Ocampo, Raúl Anguiano, Ramón Sosamontes, Francisco Mora, Roberto Berdecio, Mariana Yampolsky, Francisco Dosamantes, Fanny Rabel, Fernando Castro Pacheco, Erasto Cortés Juárez, Elisabeth Cattlet, Andrea Gómez, Rina Lazo, Alberto Beltrán y algunos más. ¿Dónde está hoy el Taller de Gráfica Popular?

A partir del mural de José Clemente Orozco en el teatro

al aire libre de la Escuela Nacional de Maestros (1947) principian en México las decoraciones exteriores. Pintó para ese muro de concreto (380 m^2), una alegoría nacional, casi abstracta, con grandes formas geométricas, líticas y metálicas. "Las formas de la composición —escribió Orozco— están organizadas de manera de acusar y conservar la forma parabólica del muro, visto a cualquier distancia."[12]

La influencia de Primitivos y Renacentistas se evocó en los corredores, en las arcadas, en las viejas escaleras monumentales, en edificios de la colonia o en arquitecturas semejantes que coadyuvaron a determinar, con las circunstancias históricas y el concepto del arte que prevalecían, el muralismo de esos primeros seis lustros. La nueva arquitectura planteó problemas nuevos. Rivera, Siqueiros, O'Gorman, Chávez Morado, Eppens, dejaron algunas obras en la Ciudad Universitaria (1952). Lo de Rivera, en el estadio, no enriquece en nada su trayectoria; lo de Siqueiros carece de interés; lo de Eppens es un cartelón; lo de Chávez Morado —inició aquí la utilización del mosaico veneciano— es secundario en relación a su obra posterior en la Alhóndiga de Granaditas (Guanajuato). Lo más logrado, dígase lo que se diga, es lo de Juan O'Gorman: la biblioteca de la Universidad, "que nos recuerda —opina Rufino Tamayo— un gran paquete para regalo de Navidad, envuelto en uno de esos llamativos papeles decorados que las sirvientas coleccionan con tanto cariño".[13] No existe aún en México ningún conjunto ejemplar de integración plástica moderna.

Pintura y revolución mexicanas

Antes de la Revolución Mexicana, las artes plásticas las vemos vivir precariamente, aisladas proseguir por débil imantación —que acaso fue no más una forma de su propia inercia—, sin incorporarse al destino universal de ellas, sin ambición decidida de innovar su tradición. Súbitamente, se ponen al paso con la poesía, quiero decir, con su íntima naturaleza, hasta constituir una de las expresiones más altas de la Revolución. Y nos encontramos con el renacimiento

[12] José Clemente Orozco, *Sexta Exposición.* El Colegio Nacional, México, D. F. 1948.

[13] *Arte Vivo Mexicano,* n. 2, México, D. F., 10 de junio de 1955.

pictórico de México. Sólo así tan ambicioso vocablo tiene sentido.

El renacimiento mexicano se gesta y se crea al mismo tiempo que la Revolución Mexicana que ha originado cierta modalidad artística que vive su plenitud y sufre también las grandes deficiencias y las grandes contradicciones de tal Revolución. La Revolución origina e impulsa este renacimiento, le sirve de marco y reconcentra en él la atención general de la pintura. Se sirven mutuamente, más que ideológicamente. Se relacionan y toman aire de familia. La Revolución mexicana fue, en el fondo, la necesidad de la cultura local de ponerse al paso con la cultura universal; conquistar su sitio modificando las bases de la estructura economicosocial para alcanzar una definición de la realidad que estaba manifestándose por la lucha. La pintura abrió su camino reflejando y definiendo la nueva realidad. Así, tan ambiciosos vocablos, Revolución Mexicana y pintura de la Revolución, tienen sentido.

La pintura asciende de nuevo, y de manera más fuerte, delicada y precisa que en cualesquiera tentativas precedentes, aunque sea excepcionalmente, al nivel de una intención nacional y universal del arte. Estas excepciones son para mí las más valiosas por despreocuparse de lo didáctico y descriptivo, de lo histórico-costumbrista; no constituyen una tentativa sino una realidad: creaciones que rebasan fronteras de espacio y tiempo. Y en tanto que los mejores en lo mejor de su obra se han afanado en lo propio con una intención universal, nos damos cuenta de que algunos adquirieron renombre sirviéndose del arte, en vez de servir ellos al arte; sirviéndose de la Revolución, en vez de servir ellos a la Revolución.

Acaso será importante escribir alguna vez la relación que existía entre los muralistas y grabadores y lo que acontecía en la vida de México, en la gran corriente histórica y en las marginales y tributarias: un estudio ya no situado directamente en la pintura como pintura, sino en la apreciación de los vínculos con los patrocinadores, con los regímenes, para conocer la actuación de los artistas en tales circunstancias. Las contradicciones nos darían luz acerca del por qué este o aquel criterio al interpretar la Revolución, la historia y la vida de México. Así nos explicaríamos —al menos en algunas obras o momentos— la idealización, la desesperación, el distanciamiento que surgen entre la imagen que nos legaron y la verdad revolucionaria que se vivía a medias o cabalmente.

La pintura mural refleja panegírica, hermosa, oficial, contradictoria, crítica, inauténtica, demagógica, evasiva, epopéyicamente (pintura cívica, muchas veces, más que pintura revolucionaria o de la Revolución Mexicana, sin destacar u ocultando el dolor tremendo que hay detrás de lo pintoresco), la aceptación entusiasta o conformista, la adaptación hueca y retórica a lo que ocurría, la protesta frente a ello, la inhibición; en fin, esta pintura es la mejor imagen de esos años. En ella encontramos también cómo vivían los pintores los mitos y las realidades. Las divergencias se deben, fundamentalmente, a idiosincrasias y facultades personales y entendimiento de la pintura en nuestros días, tanto como a condiciones históricas, a una actitud clasista, doctrinaria y militante o no. Por sus orígenes, todos pertenecen a la clase media. Aludo a este punto; mi intención no fue hacer el cotejo con una circunstancia precisa e indagar cómo cada uno de los pintores respondía al mismo tiempo en la obra. Estudio la índole de esta pintura y el medio en que se desarrolla. Las creaciones impares fijaron lo perdurable de la Revolución, más allá de lo inmediato y de un anacronismo renacentista. Pero, aún hay persistente superficialidad al juzgar al muralismo mexicano en su totalidad como realismo socialista.

El Estado suele procurar constituirse en iglesia. Y esa pintura ocasional —es decir, la creación menor— sirvió a esta iglesia laica, más en extensión que en profundidad; más como producción que como creación. Pero el Estado no se enclaustró en un arte dirigido: su influencia más que determinante fue condicionante, tolerante, contradictoria. No descuido el marco del desarrollo, pero no lo atribuyo todo a él. Con la conquista y colonización se arrasó una cultura en forma tal que el acontecimiento es único en la historia. La Revolución, y con ella el movimiento artístico, barre los resabios virreinales, el academicismo colonialista, redescubre la cultura arrasada y se vuelca sobre lo propio y circundante: es la otra sacudida, si no comparable en lo radical con la del XVI, si la más profunda y reivindicadora desde entonces. Impusiéronse los muralistas (Rivera, Orozco y, después, Siqueiros), por el valor de la obra y el renombre que alcanzaron. ¿En qué nivel del ánimo fue creada esta obra? Lo mejor no es circunstancial o pintoresca solicitud externa, imagen de una realidad inauténtica: es vinculación entrañable. La verdad o la falsedad de este clima creativo cada día es más perceptible en cada uno de los pintores: el tiempo criba con certeza lo que hay en ellos de originalidad sin servidumbre nacionalista o didáctica.

Se mantuvo la diversidad, si bien se acumuló un lastre intransigente y académico, para el que contribuyeron los maestros y no pocos seguidores: en parte de éstos fue una adhesión sin espontaneidad o jerarquía. Ese lastre ha molestado la evolución de algunos pintores. En la tónica de que hablamos, para conocerla mejor, debemos sopesar las relaciones dentro de tal situación, sin desatender el talento, la fortaleza o endeblez del pintor. Hay que precisar que el muralismo en su apogeo tuvo la libertad que correspondía a las circunstancias y a los acontecimientos. La obra misma lo comprueba. En mucho de ella no hay canto sino razonamiento, y más que lirismo, lógico discurrir sin llama ni revelación. Tampoco nos engañemos con las intransigencias no conformistas: un dogmatismo a la inversa es otro conformismo. Pero ¿existe contradicción entre esta pintura y los gustos oficiales patrocinadores, o fue y hasta es posible por las contradicciones mismas? ¿Está adelante de la estructura económica y social o se la permite, y aun se la auspicia, porque es reducida su acción, porque oculta la realidad o prosigue oficialmente como por inercia? Cada pintura y cada época son distintas, a pesar de la tendencia básica del muralismo mexicano. Sin duda, las respuestas son plurales. Se piensa en muchas preguntas más. Algunas respondí a lo largo de estas reflexiones. Plantear un problema es algo ya de la posibilidad de resolverlo. La generación que asciende ¿ya lo ha resuelto? Sus preguntas son otras.

Encontramos en la reiteración temática y formal una pintura que se imita a sí misma. En tal caso, es exiguo el valor privativo; por otra parte, siendo simpatizadores de una pintura impulsada por una gran causa, no podría satisfacernos sólo como mera ilustración de hechos e intenciones de la causa escogida, sino por la autenticidad y la excelencia artística que tal conciencia inspire. En México, para los revolucionarios, la Revolución está por hacer: nos interesan las herejías. Lo que se opone a todo conformismo. Esta pintura creció en renombre y cantidad, no siempre en intrínsecas virtudes, obedeciendo a la oferta y la demanda. Generalmente, se ha valorado por el designio de la narración, por su nacionalismo, descuidando el acendramiento específico. Pero, no es sólo la creación de formas: la expresión de una gran sensibilidad con formas y estilos tradicionales es en sí creación igual. Y una "comprensión" basada en errores o malentendidos es peor que la propia incomprensión. Hay un planteamiento en este arte cargado de pueblo, más bien que proselitista, cuyas soluciones no siempre son correctas. Sin embargo, no se puede generalizar ni al referirnos a un solo artista, y menos a la pintura mexicana contemporánea: es amplia y diversa su problemática. Y cuando la pintura excede el interés demostrativo y se hace intemporal —diríamos— por la realidad pictórica misma y lo genuino de la temática, es cuando el muralismo —la inspiración cuenta en el trabajo cotidiano— adquiere sentido trascendente: es la excepción aun en los maestros. Grandes temas y gran pintura.

Es necesario comprender el esfuerzo de los pintores o las obras que sirven la pintura en vez de servirse de ella; de los pintores que, por sus obras e intenciones, se les suele juzgar descastados sin comprender las razones de sus simpatías: sirven con implícita fidelidad espontánea, por su camino, a una revelación de lo humano y al rescate del alma nacional. Los valores puestos sobre el arte por motivos sociopolíticos expresados explícitamente, irán sobreviviendo, como en el caso del Renacimiento y el arte todo, en razón directa de la calidad. La consideración de la pintura sólo como instrumento de lucha suele crear una perspectiva estrecha y suele pretender una obvia mutilación, lo cual no impide que la falta o logro de eficacia niegue o vele la verdad artística cuando es gran pintura. Además, es bien claro que la deshumanización orteguiana es una cursi posición clasista. No defiendo ninguna neutralidad de la cultura. El particularismo de algunos pintores mexicanos se asienta sólo sobre concepciones dogmáticas de la realidad: un acatamiento que se autoestima como humanismo.

Descastado se ha solido juzgar lo que no es representación histórica, folklórica o sociopolítica, lo que no es arte realista con mensaje muy concreto (el término realista es muy amplio y, por lo mismo, convencional) aun cuando por la aptitud imaginativa sobrepase las lindes de tal exigencia, sin reparar en que era, precisamente, ruptura con necedades dogmáticas. Me doy cuenta de que en algunas de las obras de estos pintores hay sólo la presencia de un mundo pequeñito, ejercicios de estilo, diseños bien ajustados, minuciosos y decorativos, refinado color, escasa invención y poco aliento, magistralmente artesanales, lejos de la gran pintura. En ellos, asimismo, destaco las excepciones.

El punto de vista sectario en torno a los treinta, y aun después, me ha obligado a ciertas opiniones añejamente perogrullescas que, por desgracia, aún deben repetirse en México. El bodegón, el retrato, el paisaje, la pintura radicalmente imaginativa, la abstracta (Mérida, Gunther Gerzso, la introspección obsesiva de Frida Kahlo, los papeles de Jesús Reyes Ferreira, por ejemplo) no tendrían lugar con tal criterio, que relegaría a mucha de la mejor obra mural, de caballete y grabada, y mutilaría a la pintura mexicana de hoy si se tomara en cuenta tal aberración. Y ha ocurrido, y sigue ocurriendo, el fenómeno inverso derivado: pintores (o escritores) que han creído ver en las limitaciones una virtud válida para negar o equipararse a los grandes murales: el mismo sectarismo con otro signo, estéril diálogo de sordos.

A veces, una capacidad intelectual es la que se pliega, con adhesión explícita y exterior, a servir un mercado o una temática no sentida. Y esta misma idoneidad permite, en muchos casos, creaciones memorables que rompen la monotonía engendrada por la demanda comercial o ideológica. Tales excepciones son las que ennoblecen a la pintura mexicana. Y son estas excepciones en que la pintura de ornamental se hace monumental, las que transforman, con su sola existencia, en inocua al resto de su servidumbre que, en algunos casos, recuerda a los poetas laureados de las cortes.

En la medida en que la Revolución y el Renacimiento mexicanos —realidades concomitantes— tienen sentido como voluntad de creación de una vida, de una cultura superior, vemos que ambas voluntades obedecen a condiciones determinadas: aceptación o rechazo de ellas. La pintura mural en la tendencia citada, que es la peculiar —destaco lo excepcional por el valor intrínseco— representa tal estado de cosas acorde o no con las ideas y circunstancias de una situación. Es lo antológico de Diego Rivera, José Clemente Orozco, Alfaro Siqueiros. En efecto, es el producto de tradiciones y personalidades en un ambiente perfectamente delineado en la vida pública, en la sociedad y en el arte. Y si la pintura explica en parte a la Revolución, también la Revolución Mexicana explica en parte a la pintura.

Acaso la obra mural más directamente antimperialista la pintaron Rivera, Orozco y Siqueiros en los Estados Unidos: en San Francisco, California, Detroit y Nueva York, el primero. No olvidemos de Rivera, entre sus cuadros, *La gloriosa victoria,* denuncia, que llegó a todos los rincones del mundo, de la intervención armada norteamericana en Guatemala, en 1954. En Darmouth, N. H. (el imperialismo apuñalando a América Latina) y en la New School for Social Research, el segundo; y en Los Ángeles, California, en el Plaza Art Center, el tercero.

No debemos desatender las obras o los pintores que se alejan de la rutina creada por la pintura a que he aludido en el Prólogo: *Forma, visión y escritura.* No priva en ellos ningún premeditado nacionalismo limitador y pagado de sí, ninguna aldeana cultura nacional. Lo pintoresco engolosina a sus cultivadores; se detienen en la algarabía coloreada y olvidan la trágica situación del hombre. Este costumbrismo es una máscara sobre el desgarrado rostro verdadero. y, además, pintura muy mediocre. Su anécdota vela y engaña. Tomémosla por lo que es: opuesta a un realismo profundo.

Los que han hecho simples demostraciones para esconder así la indigencia de un arte convencional, repetitivo y explícito, representan generalmente poca cosa por sí mismos, como decía Engels de Vallés: "...falto de talento se ha pasado a los más extremistas y se ha vuelto escritor 'tendencioso' para colocar de esta manera su mala literatura". El hastío, en muchos aspectos, no es sólo por rutina formal sino por escepticismo que surge por la distancia que se descubre entre la realidad y su representación. Mucho del arte mural no es un arte combatiente, no puede serlo. Es un arte que idealiza hechos y protagonistas, tributario del Estado-patrón, conformista, pequeñoburgués, que da una imagen convencional de acuerdo con el deseo del poder y sin relación auténtica con la realidad: presenta a la nueva clase dominante no como es propiamente, sino como quiere que se le vea.

Lo óptimo de Orozco, Rivera, Siqueiros —cuando priva el rigor y la invención formal en muros y pintura de caballete— tiene alcance más allá de los valores intrínsecos, base real de sus significaciones, a tal punto que no es sólo en la cultura de México en donde ocupa su sitio, sino en la conciencia hispanoamericana. No poco de lo discutible de ellos, dentro y fuera de las fronteras, se origina en el conocimiento inexacto de tal acervo y de México. Y de considerar más que a lo mejor de la pintura misma a la secundaria, a imitadores en quienes naufragan ecos tan desfigurados que apenas son reconocibles como ecos desfigurados.

La obra nula de los maestros o derivada de ellos fue construida exteriormente: ilustración pintoresca o inauténtica y prosaica de un estado social, frente a la cual la crítica abdicó en ditirambos o guardó silencio en México, como antes frente al arte religioso. Una actitud que no sea incondicionalmente panegírica aún se estima con frecuencia como reaccionaria, antinacional y herética. Vemos que ese arte ha ido dando tumbos por el camino que Vossler descubre en la literatura religiosa española "que acabó degenerando en ilusionismo, alegorismo y toda suerte de hibridismos artísticos". Si reuniéramos los textos críticos de Rivera, Orozco y Siqueiros, comprobaríamos que ellos advirtieron y discutieron con pasión, aludiéndose recíprocamente, mucho de lo aquí tratado. Ninguna crítica nacional ha sido más violenta que la de los tres muralistas. Sin embargo, pocas veces lograron alinear en fila lógica su torbellino, y muchas veces olvidaron la propia crítica. Cuando la olvidaron, su obra difama a la pintura.

La fuente no puede ser más admirable como fuente —luchas y pasiones del hombre—, pero pierde fuerza creadora en la pertinacia: la repeticion sin fidelidad espontánea hace sobresalir la validez de la procedencia y apabulla por la falta de invención a no poco de los muralistas, estancados en la actualidad, en lo exterior de los "grandes problemas", siempre tan transitorios en arte. Estas sombras las he distinguido al propio tiempo que todas las luces: de otro modo no precisaría algo del perfil de la pintura mexicana de hoy. Nunca deseé perder de vista que los pintores principales conquistaron su libertad rompiendo su individualismo: sólo así puede tenerse una conciencia revolucionaria. Y la libertad se compromete con un problema concreto, y no con un problema metafísico. Pero, como el aprecio por lo representado ha perdido entusiasmo, y hasta existe gran desilusión (otro fue el clima revolucionario de los veinte y treinta), tal dictamen ha modificado en muchos casos el valor de la pintura misma, error inverso al que antes sobreponía lo representado al valor pictórico intrínseco de la representación, error en ambos casos semejante.

Gran parte de la obra mural canta y sirve al hombre, a la exigencia más íntima de su yo, a la Revolución. Los dibujos y gouaches, las tintas y los estudios de Orozco para los murales son, por la soltura y el ímpetu, de lo mejor en su obra. ¿No era la Revolución el máximo tema, el máximo propósito? Sobre una verdad grande emergen, sobre los muros oficiales, obras sin rango alguno, y otras magníficas, por la capacidad para maravillar y las dificultades peculiares. En los ejemplos pésimos no hay pintura ni participación real para crear conciencia.

"Puede decirse —escribió Orozco— que la pintura contemporánea de México nació a fines del siglo pasado y que ha alcanzado en su desarrollo una etapa que puede ya calificarse de madurez.

"El pintor mexicano volvió sus ojos, todo su pensamiento, sobre sus posibilidades, reconociéndose en sus propias formas tradicionales, enriqueciendo así nuevamente su cultura, gracias a la potencia de su sensibilidad.

"Parece no haber quedado ya camino que el pintor mexicano haya dejado sin explorar, con una gran curiosidad, y es bien sabido que ha puesto su pasión en la pintura que ha realizado en los muros de grandes edificios públicos: pintura mural siempre a la vista del pueblo, pintura que no se compra ni se vende, que habla a todo el que pasa, a veces con un lenguaje claro, otras, oscuro, que puede parecer rudo, insolente y aun insultante, pero que por su autenticidad es siempre digno, con la misma dignidad de la gran pintura religiosa de otros tiempos, con las mismas desigualdades cualitativas, si se quiere.

"Por una parte hay que considerar el valor que las obras realizadas pueden tener, tanto en el conjunto de las expresiones pictóricas, como vistas en una perspectiva histórica. Creo firmemente que México, con su pintura mural, ha renovado esa gran expresión en un momento de aguda crisis cultural, ensanchando el horizonte actual y abriendo enormes posibilidades para todos, en un futuro."

Algunos de los críticos europeos al estudiar la pintura moderna citan de pasada algo de nuestra pintura contemporánea, porque consideran que no hay aportación formalmente nueva, estrictamente pictórica, a las corrientes surgidas a partir del impresionismo hasta las más actuales.

Tienen razón, en algo, estos críticos: lo que no ven, a pesar de su educación visual o, tal vez, por su educación visual, es porque no pueden vivirlo y escapa a ellos, como ayer escapó a sus colegas, análogamente preparados, lo preclásico y lo clásico precolombino, aunque hoy no se basen, como es natural, en los mismos puntos de vista. Sin embargo, los pintores no quisieron comenzar, o continuar, a partir de la penúltima modalidad europea, sino a partir de la vida mexicana, sin desatender las enseñanzas universales: más que innovar formalmente, les inquietó lo propio y dialogar creativamente con su pueblo, para ayudar a transformarlo. El europeo no tiene respecto a América, claro está, "la emoción cotidiana ante el mismo objeto, porque —afirma Alfonso Reyes— el choque de la sensibilidad con el mismo mundo engendra un alma común".

Con algunos artistas de Hispanoamérica nos acontece algo semejante: repentinamente, en un parpadeo de la moda, se nubló, en apariencia, lo grande del muralismo mexicano, y aun las recreaciones figurativas menos apartadas del esfuerzo de esos países en donde se suele preferir lo cosmopolita a lo universal. En México se creaban expresiones originales hace cuatro mil años y, además, las circunstancias de formación, de población, de integración, los procesos históricos y las influencias del presente sobre el pasado y del pasado milenario sobre el presente son, necesariamente, muy distintos. Este carácter es decisivo aún: me parece ilusoria la uniformidad de un arte verdadero, y me parece cierta la universalidad de un arte individual. La intransigencia es frecuente, no sólo por rebeldía o anticonformismo, sino por debilidades que se esconden en ella. Cuánta pintura por compartir el mismo furor diferencial repite la misma monotonía uniformada. Ver con matiz contradice a la facilidad y a la indecisión; es buscar asir con menor inexactitud y con mayor profundidad y competencia. Encuentro validez parcial en estas opiniones europeas o hispanoamericanas. Me doy cuenta de las causas de sus simpatías y de sus límites, del repetido error grosero de juzgarlo colectivamente, de la base movediza de las hipótesis o certezas que tienen alguna semejanza con las que suelen servir entre nosotros para aquilatar la Escuela de París o la *action painting*. A mi juicio, ésta encarna el mundo atroz que la origina. La realidad es fuente de libertad.

Esas modalidades, a las cuales no rendimos dócil acatamiento, ¿qué significan en comparación al rescate poético de un pueblo logrado con expresión distante del valioso empeño innovador europeo tan poco feliz para el designio mexicano de entonces, que habríase antojado postizo como una peluca? No confundamos la pintura de tesis con la pintura que nos habla con su propio lenguaje: la emoción, el rapto, la alucinación. La evidencia de una realidad explica, en parte, el débil influjo de esas corrientes (impresionismo de Clausell, cubismo de Rivera, etc.); en parte, decía, porque en otros faltó aptitud para hacerlas nuestras dándoles alas y raíces: ¿la historia de la cultura no es, asimismo, la historia de las influencias? Rivera fue una enciclopedia de la plástica; su conocimiento asimilado circuló en su sangre nutrida por su propia tierra.

Más que una ideología precisa, en los murales hallamos la vida, la lucha de México: una visión que desea ser total para adueñarse de la época y del sentido poético de una realidad, la aventura con ventura de un pueblo entrañado a la aventura individual en años espléndidos, en que se rompía un pasado y se afirmaba una nueva revelación de México, y las rutas de la evolución histórica y la conciencia de la clase revolucionaria ascendente: el proletariado. Los símbolos comunistas aparecen desde la Escuela Nacional Preparatoria con Orozco (cuya ortodoxia fue su heterodoxia para la aceptación cabal de una doctrina) y con Alfaro Siqueiros. También los pinta Rivera en la Secretaría de Educación Pública y en Chapingo. La significación de la pintura mural no es sólo la inmersión humanista en los veneros de sus tradiciones. Es, sobre todo, la expresión individualizada y fascinante de lo nacional, para lograr de esta suerte universalidad y una concepción propia reveladora del presente y totalizadora del mundo. Lo más nuestro es lo que mejor podemos compartir. No creo que hubiese rumbo más legítimo, y, para reconocerlo, la pintura se valió legítimamente de múltiples influencias y de lo nuestro: reencuentro con lo tremendo precortesiano, con tradiciones populares del arte, con artistas como Posada, Estrada, Arrieta, Montiel, Bustos, o anónimos. Ello se debe a la Revolución, a la avidez para asimilar la cultura occidental y al descubrimiento corolario de lo nacional que incitaba a ver lo más nocturno, íntimo y oscuro, y a enorgullecerse de ser nosotros mismos, antes de proseguir sobre adventicios carriles de modalidades europeas.

Las lindes nacionales se trascienden cuando ahondando dentro de sí, cuando por diferenciación nos integramos poéticamente a lo universal con lo genuino. No es el tema universal en sí, el pensamiento dominante por aceptado o polémico, o una escritura plástica hegemónica en una época —impresionismo, cubismo, surrealismo, abstraccionismo— lo que crea tal universalidad: más bien suele embarazarla si carece de profundo impulso individuante. Estrellas y banderas rojas no acatan a una preocupación de universalidad sobrepuesta. Acatan a un entendimiento humanista, no sólo de lo que sucedía en México sino en el mundo. Ese entendimiento mismo era la Revolución: salvar siglos de atraso, de miseria y enajenación. Abrir las ventanas, ventilarse, en vez de encerrarse más en sí, como aconteció, por absurdo nacionalismo. Estos vínculos tienen las limitaciones de la Revolución Mexicana en cuanto a su realidad como Revolución, en cuanto a la Revolución mundial. Los signos exteriores no le conferían coherencia y consistencia; por el contrario: develaban su limitación. La universalidad no se finca ni quiso fincarse en la ilustración, o la expresión de doctrina alguna o su apariencia. Se finca en la autenticidad para maravillar y en las características de la pintura con plenitud. Su contradicción íntima era parte de la realidad y de su vocación histórica. Una pintura es universal por encima de sus contradicciones, o por encarnarlas magníficamente: por su grandeza propia, por lo que suscita más allá del tema doctrinario o no, magno o pequeño. Lo fundamental del tema siempre es el propio pintor apoyado sobre una realidad, expresando su humanidad —la humanidad— con un paisaje real o fantástico, una naturaleza muerta, signos fulgurantes, el retrato de un señor cualquiera. La inautenticidad en algo de la pintura mexicana no arranca sólo de la exactitud o inexactitud de la representación; arranca, ante todo, de la ausencia o la precariedad de la *pintura* en ella. El Greco, al pintar al cardenal Niño de Guevara, el Expolio, San Mauricio o Toledo, nos da su alma, y nos da el alma de España, aunque haya nacido en Creta y se haya formado en Roma y en Venecia.

Los primeros muralistas encarnaron su época y su pueblo por muy diversos caminos, con los más diversos temperamentos, unidos, sin saberlo, en un mismo afán de universalidad por lo mexicano. Así, también, los buenos pintores siguientes, menos ambiciosos en los temas o de menor personalidad, no sólo por falta de complejidad y discernimiento de lo que se vive, sino por circunstancias sociopolíticas. Pero todos se congregaron, ya sea con símbolos marxistas, alegorías combatientes, paisajes mentales o sandías, en el mismo ánimo secreto y profundo del arte, que en lo impar de lo mural, a despecho de objeciones, alcanza eminencia de excepción.

Cuán lerda y pusilánime fue la reacción contra el muralismo. Cuántos jóvenes sin juventud. Alguno despotricaba muy tardíamente, cuando su despotricar era sólo pleonasmo, publicidad barata y tormenta en el agua de sus acuarelas o en la tinta de su tintero.

También se ha pretendido que una pintura por ser mural en sí ya es superior a un cuadro o un dibujo. Es aberrante sostener tal superstición. Un mural malo es un mural malo, doblemente pésimo por ser una pintura pública que contamina el ambiente: emana fetidez visual.

Recapitulo: amo la pintura que defiende y engrandece el esplendor de su índole específica irreductible.

David Alfaro Siqueiros [1896-1974]

La obra de David Alfaro Siqueiros es una indelimitada proyección de sí mismo. Es un romántico cuyo romanticismo consiste, naturalmente, en no querer ser romántico. En la pasión que manifiesta contra lo que imagina romanticismo, se muestra campeón de lo que ataca. Combate toda forma, toda idea que se le presenta idealista. La violencia de sus procedimientos pictóricos, sus colores, su dibujo, el atropello con que están pintadas algunas de sus obras, recuerdan el arrebato de su vida, tan llena de las deliciosas paradojas de una película de dibujos animados. Su obra desea ligarla a sus campañas políticas y sociales; desea ser la ilustración de su posición frente a la vida. Me acerco a ella no sólo en el plano estético sino en el plano humano de su realidad viva.

No es en la decisión de buscar lo original, lo originario en donde surgen diversos comentarios, sino en las obras, dentro del concepto mismo de lo que es o debe ser la pintura: no poco de lo que para él es pintura, para mí no tiene razon de ser como pintura. Alfaro Siqueiros encierra también importancia por la polémica en que ha vivido. A través del afán de concretar lo nuestro buscando el alba de un renacimiento, ha captado posibilidades, en medio de inevitables contradicciones e insistencias pueriles. A menudo, sus copiosos escritos sobre plástica, me han parecido un caos; pero, en medio de la selva, su brújula indica un rumbo, lo pierde y recobra, para volver a sus inquietudes, sin acertar a salir del laberinto, tal vez no por la complicación de los temas, sino por la simplificación a que los reduce. Creo que de lo más severo que se haya escrito sobre algunos aspectos de la pintura contemporánea de México, está en su ensayo publicado en *New Masses* (29 de mayo de 1934). Afirma que "el movimiento muralista mexicano es un movimiento utópico en el camino hacia la pintura revolucionaria", y que "de sus errores tremendos y frecuentemente repetidos podemos sacar algunas lecciones útiles". Los desarrollos de Siqueiros son interesantes, ya sea criticando acremente o reconociendo la significación del muralismo. Cuando Siqueiros escribe tales conceptos, no poco de la obra de Rivera y Orozco había sido ya pintada.

Nunca me han preocupado abogacías para probar una tesis, sino acercarme a la verdad de lo nuestro. Y se necesitaría torpeza grande para que, pretendiéndome dogmático, afirmase inquisitorialmente que no hay más ruta que la mía. El derecho de hablar no se deriva de poseer la verdad; más bien del hecho de buscarla, sin la presunción clerical de poseerla y sin moverme dentro de un sistema cerrado. Los análisis de Siqueiros de algunas de las bases del arte contemporáneo de México atrajeron, por rechazo, mi entusiasmo: aunque no pueda acompañarlo en los desarrollos, en la intención ni en la solución de algunas de sus obras. La sustitución del óleo por nuevos materiales no significa un cambio verdadero y trascendente en la concepción de la pintura en sí. Me conmueve cuando crea, no siempre cuando razona. Ha sido un hombre de teorías o de teoría. Y un hombre de hechos y de obras.

Los chorreados del duco, los *accidentes* de la piroxilina, los aprovechó algún tiempo sin buscar desarrollar esta posibilidad de aventura; más bien desaparecieron. No quiero decir, sin embargo, que su obra sea la de un satisfecho. Por el contrario, nadie ha sido más inquieto. Los nuevos materiales lo condujeron a problemas nuevos que no alteraron las bases principales de su estética: el rechazo del cuadro de caballete, la preocupación didáctica por la utilidad política inmediata de la pintura pública, etc. Pollock trabajó con Orozco y conoció a Siqueiros y la obra de ambos; pero, el camino de Pollock fue mucho más allá de los *accidentes* formales en Siqueiros, hasta constituir una concepción propia, nueva y aparte, muy distante de los dos mexicanos.

Siqueiros es una de las naturalezas más definidas de México. En una apariencia fría, hasta casi indiferente por el arte, esconde gran fervor. No es hombre de climas indecisos, de actitudes intermedias y sinuosidades. Es inconstante, solicitado por innumerables preocupaciones que se alternan en él absorbiéndole en éste o aquel sentido, cortado a tajo, con la ceguera fecunda del fanático. Su atención se fija por momentos, sin firme profundidad intelectual, valiosa por su empeño. Sus ideas diríanse más bien prejuicios, sostenidas con sentimentalismo que conmueve, externo acaso, aunque con calor que les da apariencia de normas trascendentes. Su naturaleza lo guía y lo preserva dentro de una perfección plástica personal con verdadera potencia lírica. No busca poesía por una importación de ella en la pintura: la poesía se encuentra en su buena pintura, casi contra su voluntad, como resultado de la pintura misma. La pintura se vive por lo que es, no por sus designios.

Tiene las cualidades de sus defectos. Sentimos el desperdicio que hace de su fuerza, el lujo de su abandono en asuntos que tratados por otro pintor habrían resultado sin interés. No se puede hablar de Siqueiros sin entusiasmo y sin lamentaciones. Su obra y su vida se nos muestran valiosas por las mismas intermitencias. Es el único romántico, verdaderamente romántico, que posee nuestro arte contemporáneo. Es un hombre excesivo, de vida aquilina y compleja, y de gran generosidad, con una naturaleza humana singular. Le falta sentido crítico, normar su hipertrofia, su grandilocuencia que no siempre tiene acento épico. ¿Para qué vamos a exigir pasión a Ingres, frialdad a Delacroix y un poco de calma a Van Gogh? Son tan ostensibles en Siqueiros las cualidades de pintor que, a la postre, sólo ellas sobreviven en mi memoria.

Su dibujo es cerrado y neto, incisivo, al servicio de masas y volúmenes: aprieta las formas, las destaca, como en los dibujos de los escultores. Sus retratos, algunos entre los mejores de México —me refiero, sobre todo, a los primeros— son ejemplos peculiares de su imaginación. Parte de lo real para expresarse: crea una ficción realista. Parecido logrado que a él no lo conduce a la mala pintura. Una mala pintura no es nunca un buen retrato. Cézanne decía que el modelo debe posar como una manzana, y más que manzanas hacía autorretratos. En el aspecto formal, es el más mexicano de todos. Y lo universal sólo en lo particular emerge. Las influencias aborígenes son feraces en él y renovadoras. A menudo, sus volúmenes nos recuerdan la plástica refinada y brutal de los tarascos. Tiene la dureza de esos ídolos, los planos sabios, los volúmenes exactos y seguros. Alfaro Siqueiros siente la forma como ninguno en México la siente, con precisión táctil que hace a su pintura escultórica. Su ímpetu no conoce las musas moderadoras y por los desbordamientos, por las aserciones de su idiosincrasia, crea sus mejores obras. No es por ello una pintura simple, valiosa sólo por su forma, color y materia; lo es, sobre todo, por la emoción que encierra. Nunca es simple, sino sencillo.

David Alfaro Siqueiros se halla situado en la tradición, y a veces podríamos decir que es hasta el más académico de nuestros pintores. Presenta el contraste de una forma con algunas peculiaridades clásicas y la intención de una expresión romántica. Muchas veces, el romanticismo es agregado, reducido al propósito. Una mujer y un niño deberán llamarse: *La madre proletaria.* Sus pinturas suelen ser más denominaciones que respuestas a los retos de la realidad. *El pueblo a la universidad, la universidad al pueblo. Por una cultura nacional nuevohumanista de profundidad universal*, es el nombre de la decoración exterior en el lado sur del edificio de la rectoría en la Ciudad Universitaria. (La del lado norte, no sé ni cómo se llama.) Su intención se olvida ante algo más verdadero y presente: los aciertos de las formas. No es el astro frío a lo Ingres. En una naturaleza opulenta que recrea, gobierna e inventa formas con personalidad. Ninguno tiene mayor fuerza en sus masas cuando es sencillo y elocuente, purgado de gestos y adiposidades. Todo refinamiento parece serle ajeno. Al tratar de Alfaro Siqueiros estamos ante un caso en el que el conjunto de la obra es autorretrato.

Se diría que es excesivo el peso de sus volúmenes. Y extraordinarios la gravedad, el movimiento y la inercia a que están sometidas sus masas. No nos recuerda, por ejemplo la gracia de un Zurbarán, ese gran escultor español, en sus volúmenes: forma y gravedad, inercia y movimiento, suficientes son para demostrarnos que la pesantez no es peculiar de la materia, sino sólo uno de sus atributos. Su estabilidad no es siempre elegante, suelta, fácil: en ocasiones, no consigue hacer valer mejor la gravitación de los motivos, las cualidades físicas en el espacio, como lo alcanza una columna de sobrios volúmenes justos. Sin su exactitud táctil, las grandes figuras se desinflarían. Para verlas bien, hay que dar la vuelta en torno a ellas. En el énfasis suele mostrar lo vulnerable de su estructura. El volumen antójase como una coartada en algunas de sus obras. Siqueiros es el mejor escultor de México.

Lo descomunal, las grandes dimensiones, no nos dan, implícitamente, sensación de vigor, de grandiosidad. En una tablilla de El Angélico, en la degollación de unos mártires descrita en pequeño espacio, cabe mayor dramaticidad y monumentalidad, sentimos más el horror, la violencia física ejercida, por cualidades de la forma y razones propias del volumen, sin que exista la más ligera ostentación del delicado y viril propósito. Alfaro Siqueiros, con frecuencia, necesita gritar para que se le oiga; desentona y gesticula; hincha el pecho y la voz, como los profetas; recurre al teatro, siempre que puede; se encanta en las grandes proporciones y en las desproporciones, sobre todo. Increpa, pregunta, dominado por vehemencia que logra llegar a severidad extraordinaria. Algunos de sus gigantes con bíceps de cartón, en la intimidad, son unos niños sencillos. Cuando la ternura de David Alfaro Siqueiros abandona el magnavoz y se transmite llanamente, lo encontramos mejor. En obras semejantes —retratos, tranquilos paisajes de piedra y cielo, pequeños retablos— irrumpen virtudes más valiosas que hacen prevalecer su inactual poesía tan presente, y conquista mayor oportunidad de ser inagotable.

Parte de la pintura de Alfaro Siqueiros me molesta por la ampulosidad, por la grandilocuencia que sostiene lo que a veces es sólo apariencia de fuerza. Y, sin embargo, en los defectos, en ese desequilibrio, se destacan las virtudes. Porque eso es Siqueiros: una exclamación. Siempre dentro de su oratoria, que suele ser muy mediana, emerge su libertinaje, su gesticulación, su tumulto, sus dotes de escándalo, que yo aprecio tanto, animados por pasión que colma aquella ruda potencia formal. Sus óleos, con dos o tres figuras declamatorias, a pesar de su reciedumbre, sostenidas por perspectivas patéticas y contrastes de masas y proporciones, nos obligan a participar en su vórtice. Alfaro Siqueiros es monumental aun en las miniaturas.

¿El arte lo concibe sólo como arma? La pintura ajena a la finalidad de la revolución mundial, la considera teóricamente ociosa, burguesa y reaccionaria. Tal entendimiento siqueiriano del problema lo conduce a reducir los planteamientos a un simplismo típico por el furor maniqueo. Su criterio estético no está siempre supeditado a su política: en la obra persiste su gran temperamento plástico. De todas esas miserias modernas, así llamaba Baudelaire a las explícitas involucraciones primarias, la obra de Siqueiros se ha librado a veces como el arte cristiano: por medio de la simulación, o atendiendo creativamente los postulados. Lenguaje de las formas.

Ninguna pintura se enriquece con palabras. El título sólo es una exigencia para la identificación. La actitud ante el mundo cuando no está en la obra no se suple con el título, teorías y comentarios. Lo que un pintor escribe suele ser muy distinto de lo que pinta. La verdad no está en los designios, sino en la pintura. El criterio de Alfaro Siqueiros no es ajeno al arte y al criterio cambiante con que también se juzga el arte. La crítica es cambiante como el arte. Todo absoluto es necesariamente metafísico. El dogmatismo de su posición nace de su inestabilidad, del temor a la ineludible realidad cambiante. Con criterio intransigente no podemos ver lo de hoy. Todo es siempre distinto. En las grandes obras vive algo más de lo que representan, y eso es lo más válido. Las manzanas de Cézanne son muy otras de las manzanas del señor Pérez. A este propósito, Marx escribió —*Introducción a la crítica de la economía política*— que la dificultad no consiste en comprender que el arte griego y la epopeya se hallen ligados a ciertas formas del desarrollo social sino en que puedan proporcionarnos aún satisfacción estética.

Los murales pueden estar en la calle y no ser populares. La popularidad no depende sólo de los murales sino de la capacidad del pueblo para sentirlos. El muralismo mexicano no es aún popular en la medida de su ambición, por razones que atañen no tanto a los pintores cuanto a los niveles de conciencia del pueblo. No repetiré mis puntos de vista. Al pasar la actualidad del acontecimiento que relata o comenta el artista, sobrevive mejor que el acontecimiento el valor plástico. El contexto histórico se nubla o desaparece: arte precolombino, por ejemplo. Sin embargo, la forma vive en otro tiempo y en otro lugar que no la originaron, aunque no sintamos la función para que fue destinada y sólo sepamos de ella científicamente (arqueología, antropología). La forma se impone por la síntesis de humanidad que encarna. Por la emoción intemporal que crea. Se impone como arte.

Afirma Picasso: "Si una obra de arte no puede vivir siempre en el presente, no se la debe tomar en consideración." Siqueiros se aleja de la prédica, de la narración, y entonces su pintura es, a menudo, excelente pintura antes y después de algunas etapas de su barroquismo; antes y después de su preocupación por crear una dinámica visual en superficies más dinámicas que el rectángulo o en el rectángulo mismo, para una pintura ya no bidimensional.

La retórica de Alfaro Siqueiros —a veces es tan retórico como José Clemente Orozco o Diego Rivera— no empaña su obra con frecuencia, ni de modo tan decisivo, como a parte de la obra de éstos, por la ternura o la monumentalidad recia de la forma. De su voz llena de bóvedas, se libra lo que tenía que librarse, como en Rivera y en Orozco: la belleza plástica. Y Siqueiros es rico en ella, sin arqueologismos y sin pintoresquismos. No sabe, afortunadamente, sino contradecirse. Recordemos los cuadros delicados de niños, los severos retratos (Moisés Sáenz, Hart Crane, Lola Álvarez Bravo, María Asúnsolo, José Clemente Orozco, Angélica Arenal, etc.), autorretratos, fragmentos de murales (Preparatoria, Seguro Social, Teatro Jorge Negrete, Centro Médico, Museo Nacional de Historia), *Madre campesina*, paisajes, *Retrato de niña muerta, Tren militar, Cabeza, El eco del llanto, El sollozo, Retrato de niña, Etnografía, Las calabazas, Estudio* (1934), *El diablo en la iglesia, Cuauhtémoc contra el mito*, y otras muchas pinturas magistrales. La mejor pintura de Siqueiros es la de caballete.

Todo es polémico en él dentro de su categórica afirmación, a excepción de su naturaleza de pintor. No ignora, a la postre, que sólo cuenta la belleza (la emoción de lo representado) porque es bien sabido que una novedad no es novedad si no es belleza, si no existía antes y siempre, revelada al fin por el artista: entonces la visión personal se torna universal y el público reconoce, en la naturaleza o en la vida, lo que el arte le ofrece.

En sus caracteres específicos, gran parte de la pintura mexicana contemporánea es conservadora, no sólo la mural, la de temática política, sino el resto de ella. Le falta aventura, renovación de la temática, de la expresión. Podría afirmarse que lo es, particularmente, la que más se acerca a la absurda función del cartel al fresco: ni arte ni propaganda. Penetración feliz en nuevos campos de la plástica, investigación en las posibilidades de la expresión, las tenemos muy escasas. Siqueiros se ha empeñado en renovar los propósitos de un arte público y monumental.

Las conmociones sociales y políticas que se iniciaron en 1910, repercutieron en los muros, con vocabulario tradicional, pero con nuevas aspiraciones. Se hacía indispensable incorporar lo afín de las corrientes mediterráneas, hasta las del siglo XIX francés, un gran siglo en la pintura occidental; incorporar, dentro de términos mexicanos, lo que sirviera para un arte público, para obreros y campesinos. Qué problema dificilísimo ha demostrado ser la creación de un nuevo muralismo, un muralismo de hoy —ya no didáctico, costumbrista, anecdótico—, más allá de la lección italiana. Incorporarlas, es decir, conocerlas y tomar de ellas lo válido para una creación muy distinta de la de Primitivos y Renacentistas. Y, sobre todo, reincorporar las propias, totalmente abandonadas. Lo alcanzado es lo grande de lo nuestro, y Siqueiros tiene importancia en ello.

Muchas de las corrientes europeas habían sido absorbidas superficial y aparentemente. Se repetían hasta los temas extranjeros y cerrábanse los ojos ante el mundo indígena, nuestra naturaleza, la vida y las luchas del pueblo. Con este acervo de cultura asimilada se originó la calidad de la pintura mexicana. Tanto se ofrecía por decir y eran ya tan amplios los medios tradicionales que, sin preocuparse primordialmente por cuestiones técnicas o esteticistas, los pintores dedicáronse a expresar el mundo recién descubierto por la Revolución. Esto es lo singular de tal obra: decir la realidad esencial y profunda, y no la exterior y documental.

He tenido que hacer este rodeo para volver a mi punto de partida: David Alfaro Siqueiros. No habría podido esclarecer en mí, y por ende, para el lector, las razones que me acercan a su obra y las razones que me alejan de ella. No habría podido esclarecer, asimismo, aparte de las razones, algo de la zona un tanto oscura o nebulosa, en donde hay elementos que cuentan, y que cuentan enormemente, para sentirme atraído por una obra, sin que la razón pueda siquiera abrir la boca. Me he propuesto analizar por qué, y dónde y cómo, se originan mis discrepancias. Sin tal investigación previa y ecuánime, mis conceptos no tendrían valor alguno. Vuelvo a ella, nuevamente, en consecuencia, como requerimiento ineludible. La objetividad es relativa en estos casos, y me empeño en disminuir la relatividad valiéndome de lo que considero la mejor táctica: pongo todas mis cartas sobre la mesa.

La concepción del arte, en ambos, es distinta en muchos aspectos. La formación política de Alfaro Siqueiros: su militancia anárquica y firme, pontifical, añeja e individualista, establece ante mí una diferenciación cabal. Las relaciones que él explica entre el arte y la política, dogmáticamente, originan divergencias con mi criterio: hay tantas rutas como hay creadores. Estoy harto, desde siempre, del discurso pintado que propugna. ¿Por qué hago caso de sus teorías, de sus programas, de sus numerosos escritos? David Alfaro Siqueiros lleva más de medio siglo de meditar su camino, de tratar de conciliar su teoría con la práctica, para hacer de la pintura mural, sobre todo la exterior, "una tribuna de doctrina colectiva". Yo he señalado, y muchos otros, la bifurcación frecuente: su talento plástico guiándole por un camino y su talento político por otro. Lo grande es la síntesis de ambos propósitos. Es tan continuado el análisis de Siqueiros de los problemas de lo social en el arte y del arte en lo social, que no son menospreciables sus designios. Indudablemente, lo han asediado porque en la obra domina la voluntad de servir con la pintura, tal como él la entiende, en la lucha ideológica de la crisis de la civilización. Para mí también la transformación de la sociedad es la causa más alta de nuestro tiempo; mas el arte posee caminos más complejos que la simplificación intransigente que encuentro en los escritos de Siqueiros. Tal obsesión no es un pequeño elemento en él: es lo decisivo de su ambición. Pero, su ambición no es siempre su obra. Y su obra, ¿qué relación tiene con su obsesión, qué valor?

¿Nos ocupamos más en Alfaro Siqueiros como teorizante que como creador? ¿Es creador como teorizante? ¿Ha dado más tiempo a la teoría y acción en la lucha ideológica que a la pintura? Pienso que no: su vida se abre en tres caminos hacia un mismo término: la militancia política, la obra y la teoría en que ella se asienta. A veces, imagino que más que un ensayo de orden artístico, reclama un ensayo político o un estudio biográfico. Por sus luchas, ha sufrido prisiones, confinamientos, persecuciones, destierros.

Alfaro Siqueiros considera la pintura de caballete burguesa, *chic*, para el goce de clases acomodadas. Ha clamado por una pintura para el pueblo, revolucionaria, pública, funcional, dinámica. La pintura de caballete continúa en apogeo porque puede ser tan popular como la pintura mural: depende de cómo se organiza la sociedad, la producción, las exposiciones, los museos. Además, la popularidad no es infalible medida de excelencia. ¿En qué sociedad vivimos, en qué época? Él lo sabe, lo sufre, y tampoco se resigna: casi es hoy un Sísifo solitario. Y yo comparto su insumisión, lo fundamental de su ideología, pero no el camino de su estética: el *mensaje del arte* no es el consabido "arte con mensaje". El arte con mensaje ha de llevar el mensaje del arte. Pintura como medio y como fin.

Desde luego, la vigencia de las obras es perdurable si son dueñas de virtudes intrínsecas que, de generación en generación, cobran nuevo significado. La influencia de este ciclo empieza, lentamente, a revelarse como historia y como pintura no sólo en México, sino en otras partes, con las fallas originales, con los aciertos. En México, por su misma proximidad y por ese fenómeno general y fecundo en las artes, la generación posterior a los muralistas se aleja de ellos o se opone a ellos. ¿No hay que ser hijo de una tradición para estar contra ella?

David Alfaro Siqueiros, con escritos de todo orden, nos ha comprobado que ha sido uno de los apóstoles de una pintura realista, monumental y popular. No pocos muros lo muestran, y este libro también, con los rasgos insignes que hemos ido reconociendo. Se afirma que lleva lustros y lastres de ensayos y que su obra se ha resentido por ello. Tal ansiedad, aunque a veces sea limitada y pueril, es su mejor virtud. Lo que pintó en su segundo ingreso a la penitenciaría (1929-1930) y en su confinamiento en Taxco (1931), y no pocos retratos y obras posteriores, fragmentos de murales, paisajes de piedra y cielo, naturalezas muertas, retengo más viva y admirativamente en mi memoria, que parte de la pintura poliangular, que la esculto-pintura, enfáticas y como reflejadas en espejos de varias curvaturas.

Las posibilidades de captación del movimiento han sido utilizadas por Siqueiros a través de la enseñanza de la fotografía y el cinematógrafo. El movimiento, la monumentalidad, los recursos expresivos han motivado análisis en todas las épocas. El bisonte de Altamira carga con furia verdadera, como se encabritan briosamente los caballos de Uccello. Elie Faure nos dejó estudios memorables sobre El Tintoretto y el movimiento, ya no en relación a la fotografía —que capta el movimiento para dejarlo inmóvil, dándonos su sensación—, sino en relación al cinematógrafo que es el movimiento mismo. Los futuristas, entre ellos Boccioni, con sus caballos corriendo y el paisaje telescopiándose en el cuerpo, intentaron que oyéramos el jadeo de la bestia. También debemos señalar la influencia, válida como todas, del cartel en general. Se ha enriquecido por todos los caminos; ha manifestado insatisfacción y persevera con los demás y consigo mismo en una actitud polémica. Antonio Machado vio claramente "que el tan decantado dinamismo de lo barroco es más aparente que real, y más que la expresión de una fuerza actuante, el gesto hinchado que sobrevive a un esfuerzo extinguido".

Con la captación de lo dinámico y su preocupación por el espectador en marcha, que más que espectador es transeúnte, ha deseado abrir campo más vasto a la pintura —superficie plana— y conducirla hacia lo corpóreo, no sólo como la escultura, sino acaso como la escultura policromada. De su obra, dentro de este orden, en la Ciudad Universitaria, sólo el lado sur interesa. Multiplicar los puntos de vista, las "miras", de donde pueda contemplarse un mural, le ha obsedido hace años.

En ocasiones, Siqueiros es un descubridor de mediterráneos y un espíritu de tal manera intransigente, que me parece un fanático de sus prejuicios. Suele ponerse a servir más su pasión que su entendimiento: tal es su idiosincrasia. Y lo hace con dialéctica vehemente y remachona, en donde los vanos se me antojan numerosos como en una esponja.

Que sea David Alfaro Siqueiros quien más provoca polémicas con su obra, su teoría, con reales o imaginarias bifurcaciones entre ambas, es una comprobación de su talento y de la presión dogmática que deseó ejercer. A veces, pienso con él, aunque no como él, que parte de la generación posterior no ha comprendido cabalmente la experiencia de la pintura mexicana contemporánea. Para Siqueiros no la comprenden bien los que se alejan de ella; para mí, quienes la siguen sin renovarla: cada generación debe dar lo suyo.

¿Se ha cerrado el ciclo de la Escuela de París? Habré de responder como cuando afirmaba que el ciclo de la pintura mural mexicana lo han cerrado los propios pintores o las condiciones históricas. La obra de Bonnard, Picasso, Klee, Kandinsky, Duchamp, Mondrian, Matisse, Braque, Léger, no termina con ellos, sino que ha quedado viva en el patrimonio del hombre. La Escuela de París es un clima de la inteligencia y no un dogma: insatisfacción y pudor. Además, no hay escuelas sino pintores. Una duda impulsada por una certidumbre. ¿David Alfaro Siqueiros ve cerrada la ruta de los creadores de Europa? ¿Estamos haciendo un recorrido ya concluido por ellos? Si lo estamos haciendo es con nuestro mundo todo, descubriéndonos cada día, tomando y creando conciencia, aprovechando el mejor ejemplo de Europa. Viviendo nuestra propia vida, nuestro amor, la experiencia personal o nacional, como cada hombre que nace y vuelve a amar, sufrir, crear y morir, sin que se repita la misma experiencia. La pregunta sería, si bien prematura, si el vuelo de nuestra parábola es más amplio. A los europeos, acaso no les importe nuestro juicio. Ni a nosotros colonialmente el suyo. Sin embargo, no olvidemos que en Europa hay conciencia sociopolítica más honda, madura y fuerte, que en muchos de nuestros pueblos. Hablar, en términos generales, de la decadencia de Europa, es tesis falsa y retrógrada. Se trata de la decadencia de una sociedad y un sistema. Y a ambos, en gran parte, pertenecemos.

En los últimos veinte años, Alfaro Siqueiros ha pintado su obra mural característica. La que él considera más representativa. Antes pintó en el Colegio Chico de la Escuela Nacional Preparatoria (1922-1923) frescos tradicionales, fuertes y sencillos, así como algunas de sus primeras grandes obras de caballete. Ha intentado una nueva respuesta a los problemas de la decoración mural en nuestros días. Su antología —obras de caballete y murales— es relevante, y para mí se halla ligada en parte, en los murales últimos, a un barroco efectista y personal. Más que una tensión dinámica nos da el movimiento que desplaza las líneas. Sólo un criterio primario puede tomar como peyorativo señalarlo como afín al barroco. ¿Por qué acatar a Baudelaire? Siqueiros ama el movimiento que desplaza las líneas. ¿Se enriquece la plástica con este movimiento de sus grandes composiciones murales? En todo caso, busca y logra lo suyo con ese barroco con no sé qué de peristáltico, de bullicioso, arrollador y unánime, como si nos armase ante su vórtice de polifacéticos ojos de mosca. Prefiero fragmentos y detalles —algunos singulares— a los conjuntos, aunque se trate de una plástica integral. La fotografía nos da pobremente su intención cinética. Habría que recurrir al cinematógrafo. Hay ya películas sobre pintores, si bien con más intención cinematográfica que plástica.

Siqueiros vive para esta orientación, sobresaliente en su obra en el Hospital de la Raza, el Centro Médico y el Museo Nacional de Historia (Castillo de Chapultepec). Estima que su tribuna de doctrina colectiva y su pintura alumbrada como por un sol claro y parejo, de recias texturas, se enriquece con la composición tridimensional a base de superficies activas, objetivamente dinámicas, que lo obligan a distorsiones mayores, a composiciones poligonales de un movimiento incesante que modifica las exigencias de la composición frontal y sirve mejor al espectador en marcha. Ninguno ha trabajado más en México en la transformación óptica de las superficies planas haciéndolas curvas, multiplicando su dinamismo y los puntos de mira. A nadie ha interesado esta tendencia más que a Siqueiros, o sólo a Siqueiros, más bien, han interesado de tal suerte esos propósitos. Hunde las superficies, las aleja o las adelanta, trata de meternos dentro de su pintura, de rodearnos con ella. Como en los demás muralistas, tomo en cuenta lo que estimo singular en él y a veces lo que le atrae y a mí no me atrae. El amontonamiento de figuras, más que la sensación de una marea poderosa, me suele dar la sensación de un atropellamiento gesticulante. Algunas cabezas magníficas, algunos fragmentos, algunos muros, descuellan y se imponen (Hospital de la Raza, Centro Médico, Castillo de Chapultepec). Siempre los detalles; casi nunca los conjuntos. Estos murales cuentan entre los mejores de México.

Los murales en el Hospital de la Raza, el Centro Médico y el Castillo de Chapultepec (1952-1960), son cimas de su capacidad, de su fascinante expresión barroca. Es Siqueiros en apogeo, con las cualidades y exageraciones de su personalidad. A pesar de haber pintado en Chapultepec la lucha de clases cuando tal temática parecía irremediablemente gastada, alcanza, desde cualquier punto de vista, la obra más importante de su vida como pintor mural. Más gastado que la temática era el estilo de tratarla, la oquedad de una forma envejecida. Siqueiros concreta su intención y comprueba sus dotes.

¿Plantea Siqueiros una renovación? Más que una honda renovación, en el valioso trasegar de los tumultos escenográficos, en que además de perfeccionamiento personal técnico para cumplir mejor sus fines hay poderosa invención, percibo una expresión espléndida y cabal. La renovación barrunto que habrán de lograrla quienes aún se están forjando un estilo y tienen un concepto muy distinto de la pintura. Empero, cuando se la ha discutido, sobre todo en los últimos años, no ha sido tanto por él cuanto por lo mucho que significó dentro del movimiento mexicano y en lo que ayer fue lo más trascendente de tal movimiento: la obra mural y la gráfica. Para las nuevas generaciones, esto es ya la prehistoria, como todo pasado inmediato.

Los tres muralistas iniciales: Rivera, Orozco y Alfaro Siqueiros son muy distintos en su expresión, y los tres muestran cambios en ella. En el Anfiteatro Bolívar, la Capilla de Chapingo, el Hotel del Prado, se advierten, si bien no radicales, no por ello menos evidentes; mucho mayores en el Orozco de la Escuela Nacional Preparatoria y el Orozco del Hospicio Cabañas y la Escuela Nacional de Maestros. Alfaro Siqueiros, de la Preparatoria al Castillo de Chapultepec, establece gran contraste: de su primitivismo evoluciona a un barroquismo propio. El hastío de un realismo anticuado, la afinidad mexicana al barroco, el designio de acrecentar el efecto de una exposición ideológica precisa y elocuente, lo condujeron a esta etapa.

Observemos —meditemos sobre ello— que en mucho más de medio siglo cumplido de la Revolución Mexicana, sólo un sindicato, el de electricistas, fue pintado por un equipo con uno de nuestros grandes muralistas (Siqueiros) sin que hubiese conflictos. ¿Esta realidad es un juicio sobre la pintura mural o sobre la Revolución? Orozco fue quien más tempranamente combatió con su pintura algunos aspectos de la contrarrevolución. La importancia del punto discutido desde varios ángulos atañe a la Revolución y al concepto de esta pintura. El mural en el sindicato de los electricistas es de escasa significación. Así, también, el Polyforum, esculto-pintura.

Por lo señalado se puede deducir que existe aún débil relación con el sector popular que, sin duda, ha tenido en México más precisa orientación sociopolítica y más oportunidad para conocer, para vivir el muralismo; lo cual nos hace pensar en que el valimiento de esta pintura es menor en otros sectores, en donde casi se la ignora o domina la indiferencia, y acaso hay un relente de hostilidad no obstante la limitación de su poder real sobre las masas.

Lo escrito por los pintores es testimonio muy discutible por la distancia que suele haber entre el planteamiento teórico y la obra. La complejidad o no de la obra, la unidad, la coherencia, las conoceremos por ella misma, por la trayectoria del pintor, y, secundariamente, por los escritos y la crítica que hace de otros, o que otros hacen de él.

El alcance de los logros formales, la expresión poética, el carácter monumental y la afirmación sobre tantas delicuescencias (negándose para ello a ser sólo un adorno), le deparan un sitio en lo impar del muralismo y de toda la pintura de México que explica el entusiasmo o el alejamiento de los tres grandes muralistas. Evidente es en ellos su originalidad al darnos el pulso de un pueblo y una época.

Por su voluntad de servir, descuidando las exigencias específicas de la pintura, parte del muralismo se situó cercano del muralismo renacentista y distante de la pintura coetánea europea. Por ello, algún crítico lo aproximó a ese academicismo llamado "realismo socialista", cuya inanidad es harto conocida: nada tiene que ver con la pintura ni con el socialismo y el realismo. Nunca ha existido, en lo extraordinario de la pintura mural mexicana, similitud con un "realismo socialista" ni con un socialismo real; tampoco la limitación de una escuela o de un esteticismo que aspirara a encarnar la quimera del "arte puro". Además, al muralismo no le importó la aprobación o la negación extranjera: esa actitud había sido superada. Aquí arranca la discusión o la negación. Y, también, la certeza de que lo óptimo de tal empeño cuenta entre lo más auténtico de lo que va del siglo. Cuando es creación es como una de nuestras pirámides. Hinqué la pica para escalarla. Y no olvidé los cimientos, los dédalos interiores que la recorren contrastando con su geometría.

Al recordar la mejor obra mural de Alfaro Siqueiros, la mejor de caballete, distante mucho de ella de explícitas preocupaciones directa y primariamente políticas, los "retablos" que pintó en la Penitenciaría en 1929-1930, algunos retratos, paisajes y otras excelentes pinturas de caballete, su gráfica en buena parte, se reaviva en mí la fiel convicción de que es uno de los mayores artistas de México.

No puedo acercarme a la pintura de Alfaro Siqueiros o apartarme de ella sino polémicamente. La estimo mucho como para escribir sólo encomios; para enaltecerla sin dialogar con ella con enardecimiento y evocando siempre sus logros. Su maestría se manifiesta mejor cuando suele adquirir disponibilidad y no la estorban los fundamentos de "escuela", distante de cualquier empeño opuesto a la ductilidad fecunda de toda heterodoxia. No pocas obras secundarias para él, para mí cuentan en primer término. Nadie puede discutir su sitio por lo bueno pintado y hasta por lo no pintado.

 A punto de ser impresas mis páginas, muere David Alfaro Siqueiros. Decidí no cambiar los tiempos de mis verbos; quedan, pues, en presente. El arte se cumple en un tiempo propio, ajeno a los relojes. De los inicios del muralismo a 1974 transcurre más de medio siglo. Y por ser muy distinta de la propia, a los artistas jóvenes ya no interesaba la onda de David. Con ella, su guijarro tampoco alcanzó a herir la frente de los gigantes. Su muerte cerró una época ya cerrada.

Siqueiros, un maestro que con Diego Rivera y José Clemente Orozco forma la trinidad de muralistas que frente a la tradición europea situó universalmente a la plástica de América.

Diego Rivera [1886-1957]

Su hambre insaciable, su polémica ininterrumpida, su vitalidad, su pasión por las creaciones precolombinas —arquitectura, murales, códices, escultura, cerámica— por la historia, la leyenda, la tradición, sus volcanes de hojarasca arden en su obra —romancero plástico que intentó abarcar todo lo mexicano— con fuego alejado de la quimera del acto intelectual puro.

La crítica no lo conocía: lo encomiaba ciegamente, lo que equivalía a no conocerlo ni a enaltecerlo, como hoy se le suele negar o menospreciar por insistencias que ayer originaron la posición opuesta. El panegírico nacionalista es sólo eso: panegírico y nacionalismo. Lo nacional y lo nacionalista: sobre ello ya nos explicamos; además, el tema es diáfano. El prestigio de Diego Rivera jamás me hizo vacilar acerca de tales conjeturas. Busco matizarlas para verlo con menor inexactitud. Es más claro percibir en él lo que le falta que la originalidad que aporta. Veo, sobre todo, tal originalidad. Lo aprecio polémicamente. Simplificarlo y reducirlo a una tendencia, a una diatriba, a una obvia admiración rutinaria, es indigno de Rivera. Se juzgó su destino a cara o cruz, obcecado y seguro. Se está asentando la marejada de elogios o desestimaciones. Lo he seguido a contracorriente, como hombre tranquilo que soy amante de las tormentas.

Cada uno de estos estudios particulares es indispensable relacionarlo siempre con las páginas de *Forma, visión y escritura* y demás comentarios sobre el muralismo. En ellas hice mis planteamientos, establecí mis hipótesis de trabajo, a grandes rasgos precisos, para adentrarme en la pintura mexicana de hoy; al escribirlos recordé, constantemente, mucho de la obra mural de Diego Rivera. En él se plantean con premeditación, como en ningún otro, las cuestiones propias de la pintura, las que presentan el nacionalismo y lo nacional y un contenido pintoresco y sociopolítico patente. Sobre estos cimientos se levantan, hasta por los mismos riesgos que ha de salvar, las razones clave de la obra, con las mejores virtudes y las endebleces más visibles: la grandeza de un tema no constituye por sí la grandeza de una pintura. En el asunto histórico lo que trasciende es la emoción de la pintura, y no la anécdota. No es tópico en los buenos ejemplos, una alegórica recordación externa; tampoco, en lo excepcional, una áptera sumisión a la ideología, descuidando la forma. A veces, olvida los dos cimientos y entonces la pintura, como lo alcanza en otras ocasiones suyas, se resuelve en *pintura.* Los rezagos folklóricos, las evocaciones arqueológicas, convencionales o no, y la importancia de una ideología se entremezclan o sepáranse en la obra; mas en lo señero de ella es creación y voluntad de acabar con la enajenación espiritual de nuestro mundo.

Poco es argumentación; lo que cuenta es descripción e interpretación de la vida de México, de la más popular, entre lo cual resaltan conjuntos, muros y fragmentos admirables. Para recuperar mi propia imagen de Rivera, me corresponde bucear en la originalidad y en el problema que propone y resuelve en su pintura. Al reducirme a la obra, varia en presencias distintas y hasta opuestas, no eludo los motivos de mis afectos y discrepancias radicales, cada vez que lo juzgo indispensable.

Por la índole de parte de la temática, sobre todo por el tratamiento que da a tal temática, por circunstancias del momento, por su voluntad de forma, la pintura de Diego Rivera ha sido justa e injustamente aquilatada y situada desde el punto de vista nacionalista, social y político: se le ha juzgado elementar y románticamente por la tendencia, más que por la calidad; se le ha juzgado intentando defender con su "impureza" estética el valor de la misma. Error que ha deseado proporcionarle un apoyo, descuidando la magnitud pictórica que hay en ella. Y en la causa misma que origina tal intención descubrimos uno de los problemas de la obra.

Crítica y obra guardan en las raíces, en tales casos, similar indigencia por su limitación; el error en ambas concepciones les es común: una injusticia adrede que no las salva por completo. La intención de no poca de la pintura de Rivera; los comentarios de Rivera acerca de ella; el concepto sin matiz de que el arte es propaganda o no es arte, para situarlo no sólo como artista; el deseo de ser apreciado preferentemente desde tal punto de vista y la torpe obediencia de muchos de sus críticos, crearon en torno a él, a pesar de su talla, un caos colorido de grandes dimensiones. He deseado verlo en todas sus fases, teniendo presente el valor intrínseco como pintura y el contexto histórico.

La Revolución contenía la plenitud para el conocimiento de sí. La voz cobró nuevo acento que no podía disociarse de una conciencia creadora que fue expresándose por lo más inmediato y circundante, o por lo más íntimo y oscuro. He discutido la creación en esa pintura, no el hecho de reflejar la lucha, de participar en ella. Muchas veces no bastó que la pintura fuera pintura: con jerigonza filosofante, pintores y críticos pretendieron encerrarla entre conceptos tanto más rígidos cuanto más frágiles, por inseguridad y pobreza de complejidad de tales conceptos extrapictóricos.

Hay que valorar la obra de Rivera por la libertad y la jerarquía, el estilo y la conciencia nacional universalista. Lo encontraríamos primario (el arte es propaganda) si no nos libramos de tal concepto de "servicio" subrayado por una crítica que se detiene en lo periférico en él y no en lo esencial, para ocuparnos también de la "estética de su forma". No es sólo su fe la que vale sino su herejía: la excelencia, más allá de lo que se diría el designio inmediato. Se trata de afirmar su realidad múltiple, sin simplificarlo, sin reducirlo; de hacer la historia serena de lo acontecido; de intentar un deslinde dentro de un orden que desearía singular. El arte está como más allá de la moral, aunque el artista, como hombre, esté bajo su dominio. Una obra en sí, con un punto de vista sólo esteticista, no es moralmente reprobable, pero sería un juicio ineficaz e insultante. Sería como juzgar inmoral o reaccionario a un exágono. Hay buena o mala pintura. El tema tiene importancia según lo que se hace con él: es decir, lo creado, no la intención.

Se habla de europeísmo al enfrentar modalidades contemporáneas a esta obra: los contemporáneos, los pompeyanos y los bizantinos son tan mexicanos y a la vez "extranjeros" como las disposiciones primitivistas o renacentistas, o siglo XIX francés. Lo europeo en Rivera le sirvió para decir mejor lo propio. De Europa, en donde vivió quince años, volvió más mexicano, si posible, de lo que se fue y, sobre todo, más pintor. Y su pintura es mexicana sólo cuando es gran pintura. Lo importante es que lo universal se individualice, que lo individual se universalice. Rivera lo consiguió no pocas veces. Su personalidad se impone sobre las influencias que, por otra parte, sólo preocupan a quienes son incapaces de transformarlas. Nuestra cultura milenaria tiene rasgos gentilicios: tradición con estilo a la cual Rivera da una aportación renovadora. Peculiaridades de nuestra idiosincrasia las hallamos aun sin ahondar en interpretaciones psicológicas de expresiones populares o cultas. Lo exótico en nuestra cultura actual es lo rutinario, el nacionalismo aldeano y excluyente. Cada día el mestizaje cultural es más determinante para la universalidad. Insistir sin profunda transposición en las culturas primeras olvidando su ejemplo de creación, no conduce a sitio alguno. Su ejemplo inventivo nos incita a ir contra ellas. Nos cautivan como arte, como historia, como esplendor pasado y como callejón sin salida. Sus restos a la deriva —fueron prodigiosos creadores de formas— no se confunden con la tierra firme. Ninguna cultura se puede resucitar: se es hijo de la época en que se vive aun cuando se esté adelante de ella. No debemos sorprendernos de que el "europeísmo" contemporáneo de algunos pintores constituya al principio sólo islotes o archipiélagos que no podrán cubrir la universalidad de México sino con el tiempo. Su aparición toma, por consiguiente, falso aspecto ante las pretensiones de una cerrada cultura criolla. No nos preocupa crear una supuesta cultura nacional. Nuestra revolución sociopolítica tampoco es —¡oh! Onán— una revolución nacional autónoma de México. No es la inepcia de la copia. Los movimientos sociales y políticos de México nos han restituido a nosotros mismos por influencia de esa cultura universal que forma parte principalísima de la propia tradición. Hay un nacionalismo antinacional que sólo acepta como suyas las expresiones de una realidad somera.

La obra de Rivera, en verdad, no reclama ser aquilatada sólo por el sentido político, no solicita nuestra "injusticia" extrapictórica para su defensa. En el empeño sociopolítico que descuida la calidad reparamos, de un solo golpe de vista, lo que hasta no hace mucho tiempo se creyó complejidad y riqueza. Sería injusto no considerar el fondo de tal pintura cuando narra o se orienta hacia una demostración: es parte básica de su razón de ser. Lo tomo en cuenta: exige una reflexión estética y política para apreciar los valores políticos en el plano estético y los valores estéticos en el plano político: su unidad. En la relación de forma y contenido radica el valor como arte, la validez como expresión y no como abstracción de la vida de México; como imágenes históricas —pintura de género— no sobresale siempre el significado raigal: la trascendencia creadora. La verdadera oriundez sostiene mi atención. Y Rivera, volcado hacia lo indígena, pero bajo la potestad de su mestizaje espiritual, es de lo más concreto en la historia del arte mexicano. La temática no suele restringir mi juicio en su obra mural, sino la plástica misma: cuando no excede la anécdota para hacerse canto, o por el deseo de probar tan innecesario.

Pero, el arte por el arte es tan absurdo como el arte como simple propaganda, como nacionalismo o realismo sin imaginación, sin intensidad. En rigor, para formular otras hipótesis, habría de ocuparme de la vida pública de Diego Rivera, empresa que no es mi tema, sino su pintura, truncando así, tal vez, algo fundamental que poco me atrae por ahora.

La ineficacia de esta obra —de cualquier obra— para provocar acción no reside en que el artista no haya sido considerado varios lustros como revolucionario. Reside en el escepticismo o en el desconocimiento que se tiene de la clase de acción real que ejerce la obra de arte; en la obra misma de Rivera, como todo el muralismo, desarraigada de la técnica actual para que sea medio valioso de divulgación, si tal hubiese sido su verdadero propósito; en la incapacidad de todo arte para provocar siempre la clase de acción impropia a su naturaleza que se le reclama vulgarmente: en efecto, la pintura, más que resolverse en acción, vuelve, más bien, a la acción que produjo la pintura; en la cultura misma del proletariado. Por interpretaciones ligeras dentro de tal orden de cuestiones, Rivera ha sido el más elogiado o el más vituperado, es decir, el más incomprendido: sobre nadie se ha escrito en México más y peor.

La obra considerada como política me ocupa en relación a que esta política es base temática de parte de ella. Carece de sentido defender un arte por el mensaje, como no lo tiene atacarlo. Cuando es pintura sobrepasa el asunto y ya sólo es pintura: formas cargadas de vida. No soy prisionero de una perspectiva determinada y no hay contradicción mayor entre la obra cuando es arte y mi conciencia que se conoce y analiza a sí en la conjetura, que es también obra y conciencia. No creo que los aciertos directamente políticos se eleven a la categoría de los aciertos estéticos en donde trasciende su fervor. Sin embargo, no deseo involucrar arte y política primariamente, como se ha hecho con Diego Rivera. Deseo seguirlo viendo como si se tratase de un maestro católico y fanático del Renacimiento: sin ocuparme ni preocuparme gran cosa por su religiosidad: no sólo lo representado sino cómo ha logrado la expresión representado. Los temas grandiosos nada o poco significan cuando la pintura ha devaluado o perdido su propio lenguaje. Esto es clave en Rivera. En parte de su ideología, esta pintura, ¿no es de un realismo inauténtico (fobia por lo hispánico, etc.) en algunos aspectos? ¿No se halla a veces de espaldas a la realidad de México? Y lo supongo así porque siento a México como un pueblo maravilloso y ensimismado, hermético, nocturno y trágico. Pero, éstos son detalles, y Rivera sirvió como pocos a su pueblo. Mucho de la incomprensión en torno a él la atribuyo a que se le juzga más por endebleces que por su originalidad.

La Revolución se hace en los cambios básicos de las estructuras económicas y sociales, en los campos, en las calles, más que en los muros. Debiera hacerse. Por la Revolución se pintó la pintura de la Revolución como se pintó, y no se hizo la Revolución por lo pintado en los muros. ¿Qué relación hay entre la imagen de la Revolución en los muros y la Revolución en la realidad? ¿No contribuye esa enorme distancia, ese memorialismo del futuro, a que el arraigo popular sea aún exiguo? Es indudable que al velar la realidad, al idealizarla, como a veces lo hizo Rivera, el tema se desplaza retóricamente a fondo por introducir en él, dominantemente, un factor subjetivo opuesto a un realismo crítico. Aquí tocamos el propósito de servir, las limitaciones de tal propósito y el problema de su valor como arte. Estas estimaciones son inseparables. No ver estos puntos —uno, el cabo— ha nublado lo evidente. Su pintura al academizarse originó una apreciación académica paralela a tal pintura. No puede considerarse el contenido olvidando la apreciación de la forma. Balzac, por ejemplo, que "escribía —como él mismo dijo— a la luz de dos verdades eternas: la religión, la monarquía", por su realismo "que se manifiesta aun fuera, por completo, de las opiniones del autor", como lo señala Marx, es más valioso y trascendente que cualquier otro novelista francés del XIX, por mostrar tal como era el mundo de *La comedia humana.* Es indebido hacer generalizaciones en el caso de nuestros muralistas; sin embargo, es pertinente recordar tal observación en la obra de todos que se reúne en la voluntad de una afirmación de lo concreto. Pero, también, se ha de reclamar el valor pictórico para tal afirmación de lo concreto.

Los logros pictóricos aislados o fundidos en la narración en que participan o no, ya no tienen enjundia ajena a su naturaleza: suelen vivir por sí, indiferentes y distantes del motivo que pretenden ilustrar. Y sé bien que demostraciones, prédicas, motivos históricos y constumbristas pertenecen a la pintura porque pertenecen a la vida. Cuando forma y contenido se armonizan y son el mismo fuego en la unidad que crean, surgen las obras excepcionales, como parte del primer patio de la Secretaría de Educación Pública y de la escalera de la misma Secretaría, la Capilla de Chapingo, así como algunos murales del Palacio Nacional, óleos, litografías, dibujos, acuarelas. ¿No basta con ello? Un artista debe ser reconocido por su obra mejor. Al quitarle tanto lastre y reducirlo en cantidad, emerge realzado y magno. Estas obras pudo haberlas pintado el más recalcitrante pintor, con sólo haber sido lo que fue Rivera entonces: pintor. No dudo de las convicciones de Diego Rivera, a su manera, como en todo gran individualista; pero, en vez de ser el pintor de la Revolución fue a veces el ilustrador de su apariencia. La inspiración popular. el amor a México y a lo mexicano, la lucha contra el esteticismo, contra el colonialismo cultural, el arraigo, la excelencia de ese arraigo, sobre todo en la obra mural, la transformación causada por la Revolución y por su talento, es de lo más considerable en él. Una lección americana.

Había llegado el momento de las revelaciones nacionales, de pintar a un pueblo como protagonista de su historia. Cómo se pintó es lo debatido. Volcaron su cornucopia la historia de México, el pasado milenario y la avidez de su presente. La Revolución no fue sino esa exigencia y ese anhelo mismo en todos los órdenes de la vida. Y más que una obsesión de autonomía fue un modo natural de ser, una exigencia impostergable de la realidad. En la decoración del anfiteatro de la Escuela Nacional Preparatoria, Diego Rivera se hallaba seducido por preocupaciones formales de pintura de temas alegóricos, aunque ya resuelto a enfrentarse con el medio. Su inquietud no se encauzaba aún. Poco tiempo antes, pintaba en España a la manera de los contemporáneos españoles. En París se incorporó al cubismo, creado por Picasso, Braque y Juan Gris.

El cubismo de Rivera exento del rigor de los fundadores, olvidado de sus principales motivaciones, el color saliéndosele como contra su voluntad, irrumpiendo en las disciplinas de tal escuela. Nos dejó unas ochenta obras cubistas, no pocas singulares, que pertenecen a su heterodoxo cubismo mexicano, por decirlo así.[1] Algunos estiman que esta época es de lo mejor de él. Para mí, alcanzó su estatura al fundirse con su pueblo. Entonces comienza, en forma definitiva, lo mejor suyo. En la obra mural (más de 4 000 m^2), como en la de caballete, no poco es de calidad: a veces lo descuidamos, ahogándonos en la avalancha de su producción ramplona. Sin embargo, un Rivera siempre es un Rivera: hasta en los ejemplos pobres lucen rastros de su maestría. Y podemos formar un haz con sus espigas y desatender el resto, sin olvidar la intención general. Como pintor cubista, Rivera fue bueno, pero un cubista más.

En México captó muy pronto los reclamos de las circunstancias, de un cambio trascendental que empezó a lograr en

[1] Información verbal dada por el maestro.

los frescos con motivos nacionales. Abandonó lo que no le servía de las disciplinas contemporáneas y tornó su preferencia hacia Primitivos y Renacentistas. Qué hallazgos en lo mexicano, en la Revolución, en lo hondo de sí. En estos primeros años pintó algunas de las obras más bellas. Encontró su estilo. Con tales enseñanzas y tan alto ejemplo, comenzó a pintar la naturaleza nuestra, la vida del pueblo y la Revolución.

El ejemplo de Primitivos y Renacentistas no siempre lo siguió en lo de más valía: abunda en él la obra de interés documental, tópicos desprendidos de esencial intención artística. Suele ser tan ilustrativo —aunque narrador de gran maestría, como en algunos de los frescos del Palacio Nacional, las estampas de la vieja Tenochtitlan— que su pintura se nos antoja escenas de un teatro "Folies Bergère" precolombino. En lugar de santos, sacras conversaciones, vidas de monjes, colocó el contenido que precisaba la Revolución, haciéndolo a veces con el rigor de los maestros italianos. Influencias en él de la letra, y no siempre del espíritu: principio de su academia. Detengámonos en los corredores del Palacio Nacional, ante la recreación del mercado de Tenochtitlan: es de lo mejor que pintó Rivera por su técnica del fresco, aquí en su cima, y por la composición. Y si su obra es en algo una antología de los demás, perfectamente digerida, lo extraordinario perdurará por su fácil y personal antología: la calidad es la cantidad asimilada.

En la escalera del Palacio Nacional de México (1929-1935-1945) Rivera dejó al fresco la mayor superficie que pintó en su vida: 275.17 m^2. En una composición típica de Rivera, con ese arreglo superpuesto, piramidal, en donde se enlazan grupos, decenas de retratos que constituyen una síntesis histórica, desde el mito hasta nuestros días. La parte puramente indígena es la más lograda. El conjunto nos da, como en un candelabro de Metepec, una imagen de México. El mural no impulsa la monumentalidad de la escalera ni la escamotea: su dimensión no se crece por él, cuya composición, con su fobia al vacío, puede gustarnos o no; pero se halla organizada con capacidad riveriana dentro de un concepto que, en este caso, me parece como una miniatura agrandada, como un tapiz. Se piensa en una solución opuesta con la cual el pintor nos hubiese legado una creación epopéyica transfiguradora de la escalera. El análisis puramente estético no basta para juzgar una escritura plástica. La forma encierra una época, y esta época participa en el carácter de la obra que se suma a la totalidad de la significación. El tamaño de una obra no tiene relación con su intensidad.

La fantasía de Rivera se presenta limitada formalmente. aunque sea amplia la temática y muy vasta la obra. Recordemos no la prolijidad sino los fragmentos o conjuntos ricos en tensión y lirismo. Muchos años se repitió sin mostrar evolución. No sólo por ello, sino porque son inferiores, prefiero a no pocos de los frescos últimos los primeros. Acaso su mayor enemigo fue su abandono a la facilidad. En obra tan copiosa es casi inevitable que esto aconteciera. Su estilo no siempre es estilo, sino estilización y sistema.

El hábito de representar la misma cosa sin invención formal lleva a la trivialidad. Sin profunda visión, sin imaginación creadora, no hay arte. La pintura didáctica y anecdótica. el género histórico, "esa forma especial de la decadencia artística que tan buenas migas hará en todas las épocas con el academismo", como dice Elie Faure, no pudo ser redimido por Rivera. "Esa pintura, con su divagar y su amor a los detalles superfluos, es la creadora del mal gusto", afirma Faure. Cuántas cosas nobles y vulgares en Rivera. Tal es su virtud y su virtuosismo.

La obra en sí no ha sido tan fecunda como la lección: la entrega a su pueblo para revelarlo y revelarse. En lo óptimo, la obra y la lección son únicas. Alfonso Reyes escribió de Rivera: "es una época por sí solo". Muchos de sus impugnadores no son ni una semana. Una obra es fecunda por la resistencia a ser agotada, a ser comprendida. por los valores siempre vigentes. La fecundidad no se halla en la cantidad sino en que Rivera supo plantearse y resolver una expresión personal. Y quienes lo han seguido de cerca son los que han estado más lejos de su espíritu.

Es incontrovertible que, ayudado por José Vasconcelos, su creación contribuyó poderosamente a desarrollar un movimiento artístico único en América. Tal vez sin su llegada a México y sus grandes dotes de animador, algunos pintores mexicanos se habrían estancado. Su ejemplo y su ambición. incitaron a los otros a cultivarse para poder vivir al mismo tiempo. La obra de Rivera, que iba surgiendo sin precedentes en América, obligó a quienes no ejercitaban todas sus aptitudes a emprender trabajos decisivos. En ninguna época América había recibido un impulso más radical, más rico de convicción, más abierto y trascendente por la temática y la magnitud intrínseca, que con lo singular del muralismo. La obra de Rivera, Orozco y Siqueiros no es sólo su pintura, sino también todas las consecuencias vitales que se desprenden de haber asumido lo propio para revelarlo. Tarea primordial e impar en nuestro Continente, por la unidad del anhelo y la diversidad y jerarquía de parte de la obra.

Diego Rivera creó y empleó con frecuencia una manera de resolver las formas, una estilización en redondo, opresora del dibujo. Entonces la forma es sorda, sin resonancia. Le falta tensión y rapto. Cuando repite no crea, repite. Se me hace difícil amar su pintura si no se aísla el fragmento acabado en que escapa a ese realismo esquemático. Masas cilíndricas de exiguos valores plásticos que fatigan por la repetición. El volumen está más en nuestro concepto mental que en la representación objetiva. El modelado es elemental, obligado por el dibujo, a base de estilizaciones. Con su puro lirismo, el color tiende a animar el dibujo. Rivera emplea magistralmente la perspectiva cuando quiere, aunque sea raras veces. La composición es sabia por sencilla, con sentido del espacio y con orquestaciones de las masas, siempre con ritmos eficaces. En su primitivismo, en su construcción superpuesta y piramidal, encontramos algunos de sus mejores frescos.

¿Qué representa esta obra al considerarla a la luz de las necesidades y las progresiones de la expresión? La poca simpatía por tales hallazgos modernos reside en que a menudo se les considera burgueses. En el fondo, el problema, si lo hay, está mal planteado al dar a las superestructuras una influencia desmedida que, en el caso del muralismo, no es la que se piensa. Además de la vaguedad estética del calificativo burgués, si niega el hallazgo o la aventura, su ineficacia es evidente. La belleza plástica es autónoma de todo aspecto sentimental, patriótico, nacionalista, revolucionario, místico, descriptivo o representativo literal. Y si durante los primeros años los juicios sobre Diego Rivera

José Clemente Orozco, Fresco en la Universidad de Guadalajara. México, 1936-1937.

José Clemente Orozco, *Cabeza flechada (Los teules)*. Piroxilina/masonite, 1947.

José Clemente Orozco, *La trinchera.* Fresco en la Escuela Nacional Preparatoria. México, D. F., 1922-23.

Diego Rivera, *El matemático*. Oleo/tela, 1914.

Diego Rivera, *Zapata*. Fresco en el Museo Regional Cuauhnáhuac, Cuernavaca. México, 1930.

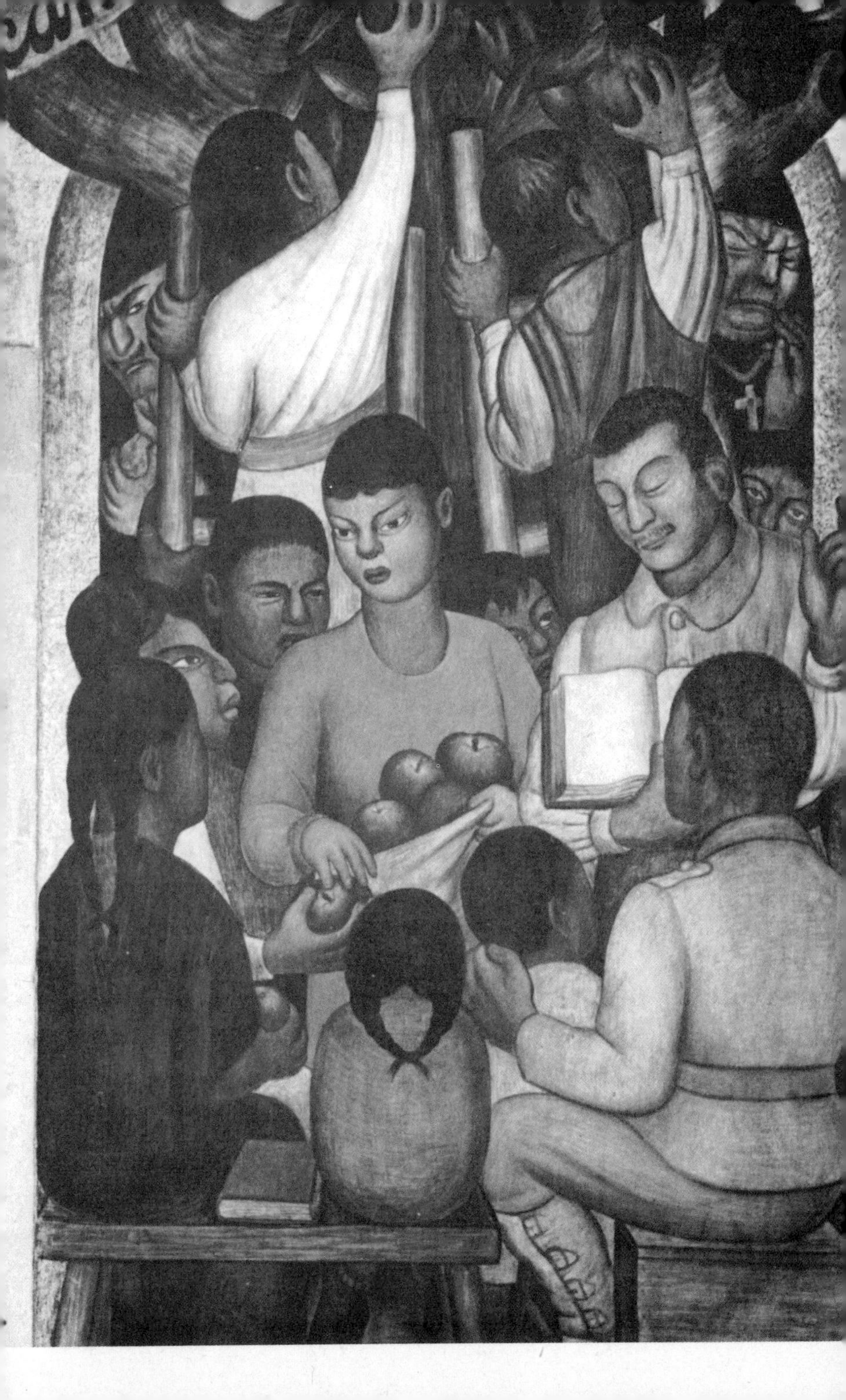

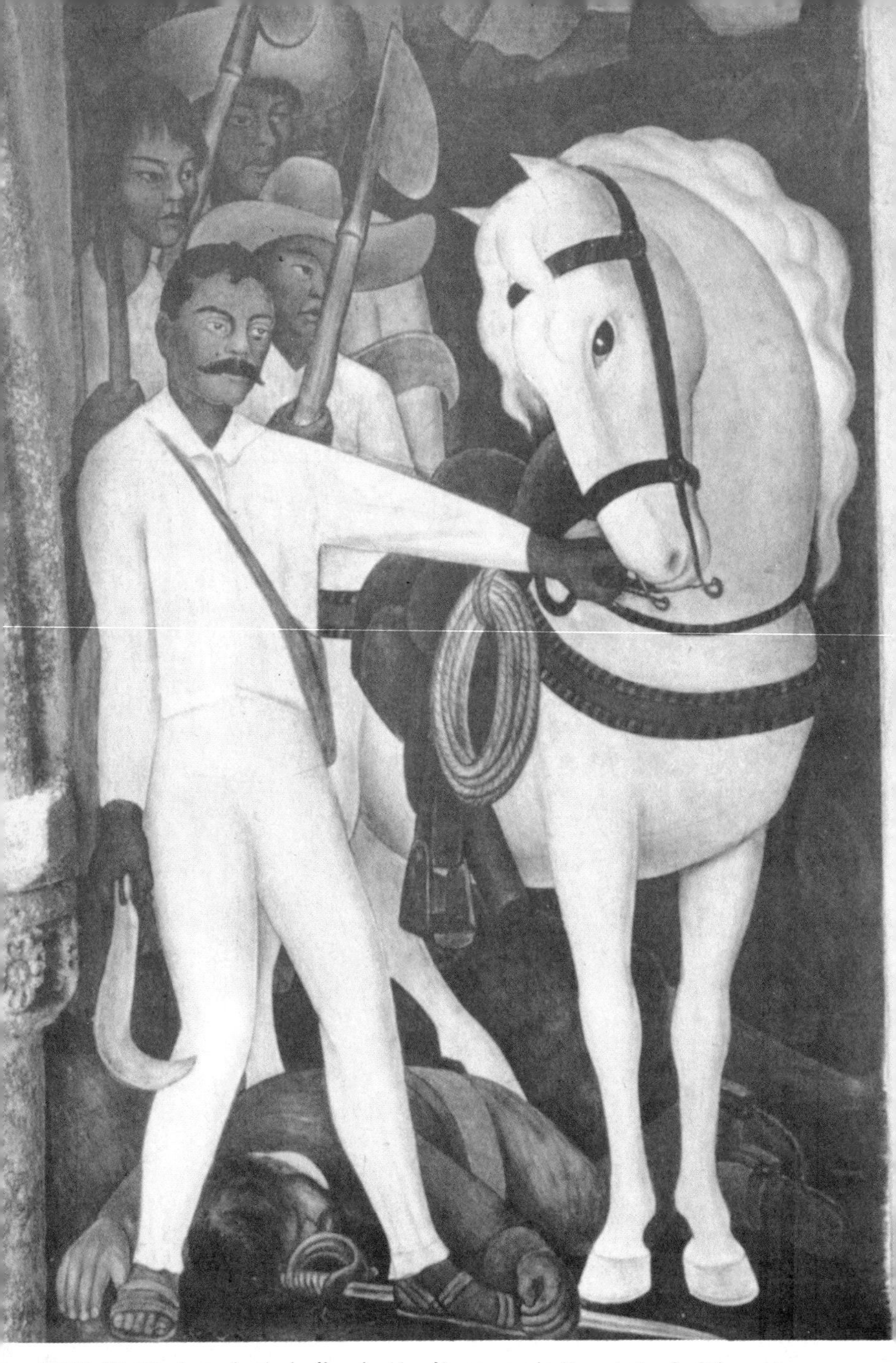

Diego Rivera, *Corrido de la Revolución*. Fresco en la Secretaría de Educación Pública. México, D. F., 1923-28.

David Alfaro Siqueiros, *Etnografía*. Duco/masonite, 1939.

David Alfaro Siqueiros, *El centauro de la conquista*. Piroxilina/masonite, 1944.

fueron desmedidos en elogios o denuestos, hoy ya empieza a apreciársele mejor: la obra se está situando en el nivel que corresponde a su densidad.

Se ha dicho de Diego Rivera que es el fundador de una pintura nacional. Es mucho decir y es muy poco y, sobre todo, hablar muy vagamente. No es sólo el tema el que da carácter propio a un arte. No es sólo el tema el que hace nacional a una pintura. Y lo nacional no se defiende por ello en el arte sino por el valor plástico intrínseco. Lo nacional está más allá de lo inmediato, del tema, de lo pintoresco. Es problema complejo. Lo americano cada día está más allá del color local, si alguna vez esto fue la raíz de lo americano, o más bien la frondosidad que no dejaba ver el bosque. Y basándose en el contenido americano, superficial, previo y programático, se ha pretendido hacer justificable, y hasta primordial y ejemplar, lo pictóricamente insostenible. Un artista se vale de no importa qué tema. Hay temas y temas. Las dotes se desarrollan mejor cuando el tema es propio, en verdad, y puede conducirlo a la plenitud. ¿Quién dudaría del profundo sentimiento mexicano de Rivera? ¿De la magnitud de sus logros? Rivera, como Orozco, es un creador de nacionalidad, un definidor de ella. Si en Rivera, muchas veces, el indio es tema básico y no simple elemento decorativo, no es sólo por nacionalismo o por la Revolución. Es por la evolución del arte en México. Y por esa evolución y Revolución, tal como lo pintó Rivera, está desapareciendo. El indio cautivó a Rivera por sus creaciones milenarias, por la delicadeza del arte popular y porque la Revolución buscó reivindicarlo, restituirlo a sí mismo.

Por cualquier camino que estudiemos las artes visuales en México, llegaremos siempre a Diego Rivera. ¿Su significación es mayor que la obra? ¿La obra es su significación? Ambas consideraciones nos iluminan el esplendor de su realidad y nos prueban su admirable situación de plaza central. Y que sigan las discusiones. ¿Diego Rivera es más él mismo en relación a sus defectos? En todo caso, los imitadores —que fueron innumerables— poseen los defectos sin que haya en ellos grandeza alguna. Y son pequeños como sus propias virtudes. Diego Rivera es todo un personaje creado por su pintura que organiza enormes mítines con las muchedumbres de sus frescos. Su obra es autorretrato. Hombre del Renacimiento nacido tardíamente, habría sido entonces un pintor religioso, acaso incrédulo como el Perugino. Su personalidad no nos deja ver el paisaje. Se adivina que en el fondo de ese constante autorretrato hay un paisaje delicado, misterioso y nítido, como en algunas anunciaciones italianas. Diego Rivera lo tiene pintado en la espalda. ¿Será otro autorretrato?

Rivera supo muy bien lo que hacía y supo hacerlo perfectamente. Y seguro de su posición, la cual discuto, y de su concepción de la pintura, que no comparto, perseveró en ellas hasta engendrar una academia. Tanto se copió a sí mismo que está en una situación peculiar sólo excedida en sus herejías. La búsqueda, la creación radical de formas, sin preciosismos, sin fetichismos ¿le parecía innecesaria y sin razón? No me refiero a las grandes o pequeñas muecas. Me refiero a las corrientes innovadoras para asir mejor la esencia de la realidad, lejos de un planteamiento convencional y pintoresco. Siguió su camino, lo cual no impide que veamos a dónde le suele conducir: su expresión no acrecentó su profundidad por falta de renovación de formas para los temas sociales y políticos distantes de obvias profecías o de entusiasmos por el mundo precolombino. Le apasionó la historia; no la intrahistoria, en el sentido unamunesco. No olvidemos, sin embargo, su verdadera dimensión, desorientados por ese amor a lo insólito que a nosotros no nos seduce, aunque sí a muchos papanatas entre sus impugnadores. Lo discuto para reconocerlo cuando la obra es para mí gran pintura.

La influencia de Diego Rivera es de la letra y no del espíritu. De estilizaciones e ideas extrapictóricas. La influencia de José Clemente Orozco es de orden artístico y moral. Los imitadores de ambos hacen pastiches. La voz de Orozco es su obra. La obra de Rivera es su eco: personalidad de leyenda, y uno de nuestros más legítimos valores universales.

Un organismo completo que nos muestre su talento como creador y decorador es la Capilla de Chapingo (1926-1927). Sobre todo la bóveda y el muro de la derecha. El muro de la izquierda evoca algunas composiciones de la Secretaría de Educación, aunque estén más delicadamente pintadas. Su Zapata muerto es magistral. El desnudo de la parte superior del fondo nos hace olvidar lo que siento descompensado en la parte inferior del muro. La bóveda de Chapingo es prodigiosa. Basta con ella para que Rivera pruebe su magnitud. Y si después de Chapingo contemplamos los murales de Cuernavaca, del Palacio Nacional, del Instituto de Cardiología, del Hotel del Prado —el resto de la obra mural, en una palabra— en donde hay hermosos fragmentos, nos daremos cuenta de la escasa inquietud expresiva. Parte de la obra sufre por la premura con que fue pintada, que a veces hace pensar hasta en esténciles. La cantidad, dentro de esa monótona calidad, no enriquece la obra y nubla su fecundidad. No es el tema el que me dicta estas reflexiones. Es la forma, la reiteración de soluciones, que no sea, con más frecuencia, decididamente hereje.

Se ha dicho de la Capilla de Chapingo que es la Capilla Sixtina de América. Se ha repetido encomios y analogías. Precisemos: al entrar nos damos cuenta de la relación de la pintura con la arquitectura. Poco a poco iremos discerniendo las dificultades que presentaba la bóveda, la luz que penetra por las ventanas redondas del muro de la derecha. Un canto de color, una armonía de proporciones nos inunda sin que nos detengamos a contemplar los detalles sino a recibir la impresión de la totalidad: estamos inmersos en el mundo de Rivera, la sensualidad y el júbilo de la vida. La perfección se descubre en todas partes: la invención no desfallece y se alza en las bóvedas y se acendra en los desnudos. La sensación inmediata del mundo de Rivera la experimenta aquel que no sea sordo a la forma. Una sensación física, una música que luego va gestando en nosotros emociones, pensamientos y sentimientos, adentrándose con reposada tensión y severa intensidad.

Nos es necesario, al principio, que veamos parte por parte. A donde quiera que dirijamos la vista, allí canta el conjunto. El todo está en cada una de las partes. El dibujo es elocuente; el color, opulento y medido. La forma y la adecuación a la arquitectura es de lo más inspirado del pintor. Y estamos en un recinto de proporciones equilibradas, que nos rodea de cerca, mas no de muy cerca, amplio y recogido.

Las tragedias que pintó Rivera no emocionan. No es un pintor trágico sino un pintor exuberante, millonario de gozo. El tema es la tierra, el peón agrarista. Yo encuentro en Chapingo su panteísmo y su erotismo cósmico. Es un canto a la tierra en la tierra misma y en su asunción en la carne de la mujer. Con pasión telúrica y animal, justa la emoción solar de su alegría, Rivera se hunde en esa tierra para resurgir con su visión cosmogónica. Cuando más profundo y concentrado es el contenido como en Chapingo, más vivos son la emoción y el asombro que suscita la forma. Hay voluntad de estilo, rigor, un genio no estrictamente nacional, justamente porque es humanista. Pocas veces Rivera asumió mejor su poesía; pocas veces un tema fue tan suyo. Una *Rusticatio mexicana* en que la mujer es tierra y la tierra es mujer. Son los más hermosos desnudos de la pintura mexicana. Es como una visión totalizadora de la naturaleza con el perpetuo nacimiento de Venus.

Chapingo, a lo largo de su vida, representa en lo mural la disciplina y la unidad de su creación impar. La obra corresponde a lo más entrañable de Rivera. La autenticidad se impone al avanzar unos pasos. Y no sólo es de lo más Rivera de Rivera, de lo más universal de lo suyo, sino lo más comunicable y sensible. Su grandiosa herejía. Aquí no hay preocupación de poner sus ideas o las de la Revolución en un primer término explícito: no hay ilustración. No hay narración. Es un gran poema. Un himno. Y pocas veces con mayor intensidad lírica está presente, mejor que aquí, su profecía, su lucha por la transformación de México. Domina su apetito vital, su yo más verdadero, íntimo y secreto, más allá de lo que pudo haber sido la intención, si la hubo distinta de lo que pintó. La realidad aquí es su pintura. La verdad de la pintura.

Parte de la obra de Rivera sobrevivirá por razones extrapictóricas: como documento, como crónica; no por la riqueza precisamente artística, no por el equilibrio de la forma y el canto. En este aspecto, es uno de los más grandes periodistas contemporáneos de México.

La pintura que no es sino perfección técnica, oficio, es sólo eso: "pintura". Como se dice, peyorativamente, "literatura". Los tormentos constructivos de Cézanne son ya caducos, como los de Uccello o Piero della Francesca. Crearon tradición; no vivieron en ella. La perspectiva, la idea de belleza, etc., las transformaron, como a su vez toda la etapa antirrenacentista que no se preocupa más por la perspectiva. No son los elementos retóricos los que perduran, sino los elementos poéticos. Pocos logran hacer de la sintaxis una musa, como Góngora o El Greco. Las mismas innovaciones cuentan escasamente. Y al volver hasta las cavernas o al meditar en las artes primitivas contemporáneas, la varia escultura negra o la de los pueblos de Oceanía, advertimos, casi súbitamente, que sólo la poesía tiene razón de ser. La habilidad de oficio está al alcance de cualquier paciencia de mediocre ingenio. Bernard Berenson, justificadamente, la compara con el arte culinario.

Y no obstante que la época exigíales el contenido a tal punto que parecía ineludible, vemos en las obras más hermosas del Renacimiento que tal contenido es sólo un pretexto. El contenido es secundario, sin que por ello lo separemos de la forma. Fue ajustado formalmente a un presente que no pasa. Para la historia del arte, muchos de esos pintores fueron más artistas que creyentes. La pintura mural de México fue creada, excepcionalmente, de acuerdo con tales normas soberanas. En ello está la reserva, y para nada en la tendencia. No se le ha aquilatado como pintura en nuestro tiempo. Casi siempre sólo en relación al tema y a un concepto primitivista o renacentista formal, con el fin de que, ya con este prestigio, sirva como ayer sirvió a la Iglesia en los años de los Borgia o la Reforma.

En sus herejías, cuando cala en la entraña de su pueblo, la creación de Rivera es una de las más singulares para una interpretación poética de México. De fértil elemento caótico extrajo la vida formal de un mundo latente y como lejano por su misma imperiosa presencia, nuevo y desconocido. Hay que ver lo que esto significa antes de proseguir con dudas, afirmaciones y negaciones. Diego Rivera es el pintor de las realidades exteriores; José Clemente Orozco es el pintor de las realidades interiores: es el místico. Los personajes y la tragedia son de Orozco; los decorados, de Rivera. Es un estilo de ser sin que deduzca por ello que Rivera tenga menor estatura. Mi tarea no es comparar lo incomparable; no es sólo decir cómo veo y pienso, sino intentar decir cómo ven y piensan los pintores que congrego; intuir la coherencia interna de la obra. Mis predilecciones, cuyos fundamentos objetivos y cuya unidad trato siempre de mostrar y explicar, no pretendo que sean juicios estéticos sino hipótesis de trabajo. Definir y saber mirar a los pintores: la situación y valoración arrancan de estas precisiones previas, para mí las primordiales. La vida interior de Diego Rivera se muestra en superficie, en extensión, más que en profundidad. Se limita por la narrativa reiteración formal en que representa pero se expresa sin tensión. ¿Por qué evocar la obra secundaria? La posteridad ve en él, por sus herejías, a uno de los máximos pintores de América.

¿Qué son estas herejías? La obra en que el valor específico sustenta la creación y excede una somera intención nacionalista, histórico-costumbrista. Para explicarme bajo el alud de la obra de Rivera, herejía es para mí en su plástica cuando no es sólo ornamental sino monumental: lo óptimo en el rigor de la creación; y en lo sociopolítico, la autenticidad al asumir la realidad revolucionariamente con excelsitud artística. Entonces Rivera está de cuerpo entero y presente. Es herejía, en verdad, aquella pintura que se sustrae a las exigencias ajenas a los valores plásticos intrínsecos: cuando no se sitúa por debajo de su aptitud evidente, como cansado de sus facultades y de su abundancia. No he vivido la pintura mexicana por sus designios. La vivo por lo que es. No he vivido la pintura mexicana según los libros y escritos innumerables. Sino según la pintura misma. Las obras válidas constituyen un hecho autónomo, propio y definitivo, asentado sobre una realidad trascendente y trascendida. Llevan en sí su propio fin, otorgado por la significación consustancial a la jerarquía pictórica.

El sentido de su obra lo condujo a desestimar aparentemente la creación innovadora de artistas contemporáneos. Esos nuevos horizontes se oponen al discurso pintado, a un criterio ilustrativo o narrativo de un realismo explícito. La pintura moderna y contemporánea —a partir de mediados del XIX— evoluciona en distinto rumbo al de Rivera: él lo sabía mejor que nadie. Los problemas, por la base, son otros, y él cuidó de su problema. Nunca he perdido de vista este punto. Sin conocimiento de tal posición, es ocioso discutirlo. Rivera consideraba casi como una injuria, tal el católico Claudel, que se le tuviera por un artista, sin apreciar lo que hay de misionero en él. A semejanza de Wagner, Diego Rivera imaginó que su obra ejercía influencia decisiva en el ambiente psicológico, social, político y religioso de México. La salvación del mundo para Rivera no vendría sólo por el arte, como pensaba el órfico músico de Bayreuth: para Rivera la razón de ser del arte consistió en su unidad circunscrita a la acción revolucionaria. Darle al arte una utilidad inmediata, fue su cuidado. El nuestro también: amamos, ante todo, sus herejías.

Nos queda un recuerdo de conjuntos, fragmentos y detalles que componen un fresco ideal en la memoria, rescatado de la producción en que está disuelto. Recogiendo tales esencias, separando lo documental de lo que es invención, lo que he llamado sus herejías, el satanismo de su religiosidad, me da la medida de su extraordinaria fuerza y de su perfección. Hemos de destilar tales herejías en la mente, aislarlas de la cantidad con que se encuentran mezcladas para saber lo que es Rivera. Imagino que uno de sus triunfos consistiría en haber logrado obra personal con unos pocos elementos. Insiste, colma el espacio, aglomera por su horror al vacío, y rellena como los periodistas. Me doy cuenta de que parte de su obra, repetitiva y sin concentración, sin la intensidad deseada, no es de mi gusto; mas no puedo considerarla siempre como mala pintura. Intervienen su temperamento, su concepto de la pintura y las innumerables consecuencias: límites de la pintura, posibilidades y singularidades. Le llamaría prolijo, más bien que difuso: esa misma índole habría de tomarla sólo como una de las características. Debemos reconocer lo válido sobre todo cuando es extraño o se opone a nuestro gusto y razón. Mis términos son deslindantes; no peyorativos.

Mucha práctica y habilidad hubo en Rivera y le faltó desesperación para exigir a su talento toda su capacidad. No pocos de sus murales sólo son un mural más. Cerca de cuarenta años perseveró sin replantearse problemas de renovación radical de la expresión: siguió describiendo la vida pasada y la contemporánea con los medios personales casi inmóviles. Siempre estuvo persuadido de su verdad íntima. Éste es uno de sus rasgos más valiosos. Si se hubiese dispersado en "ismos" no tendríamos su obra. No es ello, sin embargo, lo que señalo, sino el conformismo patente en muchos de sus cuatro y pico de kilómetros cuadrados de murales y en telas y dibujos. La revuelta de los grandes pintores europeos antes y después del cubismo no es sólo contra la estética sino contra la sociedad. No es siempre esteticismo lo que a tales maestros contemporáneos los ha impulsado en múltiples direcciones. Rivera creó al volver a México una coherencia en su estilo, suma de sensibilidad y sabiduría. Su obra es un término. No se le puede seguir: un mundo cerrado por Rivera. Su aventura es singular: un pueblo vive en lo mejor de él. Como es incuestionable su talento, le pedimos más y queremos apreciarlo hasta por lo que se propuso no hacer. No hablo de maromas; de cambios de estilos por cambiar. Hablo de creación, rigor y profundidad. Para mí, no es un "caso especial", lo que sería disminuirlo: mi diálogo con su obra ha sido en relación a México y a las figuras de nuestro tiempo. Recordemos que la pintura mural sólo se aprecia bien *in situ.*

Llegó al máximo de sus dotes en lo antológico de la Secretaría de Educación, en la Capilla de Chapingo, en algunos murales posteriores en el Palacio Nacional, en no poca pintura de caballete. (Los frescos pintados en los Estados Unidos los conozco únicamente por fotografías.) Destacado ejemplo de su composición peculiar es la escalera del Palacio Nacional. No siempre los temas y la técnica pueden animar la obra. El panegírico nunca sirve. Me explico mejor a quien para nada gusta de la obra de Orozco o de la obra de Rivera que la irresponsabilidad de los incondicionales. La pintura de Rivera, vasta y rica en elementos contrarios, exije, como pocas, la precisión del concepto. Y por esa situación riveriana la vivimos polémicamente. ¿Hay otra manera mejor de vivirla? Considero providencial para el arte contemporáneo de México la diferencia básica que existe entre la concepción pictórica de José Clemente Orozco y la de Diego Rivera. La chispa surgió de estas fuerzas de signos muy distintos pero no contrarios. Con el tiempo cobran cierto aire de familia y se aproximan dentro de una unidad sin fronteras, hecha tanto de contradicción como de diversidad.

Esa obra de Rivera, que hoy recordamos sólo por el oficio, sirve, deliberadamente, a razones nacionalistas y, asimismo, populares y nacionales. Parte del objeto para volver al objeto. Excepcionalmente, se sostiene sobre la esencia de la realidad más concreta: éste es el Rivera que he ido definiendo, el que habrá de sobrevivir como gran pintor. El otro se me presenta como un monumento de la prosa. Pero impuso su sensibilidad, su visión coherente, y hasta las insistencias han servido a México como la obra de otros no ha podido servirlo. Diego Rivera fue grande aun en sus defectos.

¿No redujo en él al creador de la Capilla de Chapingo? ¿Salió de sí, se deshabitó y se tornó hacia la luz de las candilejas? Se diría que no le apasionó siempre crear y renovarse, sino que le inmovilizó el renombre y prosiguió sin búsqueda, sin aventura. Abandonó su soledad, la soledad de que nos valemos para comunicarnos con lo primordial, y, en vez de guiarse por su voz íntima, atendió solicitudes secundarias y externas. Y me doy cuenta de que se le discute sobre todo por lo convencional y se descuida el legado artístico ajeno a preciosismos que desvelan a delicados pedantes. Pero, tuvo la desgracia de "triunfar" y muchísimas veces se olvidó de la pintura.

¿No fue él mismo su propio enemigo? Por su personalidad, haberlo conocido fue demasiado para muchos, como no haberlo conocido fue desventaja para otros. Porque, como dice Baudelaire de Ingres, "ese astro frío", Rivera "parece tener la admiración muy fácil, el carácter demasiado ecléctico, como todos los hombres faltos de fatalidad". ¿Quién no recuerda su conversación? Fabulaba y se creía en sus fábulas que partían de un palmo de realidad. Que fuese cierto o no lo que contaba, carecía de importancia. Lo importante era la fabulación misma, las exageraciones, agudezas, intuiciones, genialidades y monstruosidades.

Nadie hizo más que Diego Rivera para la representación del pueblo, de la naturaleza, de la historia de México, del mundo indígena. Tal temática apunta los riesgos y la posibilidad como pintor de lo que más amaba, casi nostálgicamente, de la vida mexicana. Por otra parte, cada generación ve la obra con ojos propios. A veces, no la ve para nada. No la puede ver. ¿Qué vale pictóricamente su imagen de México? ¿A qué realidad o sueño corresponde? ¿Qué universalidad guarda? ¿A quién, a qué sirve esta obra?

El movimiento mexicano volvió al tema, poniendo en él

primordial interés, mientras que algunas corrientes europeas, por el contrario, se han encaminado hasta la no figuración. Fromentin señala como "día deplorable" aquel en que se desplaza el interés hacia el tema: "el género destruyó la gran pintura y desnaturalizó al paisaje mismo". Se podría afirmar lo opuesto, mas sin olvidar la esencialidad de la pintura. Los muralistas mexicanos no afirman exactamente lo contrario de Fromentin, aun cuando parece que lo afirman: la obra mejor es canto. Para algunos, el Renacimiento originó la decadencia de la pintura; para otros es una vuelta a las fuentes. Los muralistas mexicanos volvieron al tema, concibiendo de muy distinta manera cómo tratarlo. El hecho a resaltar es si crearon o no con él. Cuando recordamos algunos murales de los albores del Renacimiento (Masaccio en Florencia, Della Francesca en Arezo, Martini en Siena, por ejemplo) vemos la pintura alcanzada con el tema, a pesar de la exigencia precisa: paisaje y episodio determinados, retrato del protagonista. Pintura con anécdota sublimada, pero no anecdótica. Pienso en el tema histórico de Guidoriccio de Fogliano, pintado por Simone Martini. Lo esencial es lo pictórico, y no el tema en sí. ¿No es esto lo que Fromentin quiso decirnos, al resumir un punto de vista que ya en sus años dominaba en Europa?

El argumento de una pintura atrae más a quienes no saben ver pintura. Hay escritores que aún hoy se detienen en descripciones inútiles, explicables a fines del XVIII y mediados del XIX, antes de la fotografía y de los varios procedimientos para la reproducción de las obras. Baudelaire origina un viraje en la crítica. Por la fotografía y el cinematógrafo, etc., ya sólo la pintura y la crítica más obsoletas pueden ocuparse de la descripción, de lo documental, con un propósito directo e inmediato. El que gusta la pintura vive la pintura del argumento más que el argumento mismo que vive por ella. Cuando el muralismo sobrepasa el tema encontramos lo excepcional: el tema revolucionario de una pintura no la hace por ello revolucionaria; un asunto humanista no la hace por sí humanista. Qué desgracia tener que volver a estos lugares comunes. La tendencia ha de surgir de la emoción trascendida, "sin que esté obvia y explícitamente formulada, sin necesidad de demostrar".

 Diego Rivera al pintar la vida precolombina o actual

hizo obra conspicua frente a complacencias colonialistas de la plástica mexicana. Es injusto estimarla siempre como evasión, como romanticismo rousseauniano: encierra implicaciones de otro orden, si bien participan el folklorismo y el arqueologismo. Su mundo indígena es generalmente color y fiesta. Sus batallas diríanse ballets. Las pinta de tal suerte para mantener el tono personal de su decoración. Casi siempre es el indígena en sus faenas, de preferencia el constructor de pirámides, artista y guerrero. Al indígena de nuestros días lo representa como explotado, como creador, como hombre victorioso, delectándose particularmente en lo típico. En lo singular de la obra domina un medio concreto: población, economía, trabajo; una concepción social avanzada y un conocimiento poético.

Hacer apreciaciones idealistas es manifestar una conciencia desesperada y nefelibata. El contexto histórico y social y el contraste de la obra llevada a término dentro de tal contexto o con la creación de otros países sirven a estas páginas. Pregunto a sus imágenes y al mundo real que las originó. Cómo se ha ido transformando la realidad, habría de ser el estudio previo para ver mejor el pasado y el presente, así como la incomprensión del presente en quienes menosprecian las modificaciones del contexto histórico y social. Su mejor obra ¿cómo ha envejecido? Ha envejecido como las obras maestras. En realidad, la pregunta es: ¿cómo ha rejuvenecido?

Lo primordial en Rivera consiste en haber vivido su circunstancia y haber asumido la raíz más suya. Esa complejidad alienta en él, nos hace preguntas, nos propone problemas y soluciones, nos entusiasma con sus herejías y nos harta de su conformismo arcaizante, de su primitivismo caduco. Las influencias europeas tomaron en Rivera, y en todos los que las han asimilado, peculiaridades distintivas: se mexicanizaron. Cuando no fue así, su significación es mínima por falta de originalidad. La magnitud de lo que acontecía, las corrientes que encontró en México, su talento, decidieron su destino, y empezó su revelación en muros y telas.

Cuando contemplamos esta etapa sin tomar en cuenta a la pintura misma más que a la perspectiva histórica, nos perdemos en conjeturas, afirmaciones y dudas o negaciones: descuidamos su rango. ¿Iba a seguir con los fruteros, la pipa y el tabaco, en medio de su pueblo en lucha, de sus compañeros que hacía años hallábanse ya preocupados por una interpretación radical de México? Habría sido sólo un buen pintor hispanoamericano más, y no el gran pintor que es. Punto capital. Recordemos lo que se pintaba y cómo se pintaba antes de que se abriera el ciclo mural. Por los muralistas, no importa cuáles sean nuestras simpatías y diferencias, las expresiones del genio de un pueblo pasaron a constituir las más elevadas creaciones de la pintura del Nuevo Mundo.

Rivera estimó —rasgo para mí admirable, singular y clave de su dimensión— más valiosa, incomparablemente, la vida que el arte. Por ello, fue directo, objetivo, realista, accesible, para que la función de la pintura en los muros de los edificios públicos se cumpliera cabalmente. Le preocupó más la lección, el ejemplo, la protesta al alcance del pueblo que los logros estrictamente estéticos y las recreaciones o trasposiciones de la emoción trascendida a imágenes mentales. En lo que he llamado sus herejías, para explicarme de algún modo, hay equilibrio entre vida y arte, no sólo sin menoscabo de alguna de ambas presencias sino engrandecidas, porque se yerguen unánimes y enteras.

Rivera es como su pintura. He deseado fijar cómo es su pintura para mí, bregando con ella en varios aspectos y con un Rivera inmovilizado, precisamente, en lo más débil de ella y en lo que ella o él, en lo ejemplar, no ha sido nunca. Porque ese figurón acartonado que los admiradores o detractores sistemáticos han hecho de él, proviene de rasgos marginales de su mejor pintura. Un figurón acartonado que recuerda a los judas que adornaban su taller. ¡Y hasta le mojaron la pólvora! Cuando Rivera engendra emoción, y nos eleva y transforma, es lo que retengo frente a su conformismo, o el conformismo de quienes siguen repitiendo tributos oropelescos o vanas diatribas.

Tomo mis distancias en relación a esos estudios sin matiz que se olvidan de la pintura y por ello constituyen un extraño género fabuloso. En los murales existe el pueblo y el espíritu de su creador mezclados con las corrientes precolombinas que pasaron sumergidas los siglos virreinales. Cada arte tiene su cauce, y si bien todas tributan al mismo mar, no debemos confundir sus esencias, límites, caracteres específicos. Mi afán ha sido aproximarme a la obra de Rivera y hacer surgir la reflexión. Me sirvo de Lazarillo. Ver su pintura como pintura, en todas sus circunstancias y proyecciones; su personalidad. No siempre lo que siento y entiendo como verdad de su pueblo, hecha de espesor, desnudez e intensidad, es lo que canta para mí en su obra: México es raigalmente trágico. El pintoresquismo académico de Rivera nubla el drama del hombre, es ajeno a un realismo profundo. El gran poema de Rivera está allí, con su luz y su sombra. A veces, me suena lejano y monótono. mas no desatiendo su amplitud.

Rivera vivió en París los años de su formación, en contacto estrecho, cotidiano, con los artistas más notables de su tiempo. Algo parecido ocurrió con Alfaro Siqueiros. Orozco va a Nueva York en 1927, y vive allí hasta 1934, después de un viaje por Europa. Los tres muralistas conocen a fondo las corrientes artísticas más novedosas o avanzadas. Rivera tiene una etapa cubista, firma un manifiesto con André Breton. Forjó su estilo para crear con la vida mexicana y lograr una revelación de su pueblo. Esta revelación, en lo magno de ella, no es nacionalista sino nacional; no es discurso, descripción o panfleto, sino efusión y presencia poética; pintura vinculada a la historia, como en las grandes épocas, y aun al acontecimiento. El sectarismo a favor de la pintura mural o en contra de ella, carece de interés.

Más que los temas en sí, aunque sean grandiosos, irá quedando en Rivera y el muralismo todo, la creación poética. Los temas originaron esas formas, y la pintura —"la más compleja de las artes", según Leonardo—, no se basta sólo con asépticos valores plásticos. Nos hablará el tema de una época y de una lucha, de pintores que sintieron apasionadamente lo que vivían, como desesperados por la necesidad de cambiar las condiciones de México. En esta pintura alienta una imagen a veces tierna y otras cruel, revolucionaria y mexicanísima, libre por sus logros, por las raíces y las más altas ramas de su pensamiento y de su sentimiento. Diego Rivera, idealizando o no al narrar, evocando lo precolombino, lo popular o lo pintoresco, en lo óptimo suyo posee una dimensión que no sólo resiste las mutaciones sociales y artísticas sino que hace difícil no comprender su alcance. Y pintó tanto como Rubens. Obra inmensa, y hay de todo en ella. Pero sólo un artista como él, con un temperamento tan ávido, podía dejar un legado de categoría semejante. Todo un pueblo fue su modelo.

Por ello, no descuidamos otras creaciones singulares, distintas u opuestas; por el contrario, los riesgos de la falta de matiz los he señalado con firmeza y tajantemente. Y esta pendulación compleja sirve —pienso— para ver con mayor aproximación a la pintura mexicana, en particular a la mural, en donde abundan lastres nacionalistas y didácticos. Sé un poco lo que quiero decir y lo digo destacando una postura dialéctica que no opone dos contrarios para destruirse sino para que surja una nueva verdad, discutible siempre. Por ese dudar, por ese afirmar y negar, y por ese volver a creer que se me impone con lo magno de su obra, mis conjeturas sobre Rivera tienen para mí algún interés. Cercado por mis concepciones estéticas que nunca pueden ser sólo estéticas, sino que están rebasadas por la pasión con que vivo, pero sin olvidar lo esencial y *sine qua non* de la pintura para mí, Diego Rivera suele escapar triunfalmente cuando parece que deseo limitarlo, y no saturarme de su fascinación. Sé con quien estoy tratando y, por ello mismo, abro más los ojos y lo discuto siempre, lo niego a veces y lo exalto otras.

Creo que me expliqué: lo veo como pintor, sencillamente. De su calidad oscilante pueden derivarse esas condiciones pueriles con que le ha agobiado la beatería que, desde luego, para nada ha servido al conocimiento de su obra y, sin duda, ha sido más bien perjudicial, como nunca lo será la discusión o la reserva exacta a inmensa parte de la misma.

Precisé dialogando con la obra de Rivera, con el lector, conmigo. Alterno constantemente exaltación y reserva, acaso en un vaivén de hipérboles, y no siempre mi entusiasmo es sin sombra; cuando lo es, surge el Rivera que nunca han intuido sus hagiógrafos. Tal condición peculiar de estas páginas estimo que constituye su razón de ser.

Rivera murió siendo miembro del Partido Comunista nuevamente. Su vida, su obra, su fortuna las entregó a su pueblo. El Anahuacalli (museo arqueológico formado con sus colecciones en San Pablo Tepetlapa, en México, D. F.) es de importancia universal; el Museo Frida Kahlo (Coyoacán, México, D. F.) es valioso asimismo. Estos datos extrapictóricos en apariencia, nos dicen magníficamente lo que fue Diego Rivera, a quien hay que apreciar también —como dijo Picasso contra Jacques Émile Blanche y en elogio de Cézanne y Van Gogh— más por lo que son o fueron que por la obra misma. Y la obra nunca está desligada de lo que se es o fue. Con su pintura, sus escritos, polémicas, anécdotas, cartas, juicios, contradicciones, verdades y mentiras, fobias y filias, amores, penas y furias, podría hacerse la gran biografía de una época y de un pueblo: dando su luz, que es mucha, dando su sombra, que no es poca. Su obra ha podido resistir aun a la buena voluntad de sus más implacables amigos incondicionales. A las canonizaciones pictóricas. Lo indigno es empantanarlo en "maestro indiscutible": enterrarlo.

Basta ya de consideraciones de tal orden. Evoquemos al hereje: al creador. Olvidemos el resto. Las obras que valen provocan un perpetuo replanteamiento porque renuevan su desafío y su prodigio. No es sólo Rivera el que insiste: he cedido a esa pendiente, descuidando, por momentos, lo que amo en él: el poeta, es decir, la espléndida plenitud de su vida cargada de destino. Se le ve más como muralista. Sin embargo, ello es insuficiente: la obra de caballete cuenta con no poco extraordinario: suele ser tan pintor o más pintor que en los murales; su gracia y su fuerza creativa son, con frecuencia, más específicamente pintura. Hay que verlo en su totalidad. Rivera tuvo los brazos anchos y la mente lúcida como para abarcar a su pueblo por caminos distintos a los del otro monstruo mexicano de su tiempo: José Clemente Orozco.

Diego Rivera tuvo tanto talento como pintor que no pudo acabar con él.

José Clemente Orozco [1883-1949]

No ver a Orozco críticamente es limitación al escribir sobre él. Y más limitación, hasta hacerlo a un lado, es ponernos en su lugar y darle pensamientos y sentimientos nuestros como suyos. Todos los reparos, preguntas, negaciones, dudas, afirmaciones, entusiasmos de *Forma, visión y escritura,* son prólogo obligado que se debe tomar en cuenta, fundamentalmente, al leer mis páginas sobre Orozco, Rivera y Siqueiros.

Con Orozco he avanzado con más cautela aún que al tratar de Rivera: por la misma razón. Simplificarlos es imposible, si deseamos que la aproximación no sea burda. A la postre, la simplificación que piden algunos amigos del panegírico, equivaldría a no reconocerlos, como sería complicarlos de propósito. Los tres muralistas poseen la coherencia y la visión del mundo de su época por aceptación en parte, y más por estar, a la vez, contra ella. Esta contradicción en la obra y en la vida se asienta en el contexto histórico; contradicción que barrunto de índole parecida, aunque la militancia o no y otras condiciones de su existencia, hayan sido distintas. Y tal vez sean más agudas y profundas esas contradicciones, por tal militancia y por la aceptación de una teoría política, en Rivera y en Siqueiros. No discutiremos aquí las peripecias de esa militancia y esa convicción política: los tres —de muy distinta inspiración— tenían, sin embargo, semejante perspectiva histórica de la clase ascendente. Seguiremos discutiendo formas, color, dibujo, composición y problemas de orden plástico anteriores a otras consecuencias y virtudes.

José Clemente Orozco ha pintado la vida del pueblo mexicano en los aspectos más trágicos, más íntimos, más altos.

Nació del pueblo en una pequeña población constantemente invadida por la ciega y remota presencia del arte prehispánico —aún no igualado. En Orozco se siente esta presencia —fénix perpetuo— que da intensidad y valor al arte nuestro: está en la época misma, alimentándose de ella, como un árbol en la tierra mexicana histórica. He publicado un *Orozco* más extenso que este libro. Doy aquí una imagen compendiada de su obra y del espíritu que la anima: culminación de una etapa.

La emoción de su pintura reside en esa savia tomada de la tierra, del aire de su tiempo. Nunca la bulliciosa y colorida vida superficial emerge en su pintura mejor. Su temperamento confiere interés a lo anecdótico, lo pintoresco, lo didáctico, lo solamente indígena en el aspecto transitorio. Es obra con tradición, enraizada, que no encontró nunca expresión más espléndida que en lo plástico, en lo místico y en lo mítico precortesianos.

Tiene de ese fermento antiguo, el innato secreto: elementos nativos, soterraños, irracionales. Su voz es esa misma voz en nuestro momento, la misma virtud elocuente. La tradición ennoblece, con su aliento, la modernidad perpetua de su obra por el llamado que hace a la conciencia humana. Pero, no es un llamado de moralista sino de pintor, hecho con la pintura cuando consigue exceder la emoción. Quisiera fijar con nitidez tal carácter: en la buena pintura de Orozco no encontramos lo exterior mexicano, lo que está al alcance de cualquier pintor, sino una realidad trascendente. No existen reminiscencias directas, académicas, de la plástica primitiva, de estilizaciones indígenas. Nunca se consagró a ello, acaso por sabiduría no aprendida, por imposición de su naturaleza. Pintura con casta. Lo exterior turístico es fundamento de parte de la pintura de algunos otros, a quienes se considera revolucionarios y profundamente realistas y mexicanos.

La caótica presión de aluviones sumergidos en la sangre de México forma en Orozco una flor áspera y bella. Cómo es extraordinaria esa supervivencia de lo más nuestro en él. Qué difícil recoger la ancestral potencia popular y, renovada, decirla plásticamente. Los demás, en su mayor parte, han expresado lo pintoresco. Orozco no me interesa como mexicano, sino como pintor, y en razón de su pintura como pintor mexicano. En Orozco "el primer gran pintor mexicano que se acerca al pueblo", como escribió Alfaro Siqueiros[1] reconocemos, claramente encauzada, la caótica fuerza de la Revolución. Vivió su vida artística como hombre social y comprendió la creación como un acto social. Las contradicciones que muestra son reales, y no elogia el fracaso ni condena la esperanza: condena la adaptación, la conformidad.

¿Quién no ha experimentado ese anhelo que pugna por hablar y tiene que roerse los codos, como diría Ramón López Velarde? Todo el complejo fervor de México, bárbaro si queréis, exquisito aunque no lo queráis, Orozco nos lo hace sentir con su belleza convulsiva. El pintor de la Revolución y mucho más, precisamente, porque es el pintor del Hombre.

Qué superior es el medio de México a la creación artística. Lo prodigioso recorre las calles en forma de cotidianidad. Qué pálido reflejo de esta maravilla ha sido el arte posterior a la Conquista. La realidad sobrepasa a sus mejores artistas. Por ello, Orozco es único: pertenece a la familia de los escultores que tallaron a Coatlicue, Diosa de la Tierra y de la Muerte. Plasmó la época en aquéllos y adquirió tal perpetuidad que esos ídolos están vivos aún y participan en nuestra vida con la tremenda fuerza poética que encierran. La obra de Orozco ha sido el mejor conductor poético, el mejor acumulador y generador de energía poética. Perdura en él algo de la grandeza antigua, algo de ese poder de expresión impar para recoger la pasión contemporánea. Orozco sintió y traspuso las formas, el espíritu del arte precortesiano, "arte tremendo", nos dice en la *Autobiografía,* sin tener nada que ver, como reitera muy gastado lugar común, con el expresionismo alemán: es un ingénito y milenario expresionismo en donde hasta los elementos circunstanciales políticos son elevados, en sus mejores ejemplos, a imágenes poéticas que le quitan su carácter de utilidad inmediata y su efimeridad.

México siempre ha tenido pintores, hoy como ayer. Pero ¿no es con José Clemente Orozco con quien surge una moderna creación mexicanísima? No entiende la pintura como

[1] *Tiempo,* México, D. F., 16 de septiembre de 1949.

simple testimonio, como documento. Sino como revelación de la realidad. Mira a México con fidelidad y denuncia lo que lo hace sangrar y sufrir. A lo largo de este ensayo, después de prolongado rodeo, pienso que alguna vez conseguí aproximarme a su diáfano misterio. Le sentimos aislado, sin arcaísmos, diferente de los otros pintores. Los más preciados entre sus contemporáneos de pronto cobran estatura real por el contraste de la obra de Orozco con la obra de ellos. Su expresión tiene la fuerza poética de nuestra tradición: es creación. Nadie siente mejor lo que dice, ni dice mejor lo que siente.

José Clemente Orozco es el pintor más grande que ha dado América. Las virtudes de los otros pintores mexicanos se hallan reunidas en él, gobernadas por su sinceridad y pasión. En él se suman las cualidades parciales de los demás. Su naturaleza es la más rica de todas, la más compleja y la más completa, ordenada con rigor y servida por acabada sabiduría del hombre y del artista.

Orozco es siempre él, en todas partes, en todas sus manifestaciones, inclusive en sus insuficiencias. Su poder expresivo domina, como sin ningún esfuerzo, el tumulto de diversas tendencias y diseminadas voces. En él se recogen, desembocan y afluyen las posibilidades del momento, transformadas en hechos poéticos. Época, sociedad y naturaleza tienen en él su voz, hablan por él.

Desde las primeras obras se evidencia la seguridad que le guía como con predestinación. Qué intensa es ya la serie *Casa de lágrimas* (1912-1913). No podríamos preferir, en efecto, los frescos últimos a los primeros: los ejemplos insignes en el decurso de su vida poseen el mismo esplendor, la misma riqueza en la expresión de sí y de la realidad histórica. Está siempre él, presente y solo.

Orozco no rinde tributo alguno y se mueve confiado en su potencia. Es un equilibrio de silogismo y frenesí. Sensibilidad y dominio, jamás en pugna, sino reconciliados en exacta colaboración. Bastaría su dibujo, el ímpetu lineal y el empleo que hace de luz, para darle sitio eminente. Su dibujo no es sino uno de los sumandos que forman ese total. Y difícil sería determinar cuál de los sumandos da mayor contribución. No hay línea en México con mayor significación.

Su dibujo es el más rico, el más diverso, el más elocuente, inventivo, personal y apasionado de México. Es inconfundible como su forma, como su composición, como su color, como su espacio y las relaciones de estos elementos entre sí. Cada una de las unidades que integran sus obras, poseen las características de su estilo: dentro de la diversidad sobresale un equilibrio de espontaneidad y cálculo. Hasta en los detalles postreros está organizada cada una de esas unidades, multiplicando así la eficacia en la nueva realidad que cobran. Y a la vez, viven por sí solas.

Fuerza, dulzura, gracia, ferocidad, imaginación y paroxismo distinguen al dibujo de Orozco. Y, sobre todo, un idealismo profundo y taciturno, en donde esa fuerza, esa dulzura, esa gracia y ferocidad se desarrollan alejándose de la vida hacia una concepción que engendra una expresión que nos suele agobiar de horror. Porque la expresión no siempre tiende hacia lo que, conmúnmente, se concibe como belleza, sino a lo opuesto, con tan decidida intención que lo horrible es digno y delicado pretexto del arte.

Muchas veces hace pensar en agria truculencia, en excesivo énfasis caricaturesco y en algo así como en un preciosismo del horror. Lo espantoso alcanza excelsitud en él. Pero, no es más que una voz, clara y propia, al servicio de un ideal que suele encaminarse hacia la "belleza" o hacia el horror, por el ímpetu mismo del ideal. Y la atrocidad de Orozco tiene algo que nos recuerda el barroquismo sangriento de nuestras culturas primitivas. Hay algo formal y algo espiritual, cierto sadismo desesperado que se me antoja que viene de muy lejos. Su lirismo y su austeridad son ancestrales, con no sé qué de ese sabor oriental que hay siempre en nuestras máscaras, en nuestros ídolos, violento y torturado, nacido sobre las rodillas de la muerte.

Su fuerza, su dulzura, su gracia, su ferocidad taciturna, me recuerdan, extrañamente, en su ánimo emocional, y a veces hasta objetivo —he aquí, acaso uno de los secretos de su originalidad— los antiguos delirios religiosos condensados en la piedra y en una liturgia bárbara, espantosa y bella. En el fondo, para esclarecer más todavía, siento que hay en Orozco la furia impremeditada y fresca de nuestra mentalidad primitiva creadora de formas, gobernada por humanismo contemporáneo.

La forma, a veces tan sencilla, como en esos grandes volúmenes con que pinta en los frescos de la Escuela Nacional Preparatoria —las caderas, los torsos—, está llena de toda su intensión representativa por el dibujo enaltecedor, colmada de aliento poético, como en un alarde de severidad. Los volúmenes viven por todos los refinamientos que alcanza la pintura, hasta por el final refinamiento de abandonar todo refinamiento. Pesadez, ingravidez, contrastes, solicitaciones táctiles, muros pintados lisamente con la despreocupación de un albañil, sensación de espacio que engendran los volúmenes con sus juegos, movimientos y relaciones, hacen que el conjunto nunca viva la vida de la simple representación.

El color, como la composición con esas patéticas construcciones diagonales, no es complemento de las otras virtudes sino nueva virtud en la belleza final. El entrelazamiento de dichas cualidades es resultado impuesto por cada una de ellas en acción compleja dentro del total. En el color se manifiesta también la originalidad: fue el primero en recoger y emplear toda esa gama de colores de los muros de los barrios populares. Su paleta es personalísima.

El espacio es creado así, con esa misma exigencia. Aquellos hombres, aquellos objetos, todas sus presencias rescatan medidas dignas de ellos, proporcionadas. El espacio de Orozco es intenso y sereno, recientemente conmovido por el paso de algo sobrenatural. Ese espacio que le agrada tanto dejarlo lleno de sí mismo, tembloroso de pasión contenida, como el silencio en un drama de Shakespeare, multiplica la tragedia. Nunca hay vacío en él. Sus ámbitos están henchidos sin recurrir a repeticiones: el vacío es imposible. En su silencio hay tensión y hay diálogo. Se calla a gritos. Sus grandes lienzos se encuentran colmados de su plenitud. Lo que hay implícito en su espacio, a veces está más preciso que en la tragedia misma.

Después de las acuarelas en que trata de la vida sórdida de los suburbios —en las cuales las hay magníficas—, crea obras inexplicables sin sus dotes. Estaba ya completo su raudal, que sólo esperaba la ocasión para hacerse evidente. La vida y la obra de Orozco poseen el mismo estilo. Sobriedad y pasión. Los primeros murales en la Escuela Nacional Preparatoria no nos recuerdan obras anteriores. Es un ejemplo suficiente para afirmarnos que ya era el más dotado de los pintores mexicanos. Sin vacilaciones, alcanza su madurez.

En blanco y negro es sobresaliente: dibujos, aguafuertes, litografías. Sólo con ello bastaría para su nombre. En la obra de caballete descuella la serie *Los teúles* (1947) —piroxilinas, temples y dibujos —y óleos y temples de distintas épocas. En las adquisiciones hechas por el Estado se encontraba mal representado, no así en la ya nacional Colección Carrillo Gil. Los estudios coloreados para los murales cuentan entre lo mejor de su obra, entre lo más libre y creativo de ella.

Su vida interior se plasma con ímpetu ordenado, y por ello más efectivo, desde los primeros trabajos. Sus dibujos anticlericales, por ejemplo, son "los mejores dibujos anticlericales que ha producido México anticlerical, en todos los tiempos".[2] Se impone por su agudeza y su crueldad. Es la voz más legítima de los años que acababa de vivir la nación entera. La autenticidad es tan considerable que no hay quien pueda eludir la fuerza de su drama. Vasta, su resonancia, como un concierto de pasiones que llega a la más honda dulzura. Súbitamente, un caos, un nudo que oprimía la garganta de México, se disolvió en su voz. Las sombras, los coágulos finales de la tragedia, se están fundiendo sobre esos cielos tirantes y sonoros, con plenitud de velas duras de rumbos. Sus obras son una sinfonía del concepto trágico de la vida. Ninguna pintura expresa en México mayor intensidad, arrebato, acción y movimiento. Y mayor soberanía de pureza y de tensión estática.

Soledad de Orozco, solo sin soledad. Trabajó sin preocuparse del momento, con indiferencia por el efecto que pudo causar. En su tragedia hasta los decorados no sólo asisten, sino que participan. Sus magueyes son personajes, como las nubes y la línea del horizonte.

En Orozco, temperamento dialéctico, no hubo nunca aceptación de ninguna escuela ni sumisión a tendencia alguna. Su personalidad es tan singular que pasado y presente se confunden en él. ¿Qué no cobra las particularidades de su

[2] David Alfaro Siqueiros, "José Clemente Orozco (Carta a Orozco)", *Excélsior*, México, D. F., 8 y 9 de septiembre, 1949.

fervor y deja de ser recuerdo, influencia simple o glosa? En su *Prometeo,* en la Universidad de Pomona (1930), nos trae a la memoria El Greco; pero, es Orozco siempre. Y cuando digo Orozco, basta su nombre.

Una lucha sin término es su pintura, sin abandonos a una liturgia del gesto, ni a paráfrasis románticas o atropellos de su razón. Su carácter estricto y rebelde es esencial en ella, como en toda expresión de dolor alto y puro. Vive el drama del hombre, el de su pueblo, con expresión súbita y reflexiva a la vez. En la soldadera, el arzobispo, el conquistador, el esclavo, Prometeo o el basurero, siempre nos encontramos con Orozco. Las cosas más usuales, el medio que las rodea, las emociones más comunes, se enriquecen de posibilidades. Lo que se diría antipoético, lo que repugna, lo mísero y despreciado, arde en su obra.

No le inquieta ser mexicano ni ser revolucionario. Por ello canta con fidelidad espontánea las señas particulares y profundas de México. A través de José Clemente Orozco, México se ve; la época se ve a sí misma. Nunca existió en él esa obsesión somera de querer ser original, de querer ser revolucionario al expresarse. Para Orozco, el momento fue siempre original, siempre revolucionario: está en su naturaleza y no sólo en el requerimiento de la época. Su estilo organízase con no sé qué extraña soberanía: parece vivir fuera de los accidentes históricos, para apoyarse en la Historia.

Ninguno más apasionado, más individual y enemigo de todo individualismo; ninguno más nacional y menos nacionalista, y, a la vez, más intelectual, más social, más universal que él. No ha cultivado apariencias, glosado ninguna voz, eludido peligros. No ha tenido debilidad alguna, ni ha hecho concesiones a gustos bastardos, a exigencias de actualidad. Su arte posee la dignidad de su vida.

Su pintura —mezcla de humor y angustia, agresividad y ternura— lo ha colocado más allá de la Revolución Mexicana: en el drama del hombre. Su obra no está construida en razón de presente, sino en razón de eternidad. Tal es la orgullosa humildad de su decoro. Y por ello se yergue a veces como las grandes obras primitivas. No exalta a la masa servilmente: tranquilo en su soledad, lo vemos señorear las modernidades transitorias. Su creación no es revolucionaria porque en algunos motivos esté viva la lucha revolucionaria ¿no está esto a la altura de muchos? Sino por trascender tales motivos y llegar con originalidad hasta la entraña del hombre.

José Clemente Orozco y los pintores recogidos en estos ensayos en lo mejor de su obra no se proponen probar nada sino crear con la pintura, expresarse y expresar un pueblo o algo de su tiempo. Un arte motivado por el yo entero, más allá de la obediencia a inmediatas solicitudes exteriores: el hombre hecho trizas por sus sueños, vivo, sin embargo, por ellos, sin ambición de glorificar o condenar didácticamente, todo acaeciendo en la raíz del ser y como en un plano maravilloso. Abominó de esa noción de utilidad primaria, cuando no pocos se inclinaban a la utilización, a lo obvio y explícito, hasta convertirse en algo heroico el libre ejercicio de las facultades. Otros artistas —sobre todo entre los seguidores— parecieron interesarse por las consecuencias que pudieran desprenderse de su utilitarismo, de sus pruebas y opiniones, y, en tal caso, hubiese sido más lógico convertirse en cartelistas y hombres de acción. Orozco es como una roca que la marea de la época no logra sumergir. Sin embargo, no está por encima de las cuestiones sociales. ¿Quién no está en ellas? Pero, nadie tuvo su probidad o su visión crítica y artística. Nunca lo vimos sacrificar al buen éxito, a la vulgaridad. En medio de la mayor confusión, su ejemplo fue de lucidez exacta. Y su aparente indiferencia no es sino un aspecto de su certeza. Las oscilaciones extremadas son peculiares de su temperamento que en su arrebato suele descuidar hasta el oficio. Cala en lo que acontece en torno a él, en lo que acontece en él. Es el más disparejo —a veces es un energúmeno pintando— pero nadie alcanza sus cimas. La resistencia que ha encontrado se basa en su imaginación que no se acomoda sino a su condición: nos pone en dificultad con nosotros mismos. Nace de lo propio, con refinamiento ajeno a todo esteticismo.

En enero de 1929 publicó Orozco el breve escrito: *Nuevo mundo, nuevas razas y nuevo arte*. Lo reproduzco íntegro:

"El arte del Nuevo Mundo no puede enraizarse en las viejas tradiciones del Viejo Mundo, ni en las tradiciones aborígenes representadas por las ruinas de nuestros antiguos pueblos indígenas. Si bien el arte de todas las razas y de todos los tiempos tiene un valor común —humano, universal— cada nuevo ciclo debe trabajar por sí mismo, debe crear, debe dejar su propia producción, su contribución individual al bien común.

"Dirigirse solícitamente a Europa, inclinarse hurgando entre sus ruinas para importarlas y copiarlas servilmente, no es mayor error que el saqueo de los restos indígenas del Nuevo Mundo con el objeto de copiar con el mismo servilismo sus ruinas o su actual folklore. No obstante lo pintoresco e interesante que ellos sean, no obstante que la etnología los encuentre útiles y productivos, no pueden dar un punto de partida a la nueva creación. Apoyarse sobre el arte de los aborígenes, sea de la antigüedad o del presente, es seguro indicio de impotencia y cobardía, de hecho, un fraude.

"Si nuevas razas han aparecido sobre la tierra del *Nuevo Mundo*, esas razas tienen el deber inevitable de producir un *Nuevo arte* en un nuevo medio físico y espiritual. Cualquier otro camino es simple cobardía.

"Ya la arquitectura de Manhattan es un nuevo valor, algo que no tiene nada que ver con las pirámides egipcias, con la Ópera de París, con la Giralda de Sevilla o con Santa Sofía, ni tiene nada que ver con los palacios de Chichen Itzá o con los 'pueblos' de Arizona.

"Imagínese un New York Stock Exchange en una catedral francesa. Imagínese a los cambistas equipados como jefes indios, con tocados de plumas o con sombreros mexicanos. La arquitectura de Manhattan es el primer paso. La pintura y la escultura deben ciertamente seguir, como inevitables segundos pasos.

"La más alta, la más lógica, la más pura y la más fuerte forma de pintura es la mural. Sólo en esta forma es una con las otras artes, con todas las otras.

También es la forma más desinteresada, porque no puede hacerse de ella asunto de ganancia privada; no puede ser ocultada para beneficio de unos cuantos privilegiados.

"Es para el pueblo. Es para TODOS."[3]

[3] Publicado en inglés en *Creative Art,* Magazine of Fine and Applied Art, Nueva York, enero de 1929. Vol. 4, n. 1. Versión tomada de *Textos de Orozco,* Ed. Instituto de Investigaciones Estéticas, Universidad Nacional Autónoma de México, México, 1955.

La unidad de su forma con un sentimiento trágico de la vida, es el vínculo de José Clemente Orozco con el patrimonio universal. No hay exotismo, catequización alguna, sino juegos de formas creadas con unidad nueva en el mundo. Muchos de los frescos de los otros pintores mexicanos se ofrecen, por lo general, como simple decoración. En Orozco nunca hay alegoría, sino poder de invención. Yo pienso en Orozco cuando Baudelaire escribía de Delacroix: "Apasionadamente enamorado de la pasión y fríamente determinado a buscar los medios de expresarla."

Su pintura no está desligada del presente. Tampoco reside su originalidad en esta aparente resistencia al presente, que sólo es resistencia a las apariencias presentes. Conciente de lo temporal y lo tradicional, de las formas vivas de ese pasado vivo, fecunda la tradición, que se continúa transformada en él. A esa síntesis se debe que Orozco sea moderno hoy y mañana. Una obra carece de puntual explicación si se la evalúa aislada. Cada época modifica el pasado por lo menos en proporción semejante a lo que este pasado modifica el presente. Pero nada más vano que intentar anular en el artista la personalidad y convertirle sólo en mecánico espejo de la época.

En sus ideas artísticas, en sus ideas sociales y políticas, es el mismo. Habría sido revolucionario en cualquier época, al contrario de algunos de sus colegas uniformados por el tiempo. Por su excelencia artística, la significación es más importante que la de los otros muralistas mexicanos. No puede existir en arte trascendencia de orden cualquiera sin trascendencia poética. Su voz es la propia y la voz de la época y la de su pueblo. En la mayor parte de los demás, la voz es eco de la voz del tiempo.

Orozco no admitió que un cuadro, un poema, pudieran ser para tres o diez personas Por ello, vivió para la pintura pública y monumental. Desborda el tema, el pretexto, la anécdota. La composición podrá llevar este o aquel nombre, que servirá para identificarla convencionalmente. *La trinchera* —por ejemplo— no es *La trinchera,* sino algo más vasto que, dentro de una creación estrictamente plástica, nos da una síntesis de la vida.

Casi nunca buscó sujetos subversivos, porque ello no basta para hacer obra revolucionaria. El subconcientes individual es, en gran parte, resultado del subconsciente colectivo. Su obra es la de un temperamento de acuerdo con la época y el medio: con lo que esta época y este medio guardan de pasión, de ira e insumisión. El carácter insólito es consecuencia de la pureza de la protesta. Encarna una minoría, la lucha y la protesta en contra del conformismo de la inmensa mayoría. Nunca le vimos sometido a un precepto. En época revolucionaria fue revolucionario con sus formas y vivencias, como lo habría sido en cualquier época. Y lo fue con amargo sentido crítico y con júbilo encendido en un ambiente poblado de intrusos que le consideraron anarquista.

Y cuando pienso en Orozco revolucionario, no es porque desee darle valor circunscrito en el tiempo, en el espacio, para halagar la exigencia colectiva y tornarlo, ante los ojos de tal exigencia, en algo más significativo todavía. Me refiero, naturalmente, al ímpetu por las cualidades plásticas, por lo patético de la indignación y por la rebeldía que en nosotros enciende. Poesía verdadera, la obra de Orozco es liberación. No diría de él que es sólo el pintor de esta o aquella revolución. Sino pintor revolucionario en la condición íntima de su naturaleza, como lo será todo gran artista. Y siempre sus pies se apoyaron sobre la tierra mexicana, cerca del cacto, para impulsar el vuelo del águila que hunde las garras en la serpiente.

José Clemente Orozco es irreductible como el diamante. No hace, en suma, entre las influencias recibidas, sino reconocer sus emociones, ideas y elementos, que se le revelan por afinidades mentales, más que por afinidades objetivas. Con formas conocidas del mundo conocido, obtiene obra insospechada sin la intervención de su sensibilidad.

Como sarcástico, como humorista, crea crueldades únicas en México, que lo colocan en la tradición universal. Su violencia y su ternura se mezclan en un sentido agudo de lo grotesco en que sobresale su piedad y un conflicto entre el amor y la decepción. Detesta la miseria, la pinta como es, y a los causantes de la miseria. Alcanza el fondo de las cosas, de las situaciones, destrozando y destrozándose, con su corrosiva grandeza para la ironía y el ridículo. En muchos de los dibujos, de las acuarelas (*Casa de lágrimas*), óleos y dibujos, en los muros de la Escuela Nacional Preparatoria, en *Catarsis* (en el Palacio de Bellas Artes), en Jiquilpan, en Guadalajara, en la Iglesia del Hospital de Jesús, en la Corte Suprema de Justicia, en los escritos (*Autobiografía*, cartas, anécdotas de su vida) se halla tal condición de su ánimo. Su tribulación y su risa encierran, como todo humorismo trascendental, un sentido cósmico: el hombre en contraposición a su precariedad, a la sociedad. Hay entonces un choque de contradicciones de orden metafísico, como un Prometeo que gime, de pronto, porque no encuentra los cerillos.

Pasión con estilo. Pasión del estilo. Estilo de la pasión. Equilibrio entre el mundo del sentimiento y el mundo racional. El delirio de Orozco es una forma acongojada de su razón. El arte no es para él un medio de expresión solamente, sino un instrumento de lucha, invención y conocimieto. Su originalidad no es una apariencia, sino su naturaleza misma: su vida, su pensamiento, su sensibilidad, su exaltada capacidad de indignación, todo él, unánime y total. Su pasión no envejece hermanada a su estilo: contenido inventado por él y forma nueva. Su fervor y su estilo son creaciones derivadas, indivisibles. En su compenetración no hay sitio para la vana elocuencia ni el divagar.

Cordura de Orozco ¿qué no es en él estado de alma? Fuera del cuadro está viviendo en el cuadro con nueva vida propia. Qué fracaso sufren los que imitan lo inimitable de Orozco. Qué pequeñez demuestran empleando sus aciertos, imitando sus movimientos, simulando su voz. Sus medios son como todos los medios de la pintura, y dejan de ser originales apenas no es él quien los gobierna. Porque de lo más grande que hay en Orozco es la conturbada riqueza espiritual que logra plasmar en sus obras. Y sin ese caudal, que nadie tiene en la historia del arte en América, es imposible conquistar sitio semejante. Todos son, más o menos, ricos por los medios, pero carecen de un universo tan original, y de hondura y tensión comparables, para expresarlo con esos medios, muchas veces magistrales. Pintor agónico, pintó el dolor de México.

La originalidad irrumpe dentro de la misma tradición. El arte es como un sol inmóvil, invariable en su perfección final. Cambian las intenciones, la materia del arte, los medios. El artista lleva a término un continuo sacrificio de sí mismo, una extinción continua de su personalidad. Su emoción es impersonal, se hace impersonal para arder, para intentar arder en el invariable sol inmóvil.

No podríamos decir que la composición de Orozco es primitiva o renacentista. Es propia: tradición renovada. Algunas veces queremos acercarle a los primitivos sieneses, o bien, a Masaccio. Sus formas suelen recordarnos, asimismo, a Tintoretto, El Greco, Goya, Toulouse-Lautrec, Daumier, Ensor... Reaccionamos: comprobamos que tales analogías son apenas válidas. Librémonos de establecer similitudes vagas y distantes. La obra de Orozco escapa a formulismos, como todo gran arte. Es, a la vez, romántica y clásica; pasional y lógica; del presente y del futuro. Su primitiva sencillez no es aquella de los Primitivos italianos, con los que se le ha querido comparar en los aspectos formales, acaso tomando en cuenta determinadas cualidades que le diferencian de la serenidad mayestática de algunos maestros del Renacimiento. Forma original y tragedia volcadas con la desnudez e intensidad de los Primitivos: sus frescos en la Escuela Nacional Preparatoria (*La despedida*, *Soldaderas*, *La trinchera*, *La huelga*, *Destrucción del viejo orden*, lo pintado en la escalera, etc.). Los recuerdos de los maestros aludidos son afinidades electivas: José Clemente Orozco todo lo reduce a sí mismo, lo transforma y personaliza. En Guadalajara, en el Palacio de Gobierno, en la Universidad y, sobre todo, en el Hospicio, llega a su apogeo. La cúpula del Hospicio es —con *Guernica*— la obra mural más ambiciosa de nuestro siglo. En América ningún conjunto se equipara al Hospicio. Fue el pionero también en dar ese "paso de importancia hacia la concepción de la pintura mural como pintura de espacio arquitectural".[4]

El tono dominante se recoge en formas tradicionales, modificadas por el presente. El presente vive dentro de esas influencias del pasado y las supervivencias permanentes. Creó valores poéticos con emociones generales. Consciente de las supervivencias del pasado, une ese presente eterno del pasado con el futuro nuestro. Y la naturalidad de tal fusión, que sólo Orozco ha podido lograr, le evita apariencias de

[4] David Alfaro Siqueiros, "José Clemente Orozco (Carta a Orozco)", *Excélsior*.

originalidad, le aleja de toda manera excéntrica y le afianza dentro de su estilo.

A quien no le sea dado conocer la obra pintada en los Estados Unidos, posterior a los frescos en la Escuela Nacional Preparatoria, Guadalajara le resume el talento del pintor. Cerca de quince años separan estas obras. Una transformación profunda ha experimentado el artista en los medios de expresión y en la expresión misma. Si bien es cierto que desde los primeros trabajos logra decir lo que México había callado en el transcurso de siglos, la obra mural en la Preparatoria (1922-1927) en conjunto —aunque encierra algo de lo mejor que pintó en su vida— carece de la complejidad y riqueza que posee la de Guadalajara: Universidad, Palacio de Gobierno y Hospicio Cabañas, empezada en 1935 y terminada en 1939. Poco antes de morir, Orozco pintó en la Cámara de Diputados de Jalisco. Quien no conoce su obra en Guadalajara no conoce a Orozco.

Imaginación y memoria son arrastradas hacia una visión simultánea de estas dos etapas. En la Preparatoria, es de una sencillez hermosa. Su voz posee no sé qué carácter elemental que a veces nos inclina a preferir la voz primera, en vez de ésa con la cual se expresa sobre los muros de Guadalajara. No es que haya perdido la desnudez de los frescos aquellos. Después de una instrumentación justa y llana —acaso por ello más difícil sostenerla—, José Clemente Orozco estableció orquestaciones sin precedentes en el arte de América.

Tal vez en su obra más reciente la opulencia de esta orquestación envuelve en virtuosismo lo que antaño nos presentó con severidad. No es menos acendrada la procelosa obra de Guadalajara. Encierra la adustez primera y su máxima libertad y furia: Orozco es sobrio en medio de su esplendor.

Desde que empezó a pintar, José Clemente Orozco vivió en esta atmósfera de desbordamiento. Más de una vez he insistido en la unidad de su trayectoria. Con harta frecuencia, su desmesura nos exaspera. Qué insoportable suele ser su clima de Rey Lear. Nos agobia lo que semeja exceso emocional, la preocupación subjetivista y la avidez de comunicación, de dar lo más recóndito suyo sobreponiéndolo a la realidad exterior, a menudo desfigurada, y, sin embargo, con un sentimiento de unidad con su pueblo. Pinta siempre como *in extremis* en su pesimismo u optimismo, contradictorio en lo que quiere expresar, y violento y preciso en la expresión misma. Si estuviésemos siempre de acuerdo con él, no sería un pintor mayor. Solicita y enciende la polémica: la mejor forma de estimación. Es difícil gustarlo a medias: se le acepta o se le rechaza. Al término medio él cierra toda entrada. Nunca la indiferencia. El tiempo pasa, y pasa sabiamente, con rigor implacable. En pocos años, un parpadeo, se envejecieron tantas cosas, de la noche a la mañana. Y nos las encontramos arrumbadas y cubiertas de ceniza.

Una de las lecciones que propone es la fidelidad a la renovación radical de sus orígenes. No es un azar la pintura mexicana de hoy, como no lo fue la de ayer: caudal ininterrumpido, de volumen diverso, que siempre ha manado desde la entraña de la tierra, allí donde está el barro que se irguió en los ídolos. Y cuántas tentativas y modas hemos visto palidecer y aniquilarse frente a tradición tan alta.

Imagino que hasta el más profano siente en la pintura de Orozco el sabor de la tradición. Y digo tradición, no tanto por los rasgos formales que la hermanan a las expresiones anónimas y más primitivas, sino por las virtudes de su imaginación, que recuerdan la imaginación viva y atroz de cierta escultura precortesiana. El choque que provoca y seguirá provocando se debe a aquello en que difiere o se opone a imitar la tradición occidental. Mucho de la pintura colonial no es más que lo europeo mismo, de tercera o cuarta categoría, animado a medias, no en su valor o por su valor intrínseco, sino por la erudición, el comentario histórico, relaciones documentales y otras circunstancias secundarias.

En los frescos en el Hospital de Jesús (1942-1944) —como en los del Palacio de Gobierno de Jalisco, en los del Hospicio de Guadalajara, en los de la Biblioteca de Jiquilpan (1940), o en los primeros de Orozco en la Escuela Nacional Preparatoria —se ve, se siente, que es de América, que sólo aquí se podía pintar así, con tal rudeza, con tal ternura, con tal libertad. Pintó el coro— bóvedas y muros— así como parte de la bóveda que sigue el coro y sus lienzos laterales. No explicaré temas, símbolos, alegorías. El visitante podrá leer *El Apocalipsis* e interpretar los frescos a su modo, que siempre será exacto y el más apropiado, aunque se aparte totalmente de los demás. Tanto mejor. La explicación del pintor, si acaso pudo ofrecer una, hubiera sido tan parcial y relativa como la propia. No se trata de ilustraciones para *El Apocalipsis,* sino de una pintura apocalíptica.

Y vuelvo a insistir en que Orozco pintó estos temas en otras partes, como había ya pintado crucifixiones, Prometeos, martirios, juicios finales, odas al fuego, Cristos rompiendo su cruz: recordemos su obra y veremos esto y muchas otras cosas, entrelazadas a mitos mexicanos, fundidas en el mito general, en el gran afán humano.

Lo pintado en el coro tiene mi preferencia. Principalmente, el muro del fondo: sencillo, fuerte, austero de color. Dos figuras al lado de la ventana equilibran, como una balanza, la obra. El dibujo, los trazos fulmíneos, cobran mayor eficacia por la sobriedad de la composición. La bóveda y el muro de la derecha (dando frente a los frescos) poseen las mismas peculiaridades; no así el de la izquierda: recargado de elementos poco plásticos, aunque hay figuras que nos hacen concentrar la atención en ellas. La obra quedó sin terminar.

En el Hospicio Cabañas vemos contrastes muy marcados: aciertos en conjunto, a veces sólo en fragmentos, y caídas que se destacan e integran la "suma" que nos da en su obra. A veces creo sentir algo así como rastros del *Dive Bomber* en el Museo de Arte Moderno de Nueva York, cuyo valor y significación jamás he gustado ni sentido. Sólo una rosa, en uno de aquellos tableros, evoca algo del fuego fuego del hombre hombre que arde en la cúpula del Hospicio Cabañas.

Unidad entre ideas y sentimientos y el estilo de expresarlos. Ideas, emociones, sentimientos, toman cuerpo en volúmenes, colores, espacios, líneas. Y sobre todo, lo que está más allá de ideas y sentimientos, lo que es crear, lo engendrado por su fantasía. No hay originalidad sin esa invención. Ideas y sentimientos pertenecen por entero a una fase expresiva que no es propiamente de creación poética. Y en Orozco, aunque la pintura en general nos fuese poco accesible, sentiríamos su mundo abstracto hacerse concreto ante nosotros. Es un pintor de extremos: en él está lo peor y lo mejor de la pintura mexicana. En sus ráfagas, nadie se le apareja en América, y diría lo mismo en sus caídas, cuando sólo es mueca y grandilocuencia. Y como a El Greco, con quien le unen analogías, toda su vida interior se le presenta plásticamente.

Encontró cómo tratar el material bruto de la vida, con un estilo plegado a la idea y a la vez heroico. Creador de un lenguaje convencional del gesto, lo que se diría su énfasis es una forma de naturalidad. La obra se sostiene por sí misma, por sus realidades interiores: su reino es la emoción. No ha menester, en los mejores ejemplos, de explícitos asideros literarios ni políticos.

No hay situaciones trágicas, sino caracteres trágicos. Toda manera es una complacencia o una debilidad. Estilo y manera son inconfundibles. ¿No es la pintura "proletaria" una opereta sin música? El realismo en Orozco siempre es transfigurado. Sentido universal de su obra, deseo decir, sencillamente humano: muerte, amor, lucha, belleza, dolor... Siempre desborda el tema poderosamente individualizado. No hay obra nuestra más rica en elementos poéticos. Es el único gran poeta trágico de América.

La obra de José Clemente Orozco es un canto y una crítica poblada de sarcasmos. Cada país con tradición ha creado un estilo peculiar en el arte que mantiene unidad múltiple dentro del tiempo, como ha creado, asimismo, una forma de crítica. Es necesario, cuando estudiamos a un artista, distinguir los elementos privativos que lo aíslan y lo deslindan. La originalidad en sí no constituye calidad fundamental, pero sí peculiar de la personalidad. En una escala de valores más generales, la originalidad no es primordial. Hay perfección artística tradicional que posee tanto valor como la originalidad. La obra de Orozco es extraordinaria en estos rasgos de tradición y originalidad, en su visión del mundo y en su expresión.

Al establecer diferencias con antecesores y contemporáneos, con facilidad impone su tónica. Y aun en los aspectos menos personales, ha creado valores nuevos y tradicionales a la vez. En nombre de la tradición se ha intentado proteger la mediocridad de obras que no hacen sino repetir la inepcia. Para seguir la tradición hay que renovarla. Su voracidad para lo absoluto hace de Orozco un gran tirano. Su hostilidad al medio, a pequeñeces que lo rodearon, le tornó solitario. Pero, en su soledad sólo pintó para pintar para todos. Su repulsión acendró la obra y, como para salvarse cotidianamente la vida, condescendió dentro de su orgullo y llegó a la sátira, al sarcasmo, a la epopeya, y a un sentimiento heroico y grotesco de la vida, peculiar en él. Su conmiseración es tan profunda que se le ve sufrir de pensar aquella realidad exacta. Le dolió darse cuenta precisa de la vida, y se fundió con ella en lucha nacida en su idealismo anárquico.

La amargura desolada de Orozco, acaso sin ninguna esperanza, derivada del choque de su anhelo con la realidad, es uno de los rasgos acusados de su psicología. El equilibrio de fuerzas y pensamientos antagónicos se establece dentro de este orden de su piedad. Y por ricas y acabadas que sean tales representaciones, no las creo superiores ni más peculiares que las presencias opuestas. Me refiero a la tranquila ternura, a la emoción, primorosa y sencilla, de muchas de sus obras: este Orozco lacónico, lejos de la vociferación, menos visible, aunque más evidente, lo descuidamos.

No discuto sus dotes de decorador, las relaciones de la pintura con la arquitectura y el ambiente. ¿Quién ha logrado, al fresco, durante los años últimos, obras más perfectas, desde cualquier punto de vista que se les considere? El Hidalgo con la tea encendida del Palacio de Gobierno de Jalisco, en Guadalajara, es prodigioso por su monumentalidad, como retrato de Hidalgo, como imagen de la rebeldía de México, como pintura de Orozco —qué sinfonía de rojos— en auge visionario y tremante. Su originalidad irrumpe por todas partes, crea relaciones nuevas y transforma resistencias y medidas de arcos y cúpulas. Los edificios se conmueven y se prestan a servir la obra. Las composiciones no están puestas sobre el muro, colgadas o adheridas simplemente. Forman parte de la arquitectura, se incorporan a ella modificándola, haciendo temblar los arcos violados, los muros que se diría van a ceder. La realidad de su pintura pertenece al edificio, y las columnas llevan el impulso de las piernas, de los torsos... Las espaldas cargan las bóvedas. La creación se humaniza, participa, vive, suda, cobra alas y fisiología, puebla el ámbito, mezcla lo objetivo y lo subjetivo.

En la Escuela Nacional Preparatoria, el soldado va a tropezar con esa piedra, frente a esos muros lisos —que hacen más fuerte la trasposición— pintados como por albañiles. La realidad toma la virtud catalítica del *collage*, y las categorías más inesperadas y cotidianas se confunden inesperadamente. Los frescos de la Escuela Nacional Preparatoria son un calmado delirio. Lo real se vuelve parte de la fantasía. Aquí lo cierto es ese mundo que no existe en apariencia. Y lo materialmente real se perpetúa en una visión animada dentro de la realidad de la pintura. La decoración está comprendida, con todas sus consecuencias, en el sentido metafísico que Baudelaire dio al arte del maquillaje. Sus imágenes pueblan la arquitectura, la continúan, se tornan inseparables de ella y aprovechan los declives de los tirantes, la curvatura de los techos, los marcos que forman las arcadas, y se hacen estatuas animadas, como en la fábula. La composición no es un arreglo en superficie, sino en profundidad, en tres dimensiones, como si se tratase de escultura, de la arquitectura misma. Es lo que Berenson llama composición en el espacio, que nada tiene que ver con la que se reduce a satisfacer nuestro instinto de decoración.

Orozco es un decepcionado de la realidad. Sus obras son imposiciones de un orden propio. Sólo lo significativo para él toma cuerpo en sus paisajes, que siempre son mentales. El paisaje en sí no parece cautivarle. Lo organiza con referencias personales, como parte del hombre, ya incorporado a él, en su beligerancia contra la supremacía de la naturaleza que se le propone como una selva de símbolos. Le interesa como enemigo. Nunca hay alusión precisa. Dice siempre su inadaptabilidad, su equilibrio personal impuesto. Su pintura tiene la gloria de ser inexplicable. Lo que pensamos de ella, por su capacidad de metamorfosis, sólo es apenas válido, más o menos, en el momento en que así la sentimos. La política surge redimida a su albedrío, como la naturaleza. Se hunde en lo oscuro del hombre, en su problemática frente al concepto de la vida, el amor, la muerte. Los temas no son siempre lo inmediato, el suceso contemporáneo. A lo efímero da eternidad, y a lo local, universalidad. Este planteamiento y la solución correspondiente nos descubren lo que se oculta tras lo pintoresco: es un realismo profundo, reacio a la idealización. Y de modo semejante creó con las luchas de su pueblo.

Parte de la obra mural de Orozco, de lo pintado en los Estados Unidos, la conozco por fotografías. Son conjuntos más vastos y ambiciosos que los de la Escuela Nacional Preparatoria, que demuestran mayor complejidad. En los primeros frescos, en la Escuela Nacional Preparatoria, adolece de perfección de oficio. Lo verdadero de Orozco está ya en ellos: son valiosos como las obras más personales. La técnica se hizo más completa y acabada. Diríamos que su aspecto de Primitivo evolucionó hasta el Renacimiento. En pocos años se cumplió en él esta metamorfosis sin que se alterase lo grande de la obra. Tal evolución le permitió ofrecer su concepción del hombre. Cuando contemplamos a los primitivos, nos convencemos de que lo medular ya estaba en ellos: expresaron lo que quisieron.

Esta evolución, que abarca varios siglos, la estamos observando en la vida de un hombre. La evolución del arte individualizada en la vida de un artista como Orozco, nos propone, en su síntesis, razones semejantes para explicarnos las transformaciones generales. El individuo acelera el cambio por ejemplo de la tradición, por exigencias propias y de la época. Orozco difícilmente habría vuelto a pintar como en las primeras acuarelas y primeros muros. Lo vemos pasar de su primitivismo al Renacimiento y a la época contemporánea. Pero la unidad de la evolución, que da sentido a su obra, se manifiesta con la misma exactitud, como si hiciésemos la historia impersonal del arte. José Clemente Orozco es la culminación de una gran época de la pintura de México, porque logra mejor que nadie develar lo nocturno y secreto de su pueblo: es el más hondamente mexicano, el de más vastas concepciones y el de vuelo más alto y universal.

Se le ha creído confuso en aspectos en que no hay confusión. Fue un visionario contradictorio, lleno de paroxismos y de un humor trágico y desollado. Contradictorio pero no confuso, por antidogmático y dialéctico. Quemábase en su rebeldía con el fervor de un santo laico. Nadie vivió el arte con más ahínco. Su soledad, su ensimismamiento, le sirvieron para comunicarse mejor. Se ha pensado erróneamente que hacia la última década de su vida habíase aproximado a cierto misticismo católico. A Cristo le pintó con el mayor respeto y admiración, encarnando en él su rebeldía, con la misma furia con que siempre fustigó a la Iglesia y al clero. En sus primeros años de pintor, surgen estos temas y reaparecen en los últimos, dentro de pareja convicción. Algunos han querido ver un homenaje a los misioneros en los franciscanos de la Escuela Nacional Preparatoria. Pocos años antes de estos murales había dibujado al clero como enemigo del espíritu de Cristo, como al fin de su vida, y los franciscanos —la Iglesia— se inclinan sobre el indígena exhausto, para esquilmarlo. Glorificó a Cristo, como revolucionario, no como "ladrón de energías", y siempre condenó a la Iglesia y al clero. Los ejemplos son abundantes a lo largo de su obra.

Algunas veces reaccionó equivocadamente, porque su sensibilidad y su impaciencia le exigían su limpidez para el mundo en que vivió. Un clima de Biblia, de profeta: enemigo de disimulos, fuerte hasta el horror. Su pincel en llamas jamás hizo concesión alguna al menor eufemismo. Sus pasos nunca fueron guiados ni por la sombra del más lejano sentimiento oportunista, como cuando pintó a líderes de la política mundial en las escaleras del Palacio de Gobierno de Jalisco. Desnudó su alma desbordada que nada ni nadie podía detener. Fue monstruosamente sincero, entregado a su creación con el arrobo de un poseso. Y por ello le obseden algunos símbolos: Prometeo, el fuego —qué gran pintor del fuego—, Cristo que destruye la cruz. No se alejó de la vida y fue un combatiente por una nueva vida, y dijo mucho de lo mucho que deseaba decir. Siempre se halló ligado a la marcha de su pueblo, aunque su desesperación le hiciese contradictorio. No son sólo contradicciones personales, son las de la época y su clase, pero él logra mejor que nadie en México expresarlas con mayor jerarquía artística. "Hombre más de hechos que de palabra —prosigue Alfaro Siqueiros sobre Orozco—, más de práctica que de teoría, hombre gráfico por excelencia, creaste así, con toda la potencialidad que te es innata, las mejores formas plásticas precursoras de todo nuestro movimiento posterior. Si Atl nos dio las primeras letras del alfabeto doctrinario que aún estamos completando, tú nos diste entonces las primeras letras del alfabeto formal, gráfico-plástico. El otro, tu similar en tal actitud, naturalmente, fue Goitia, también un militante, un combatiente activo de la Revolución, en su periodo de acción armada." Y fue sarcástico e iconoclasta, porque alentaba en él desgarrador humorismo. Volcó su producción hacia el pueblo, sin contemplaciones ni vacilaciones. Su elocuencia gráfica fue arma sin paralelo por la mordacidad. Permaneció fiel a lo sustancial de México, atento sólo a la conciencia que ponía en sus convicciones.

Mi imagen de Orozco la he ido explicando paso a paso (tratando de captar el valor con que hoy ya casi todos le aprecian), desde que escribí sobre él antes de conocerlo personalmente. Sabía que era hosco, retraído, malhumorado. No lo había buscado por ello. Pensaba, erróneamente, que me bastaba la obra. Al tratarlo, se me revelaron aspectos singulares de este hombre libérrimo, sumergido en la interpretación de su pueblo. Y lo interpretó con "una potencialidad plástica sin ejemplo en el mundo contemporáneo".[5] No fue un ilustrador de la Revolución, sino un creador con ella.

Orozco mantúvose alerta, analizando siempre nuestra época y su expresión. En la *Autobiografía*, que con frecuencia nos recuerda su pintura, confúndense la avidez y la exigencia de su ánimo. La vida y la obra son la misma cosa, aunque no lo queramos. Se escribe o pinta lo que se es. Se es lo que se escribe o pinta. Nuestros actos son nuestras obras. Una obra es un acto. Un acto de fe, una posición, un autorretrato, una afirmación o un sometimiento.

Orozco es el mismo siempre. En sus diversas representaciones, su arte determina la unidad por encima de accidentes momentáneos: vive por las mismas virtudes. El contenido a veces se diría animado por pasión sobrehumana. Organiza un mundo con su moral y su belleza, que obliga a liberarse hasta constituir una realización vital. Su materialismo es la más atormentada forma de su idealismo recalcitrante. Es inadaptable, y hasta su humildad y sencillez las considero demostraciones extremas de su orgullo generoso y amigo. No sólo no desdeña sino que ama lo mísero y lo deforme y precario. "La franqueza absoluta: medio de originalidad", anotaba Baudelaire. En Orozco sentimos el ansia por llegar a los límites de su personalidad y hacer recular esos límites. Llega al odio, al horror, a la violencia por caminos de crítica, de pasión y de amor. Desenvuelve las consecuencias y posibilidades de lo físico y de lo espiritual, y, luego, las

[5] David Alfaro Siqueiros, *No hay más ruta que la nuestra*, op. cit.

confunde, las multiplica, las torna indiferenciables. Lo objetivo y lo subjetivo confunden sus fronteras. Su delirio de interpretación tiene, dentro de su heroico carácter gemebundo, ese cansancio y esa insumisión al cansancio y al hastío que lo hace olvidar y aun abolir su egoísmo. Siempre abre los ojos a su impulso y concreta su furia con exactitud. No alienta soberbia en él, sino ternura, ironía y sarcasmo, amor un tanto nietzscheano, alacridad y pesadumbre. Hay mucho de irracional y de delirio en su arte razonado como un método. Su instinto ve en la inspiración la recompensa del esfuerzo cotidiano. El fuego es su elemento, y Prometeo su héroe tutelar, totémico. Orozco es fuego y es ceniza nostálgica de resurrecciones; fuego nacido de su estupor contra sus huesos; de ira casi dulce y casi siempre lúcida. El fuego está en todas sus obras, presente y disperso, reunido al fin en los muros de la Universidad de Pomona, en el Hidalgo del Palacio de Gobierno de Jalisco, en el autorretrato titánico en la cúpula del Hospicio Cabañas: el hombre en llamas.

"Horror de la vida, éxtasis de la vida", clamaba la vidente desesperación de Baudelaire. La obra de Orozco es como la poesía en las palabras de Díaz Mirón: "fértil en pompa espuria". "Hay que pintar con mierda" solía decir Orozco, torturado por la misma angustia. Le solicitó un camino baudelairiano, con su mística torturada y demoniaca, que tiene puntos de contacto, no por mansedumbre, sino por exigencia absoluta, con la voz antípoda de Francisco de Asís. Fue modesto, por seguro de sí, enemigo de la hipocresía, de la simulación, y violento por ternura. Es frecuente en Orozco la preocupación metafísica, acaso como fruto de lucha de contrarios que le vedan lo que llamaríamos una "pintura pura". Se libera por el arte, de vuelta del odio, el amor y el desprecio, vencido acaso, pero no humillado, recomponiendo en un ideal la realidad mísera que le ofrecía su nihilismo momentáneo.

En Orozco, la realidad no es sino parte de su fantasía, y su fantasía es indiferenciable de la realidad, fértil en pompa espuria. Y se piensa en *La carroña*, en ese mismo sentimiento y esa misma piedad demiúrgica y dispersa en la obra de Baudelaire. Díaz Mirón, en función de su soberbia, ansía en un poema que la belleza de su amante sea motivo de horror para los demás. La posición de Orozco es otra, la contraria, precisamente: la de Prometeo. Una especie de negación creadora, nacida de su pasión por lo absoluto y de una lucidez crítica, que nos ha llevado a la deriva, sin poder trazar sus litorales antes de nuestro encuentro con el autor de *Las flores del mal.*

Limitar la obra de Orozco a los valores plásticos sería apreciar los medios olvidándonos de los fines. Para encontrarle semejanza en significación, sería indispensable considerar algunas obras precolombinas que tienen vida universal.

La pintura mural de México allí está, y prevalecerá en razón de su jerarquía. En la Escuela Normal de México, Orozco abrió rumbos a la pintura mural, que continúa repitiéndose con fortuna diversa. Esta pintura es otra por la intención y el significado, por la creación de formas. Problemas, más o menos nuevos —intuidos hace años en México por Alfaro Siqueiros— presentaba el lienzo parabólico del teatro al aire libre (380 m^2) de la Escuela Nacional de Maestros. Toda la experiencia de Orozco participó en tal trabajo en el que actuó como director de una sinfonía plástica. Mucho puede hacerse al integrarse la obra del arquitecto con la del pintor y el escultor. Hasta hoy se han encontrado a medias.

Orozco estuvo en lo suyo. Diríamos de otros que estuvieron, más o menos, cerca de sí. Él no estuvo cerca de sí, sino siempre en sí. Su intransigente fidelidad es su fuerza. Le fue imposible plegarse, adaptarse, "ilustrar" lo que no era propio. Tal autenticidad lo distingue y lo realza. El medio presionaba para comprender en este o aquel sentido lo que vivía México y él vivía. Fue sectariamente antisectario. No se sumaba a la corriente por individualismo, sino por imposibilidad de enajenarse. ¿Cuál fue su compromiso? No creó un arte artístico, un arte *a priori.* Su compromiso fue no comprometerse con los compromisos: ser él mismo. Así nace su vinculación con el Hombre. No seguía corriente alguna: creaba su corriente. No le preocupó vincularse: nació comprometido. Destino, y más que una escuela o movimiento, el fuego de una época. Fue al fondo de las cosas, de los hombres. De esta penetración surge su sabor raigal. En efecto, a través de sus temas, reveló la necesidad de su yo coincidente con la necesidad histórica. Dibuja y pinta con el impulso de todo el cuerpo: enormes trazos hechos con esponjas o gruesos pinceles, retoques en que la parte del azar es muy valiosa, afirmando su yo con amplio gesto pictórico por el camino que iniciaron los venecianos del XVI, que se abrió con Goya (San Antonio de la Florida), con Van Gogh, hasta llegar a la abstracción lírica o expresionismo abstracto. Es el genio de la pintura en América. Y en ninguno de los contemporáneos mexicanos hay mayor evolución y concepciones con el impulso de las suyas. La cúpula del Hospicio Cabañas es una cima del arte mural en el mundo.

El panorama que Orozco nos ofrece se nos propone con pluralidad de caracteres, como en los grandes poetas trágicos. Por ello, la emoción de su obra, los comentarios e interpretaciones, son a veces tan irreconciliables entre sí que parece imposible imaginar diversidad y desacuerdo mayores sobre personalidad tan definida. Su complejidad podría reducirse a algo extremadamente simple, como toda gran complejidad. Orozco es, en suma, una gran fuerza vital que alcanza en el arte su plenitud. Esta potencia la experimentamos todos, nos conmueve y maravilla por razones muy diversas que dependen de nosotros y de la universalidad de su sentido. Cuando queremos determinar las razones de su universalidad, nos encontramos en el laberinto, sin atinar a escoger con precisión algún camino. Todos los caminos se nos antojan válidos, ser los verdaderos, los que habrán de conducirnos al corazón de su misterio. Para algunos, es un claro ejemplo del inspirado; para otros, un claro ejemplo del razonador. Ambas soluciones se muestran limitadas, parciales y simplistas. A la postre, nos prueban, con su oposición, que la riqueza de Orozco es tan vasta y trascendente que propone las más variadas soluciones. Me parece claro que su genio radica más que en lo correcto o no de sus ideas, en el vigor para crear imágenes originales que nos comunican sus emociones.

Orozco dejó, con su asco y su ternura, su herida embelesada y su lúgubre sobresalto, la revelación del expresionismo figurativo llevado a su cima en los murales. Esto le confiere categoría particular. Pero, porque se duda poco de él, se le comprende mal: para ignorarlo menos exige siempre plantearse y replantearse las respuestas que nos dio en su obra, cargada de horror y fascinación.

Su grandeza reside, también, en el equilibrio de sus dotes, en que se sabe frenar con la inspiración misma, con el motor. Dio litorales al sueño de México. Esculpió, en su cielo, las nubes a la deriva. Fue, entre nosotros, la voz más clara y más alta de su tiempo. Toda la tragedia vive en él, y no en el mundo exterior únicamente, que es sólo uno de sus personajes.

Epílogo
Venid a ver vosotros mismos

Nuestras obras deben tener validez sin fronteras. Deben situarse en lo nuestro. Ser su realidad y su esperanza. Advertiremos, inmediatamente que, para ser universales, nuestras obras deben estar enraizadas en nuestro mundo, en el Nuevo Mundo. Este arraigo no puede ser sino fruto natural y espontáneo; no propósito exterior, programático. Tal es la esencia de una estética del Nuevo Mundo.

El planeta se halla cada día más sobre nuestras rodillas; pero el camino de la universalidad, cada día, lo comprendemos mejor por la diferenciación, por la particularidad. Cada día, los rasgos originales, privativos de cada pueblo, nos son más rápida, variada y fácilmente accesibles. Sin embargo, lo que nos sigue apasionando en todas partes, es lo que posee valores y atributos propios y singulares.

Se habla de que la cultura evoluciona hacia la uniformidad; de que la cultura es una. Las ciencias exactas se eluden, en cierta proporción, a relaciones de ambiente y formaciones culturales particulares. Una esfera, un cilindro son, en cualquier parte, una esfera o un cilindro. Pero hay todo un mundo, un mundo maravilloso, en las expresiones que se hurtan a la lucidez fría y exacta de los números. Un mundo prodigioso que escapa a la poesía de las matemáticas.

Los progresos técnicos —radio, televisión, cine, avión, naves espaciales— han hecho, por el contrario, que nos siga cautivando no la uniformidad, sino la diversidad; no los caracteres comunes, sino los caracteres originales. Y debemos afirmarlo con más precisión: hoy nos seduce, cada día más, lo que nos diferencia. Nos unen las diferencias. Seguimos, para cumplir nuestra misión, un camino opuesto al de esa literatura de la primera posguerra que, deseando ser de todas partes, no alcanzó a ser de parte alguna. La uniformidad, la pretendida unidad, no podemos aplicarla fecundamente al hombre. El hombre es el mismo en todas las latitudes, ante todo y sobre todo, por su infinita diversidad.

¿Cuáles son las obras nuestras que encierran mayor sentido? Desde luego, las más situadas, las que revelan su mundo. Obtienen interés general en razón al entronque poético con su pueblo y la época. Toda tentativa para desenraizar la obra, la juzgo estéril. El arte cosmopolita, que aspiró a ser de todo tiempo y todo cielo, produjo marionetas en todo tiempo y todo cielo. Sin embargo, siempre revelamos nuestro mundo; sobre todo, cuando lo negamos. Pero no olvidemos que los nacionalismos artísticos son nefandos.

El artista es, sobre todo, una conciencia. Un ser en quien es más imperiosa la necesidad de exactitud, de verdad, de lo real y concreto.

Aun el superrealismo fue búsqueda de lo real y concreto, por senderos y métodos más o menos nuevos. En el nombre mismo, descubrimos su ansia, su desesperación. Afán de asir lo inasible; de oír lo inaudible; de concebir lo inconcebible.

Arte y ciencia de lo concreto, he dicho de la poesía. Unidad de lo múltiple. Y, consecuentemente, cada día he conferido mayor alcance a las dos dimensiones que nos crean el plano en donde el espíritu habrá de engendrar volumen: nuestro tiempo y nuestro pueblo. ¿Cómo no ser lo que se es?

Algunos piensan que al fijar la atención en lo nuestro, descuidamos la lección madura y sabia de Europa. Piensan que dejamos lo más por lo menos. Que en el cambio perdemos todo. Piensan que son bárbaras y endebles las formas americanas. La "cultura ocidental" nos conduce y nos incita, y hasta nos obliga, a comprender y desarrollar la propia riqueza potencial. El desarrollo mismo de esa "cultura occidental", es la lección más viva y actuante. Y somos una etapa de ese desarrollo, bajo otros cielos, con otras bases y otros caminos. ¿Por qué ser europeos o yanquis de segunda? ¿Por qué ser imitadores de sus enseñanzas?

Hay un tesoro de los pueblos, verdadera catedral invisible y presente en todas las formas de la vida: mitos y leyendas, poesía popular, estilo de ser, condiciones sociales, bailes, canciones, formas, sentido de la decoración, actitud ante el destino humano, el misterio y la muerte, tesoro forjado por todos, hasta promover un mundo riquísimo y anónimo. En este mundo se origina lo más culto. Y lo más culto vuelve a ese mundo: el genio de un pueblo.

Nada nos es extraño, y todo lo que nos sirva para perfeccionarnos no será nunca exótico. Las ideas sólo pueden ser exóticas para el que no tiene ideas. Exótico es lo muerto: querer volver al mundo indígena no es sólo disparate, sino quimérico. No podemos deshacer lo andado —no se trata de ello—, aunque tuviésemos tan peregrina idea. El arte de los mayas, de los incas, de los aztecas, corresponde a culturas extintas. Imposible colocárnoslo como escafandra para vivir en el aire enrarecido o perdido en que alentaron.

No hay tradición inmóvil. No hay modelos que imitar en ninguna cultura. Las normas clásicas no enseñan la imitación, sino lo contrario: la creación y el cumplimiento humano, intransferibles, como individuos. Los estilos no pueden repetirse.

Y así vemos que las obras mejor situadas son las que fijan los jalones de nuestra cultura: desde los libros aborígenes, ciudades sepultadas, esculturas y cerámicas, frescos y joyas, hasta las creaciones posteriores. Las obras más preñadas de nuestro mundo —como frutos con su sabor, color y forma originales—, son las aportaciones legítimas. ¿Qué son nuestros clásicos sino la incorporación constante de nuestra vida, de su sentido y horizontes, a la cultura universal y de la cultura universal a nuestra vida? Vasos comunicantes ecuménicos y capilares.

Las culturas aborígenes pertenecen al pasado. Su presencia no es menos vigente en nosotros, como en otros pueblos el pasado remoto. No es un retorno, al pie de la letra: inquirir en el pasado lo que ofrece de vital para dar plenitud a nuestra voz. Somos un pueblo de muy viejas raíces, y no un pueblo formado por recientes aluviones. Nuestro clasicismo es la incorporación orgánica de lo universal a lo propio, para hacerlo propio y universal. Sin gran tradición no existiría arte mexicano universal. La lección occidental nos ha servido para crear un arte con nuestra tierra y nuestros sueños. Ante esta pintura sentimos que no es Europa ni Estados Unidos los que hablan. Sentimos que el Nuevo Mundo, con las esencias de su mestizaje, forja su vida.

Claramente distinguimos dos corrientes: la extranjerizante y la volcada hacia lo propio. La tradición plástica de México se ha ido formando con la síntesis de lo más arraigado bajo nuestro cielo y otros cielos. Toda creación es universal. Fundándose en ella, ahora que empezamos a adquirir mayoría de edad, deseamos vivir por nuestra cuenta. Europa nos pide eso mismo: lo nuestro. No es reciente la tendencia a menospreciar el Nuevo Mundo y sus creaciones milenarias o contemporáneas. Cuando se habla de "pureza" en arte, lo cursi no está lejos. Los "estetas", los "refinados" no podían vivir sino en París. Al diablo con esa gente.

¿Cómo hacer una revolución en el fondo? ¿Cómo hacerla en la forma consustancial? Entre artistas y escritores del Nuevo Mundo existen matices en cuanto a tal entendimiento. El arte no escapa a ello: lo crea, lo encarna, lo revela, lo exalta, lo transforma.

Desde la muerte de Rubén Darío, renovador del verso castellano, hasta nuestros días, ha pasado mucho más de medio siglo; por la celeridad de los acontecimientos y por el ascenso del Nuevo Mundo, se diría que han pasado siglos. Somos apasionados del Nuevo Mundo porque estamos saturados también de tradición europea, y por esa misma tradición, que es profundamente nuestra, buscamos crear con lo americano sin encerrarnos en modo alguno, y menos parroquialmente, en lo exótico y localista. No es actitud primaria de quien piensa hallarlo todo aquí mismo, mutilándose al negar a Europa. No es posición antieuropea o satisfacción jactanciosa. ¿Por qué no darse cuenta de que todos los horizontes nos pertenecen mejor en razón de lo que hacemos en los nuestros, con los nuestros?

Los imitadores de Europa o los Estados Unidos ignoran acaso, o no sienten que en Europa o los Estados Unidos está planteada, en sus propios términos, la crisis de la cultura. En el fondo, viven en una Europa de fin de siglo. Europa vive la crisis y por la intensidad con que la vive se halla lejos de la muerte: todas las preocupaciones de Occidente conforman esa crisis, y hasta los movimientos más distantes de tales problemas, como para vivir en un supuesto tiempo ideal del arte, fuera del tiempo de los relojes y de los acontecimientos, son fruto de la misma. Las revoluciones son fruto de la tradición. Las revoluciones crean y fortalecen tradiciones y culturas.

Ningún arte brotará por normas no sentidas, impuestas exteriormente. Jamás la poesía podrá ser codificada. Cuando hablo de un arte revolucionario reclamo los más delicados matices, los talentos más sutiles y audaces de la invención.

No veo nunca la posibilidad de dirigirnos a lo informe, sino al hombre. Al hombre diferenciado, con su destino sagrado e inalienable. Sentimos que la tarea se sitúa muy por encima de nuestras fuerzas. Hemos adelantado siquiera hasta el punto de tener conciencia de ella.

Encontré de nuevo en México mi clima de pasión —mi Guatemala—, sus extremos de opulencia y rigor, sustentando pirámides y cantos. No me acostumbro a México: nunca crea rutina en mí. Su orden se renueva cada día con algo de inaudito. Nunca soy el mismo, aunque quisiese: el río navega sobre playas móviles, a lo largo de sus largas riberas que flotan en su corriente antiquísima. Y, sin embargo, qué sensación de tierra firme. Qué piramidal aplomo. Qué sustentación admirable. Somos pasajeros y adioses a un tiempo; riberas vertiginosas y corrientes siempre sin sueño. Todo nuevo y diferente por nuestro arraigo. El pie pisa la tierra, se olvida de ella cuando quiere, y pequeñas alas invisibles como llamas de agua surgen en los talones invulnerables. Siento en las entrañas la vida de mi tierra, como a veces siento mis entrañas en la piedra de sacrificio.

Lo maravilloso se teje con la misma materia de los días, los segundos y los siglos de México. Su secreta sustancia forma lodos con el trajín de nuestros zapatos. La mano está en el árbol derribado que aprieta trozos de roca. Cuántas mañanas me he sentido muy lejos de tierra firme y he gozado, con nostalgia de náufrago, los remotos litorales que están al alcance de mi mano. Y es que México nos aventaja dolorosamente, infinitamente. Se experimenta, aun sin conocerlo, su turbadora presencia en el espacio. Se le adivina por el fervor que enciende. Por la imantación que en el aire engendra la imagen que nos forjamos. Por lo que es: más alto que la exaltada imagen.

He aquí la tragedia del artista en México, en Guatemala, pueblos milenarios, de genio plástico y selvas mitológicas, que destruyen con su presencia muchas de nuestras tentativas. Su más leve movimiento causa catástrofes inconscientes en nuestras construcciones. Su realidad, tan real y verdadera, nunca es suficientemente poética: suficientemente concreta. Sólo es una lamentación lo que he escrito sobre ellos. Yo los amo, relámpagos perpetuos. Y por ello respondo con palabras de Lautréamont: "Venid a ver vosotros mismos si no queréis creerme."

Estamos en la patria de los delirios comestibles. La poesía, la pintura, las otras artes son testimonios hermosos de la superioridad del medio. La supremacía de la realidad es tan avasalladora que nos deja extraviados en su laberinto. México, como un ídolo de materias maravillosas, ensangrentado y en llamas, desollado en un gemido.

¿Qué recuerdo de su arte? En primer término indiscutible, la fuerza universalmente imaginativa y creadora del arte precortesiano, que nos da con impulso incomparable y único, la imagen más cumplida del genio creador de este pueblo. El Museo Nacional de Antropología e Historia de México es un poco de la limadura de portentos de la familiar mitología cotidiana. Desarraigados los ídolos de templos y paisajes, mutilados por las picas, en un tiempo que les suele tornar opacos, guardan aún la tremenda potestad que les es natural e irrenunciable: crean, imperialmente, su tiempo y espacio. Y nos pulverizan.

México es, poéticamente, inmenso parque teológico, con sus dioses sueltos, con sus fuerzas sueltas, aclimatados y alertas. En ninguna parte estas expresiones pierden su dominio, su nobleza esbelta. Recuerdo dioses de otras tierras, cautivos en museos europeos, desaclimatados y en derrota, con pasividad de animales con entrañas de serrín o con vida humillada de animales degenerados en parques zoológicos.

Con nuestro fervor, las calcinadas florestas de símbolos reverdecen con nuevos frutos fisiológicos. Nuestros árboles circulatorios, nuestros árboles nerviosos, son prolongación de esa fisiología incandescente. Mundo insepulto, invisible como presente, que da satisfacción al tacto, al diente y a la uña, y suda nuestro sudor, orina, llora y escupe sangre.

 En las venas de la gran medusa sin sombra de nuestra sensibilidad primitiva, se precipita la misma sangre que provoca el prodigio perpetuo, que nunca formó sedimento y nunca harta los ojos asombrados perpetuamente.

Por resabio racista, el Museo Nacional de Antropología e Historia no se llama como propuse hace tiempo: Museo Nacional de Arte Antiguo de México.

Tradición: creación incesante

A mediados del XIX va surgiendo en Europa la simpatía, el interés, por el arte de Oriente, por Oriente como milenario creador de arte. Años más tarde, por el gótico y, paulatinamente, por lo que no es el arte antiguo de la cultura mediterránea, llamado clásico, como se dice —con vaguedad y discriminación— por la parcialidad hegemónica de lo grecorromano en estudios confinados durante siglos a rutinas incomovibles que olvidan a China y a la India. Tal concepto se cambió de raíz y se incluyeron las artes precolombinas, las artes negras, las de Oceanía, etc., ya no como aportaciones para investigar sólo desde un punto de vista arqueológico o antropológico. Sino como creación artística, como eterno presente.

México es rico en populares tradiciones plásticas de gusto y talento propios, vertidos hasta en los detalles más humildes de la vida popular. La escultura precortesiana es un milagro que estamos descubriendo siempre. Su influencia es válida cuando no se la imita. Cuando prevalece su fuego. La universalidad de la escultura precortesiana se encuentra en su fuerza y originalidad: su imitación —grotesca, como toda imitación— carece del valor y de la necesidad que la engendró. Sobrevive el ejemplo: la audacia para la invención de formas.

El valor de la escultura indígena, sobre todo aquella de las culturas más primitivas, reside en que son sueños concretados. Como las esculturas negras, comprueban extraordinaria sensibilidad y extraordinario genio expresivo. Obras libremente concebidas, pensadas en tres dimensiones, como en presencia o por imperativos de una vida sobrenatural. Menos intenso es el arte de los mayas: sufría sujeción ajena, en parte, a su específica naturaleza. Fundaron un estilo como el de los egipcios al servicio de sacerdotes y faraones. Como en el arte egipcio, en el arte maya existió equilibrio entre el artista y la sociedad, para permitirle ejercitar la facultad creadora.

Hoy ya no podemos darnos cuenta exacta de lo que esos relieves y esas esculturas y pinturas representaron para la imaginación precortesiana. Cuando América habló su propio lenguaje, antes de la Conquista, qué bien nos expresamos, tan espléndidamente que aquel lenguaje lo seguimos sintiendo y entendiendo nosotros y los demás pueblos, mejor que el de la obra más reciente y calificada.

La creación precolombina es esencialmente más actual y fulgurante que la del muralismo. Ni imita ni traspone: forjó formas y signos en que objetivó las vivencias más complejas, oscuras y obsesivas. No sólo decoró un mundo: lo creó también. Se palpa una nueva realidad. El mito reencárnase en el barro, en la piedra o en el muro. Por ello, esta escultura ha sido mejor sentida hasta por pueblos que ignoran nuestro pasado e ignoran o conocen mal nuestro presente. Va a la raíz de lo primordial del hombre, y el pasado distante —con su metafísica y su realidad— persevera en un presente rico de futuro, porque no son narraciones, porque no hay exotismo propiamente. De esta concepción precolombiana y de la más insumisa creación contemporánea —con la cual tiene afinidad— nacen algunas de las reflexiones de estas páginas. Mis simpatías y diferencias.

Nos queda lo más duradero que las ideas y la estética momentánea: las formas, los valores plásticos, la intemporal imantación poética. Libre la belleza en la significación formal —la forma es vida, realidad y sueño— como en la múltiple escultura negra o de Oceanía, se eterniza la razón de ser, si bien ya no escuchamos el llamado de su mitología. El poder de imantación, sobre todo de la escultura más primitiva es tan grande que lo maya —académico en comparación a lo azteca o lo olmeca— sólo alcanzó el delicado nivel de la escultura egipcia. Esas obras, únicas en el mundo —como Coatlicue, deidad de la tierra y de la muerte—, son dueñas, en su refinada barbarie mágica, en sus atroces repeticiones singulares, de lo específico y real del arte en el estado más prístino. No se agotan nunca ante nosotros: animadas de movimiento perpetuo, uno de los rostros de la poesía, se transforman, se exaltan y sudan y lloran sangre. Son nubes de piedra que toman las formas que desea la alucinación que nos provocan. Ninguna moda, esa máscara de la muerte, como la llamaba Apollinaire, mancha su pureza ilimitada, *despaisadas* y nuestras siempre, aerolitos de una tierra de sueño.

Es en extremo atrayente seguir, desde épocas remotas hasta nuestros días, el desenvolvimiento paralelo de la pintura y la escultura nuestras. Durante las épocas precortesiana y colonial, vemos a la escultura, que tan ancha y pasmosa vida tiene en las civilizaciones aborígenes, encarnar la psicología colectiva.

La escultura precortesiana y la colonial son anónimas. Su historia se desliga del individuo y se adhiere a la colectividad. Se funde en ella. Muchos de los que labraron ídolos o modelaron urnas funerarias se dedicaron, durante la dominación, a cruces, nichos, santos y columnas, que son como fragmentos de la Serpiente Emplumada. La Serpiente, rota por la espada española, cobró vida en cada uno de sus trozos y alienta aún en los símbolos cristianos.

La escultura colonial, desde el punto de vista que asumo al hablar de un arte mexicano y no de un arte *en* México, es ya sólo el declive por el cual aquel arte "primitivo" rueda resistiendo, consciente o inconscientemente, en un ámbito que le es ajeno, expresando creencias que no parecen tener aún hondas raíces y donde hasta los mitos son conquistadores (la Virgen de Guadalupe, por ejemplo). Desde las piedras admirables, Coatlicue o Xochipilli, para no citar sino dos, a través de academias e imitaciones, la vemos ir cayendo hasta llegar a un "arte" casi tan consternante como el de la parisina calle de Saint Sulpice, llena de santos y mancebías.

La escultura se me presenta más trascendente en la madurez primera de su primitivismo. A esa madurez precoz va mi preferencia. México se afirma unánimemente en la piedra: arquitectura y escultura se hallan tan bien hermanadas entre sí, tan concretamente ciertas, que se confunden en nueva sustancia mental que escapa por vértices y aristas de pirámides. Maravillosa es tal fusión de elementos escultóricos y arquitectónicos, fusión realizada antes en la propia vida de las viejas civilizaciones. Y en medio del más apasionado abrazo de la nueva sustancia que crean confundidas, tanto la arquitectura como la escultura conservan su soberanía y ocultan su apoyo recíproco y se alzan en vilo mutuamente, con la helada exactitud de su geometría y con la desesperación de sus delirios cristalizados en la piedra.

El arte precortesiano es extraordinario en la historia de la expresión. Estos relieves y bajorrelieves no creo que hayan sido, únicamente, decoración. Difícil es determinar en dónde concluye la simple ornamentación. ¿Hasta qué punto esa escultura, que se juzga ornamental, no es precisamente todo lo contrario? Y lo es a tal punto que el edificio —una gran escultura funcional— sirve de pretexto para que cante integralmente aquella complicación de voces sólidas. Un anticuado criterio estima tal peculiaridad de las artes "primitivas" como simple ornamentación. Sin embargo, en el barroco, tan ajustado a su tiempo como el gótico y toda arquitectura y escultura positivamente enraizadas en la vida, volvemos a descubrir esa importancia en la superficie. La epidermis de tal estilo posee, como nuestro cuerpo, la sensibilidad siempre en vigilia y abierta en los cinco grandes deltas de los sentidos que dan sentido a la vida irrigándola.

En la entraña de la pirámide o en el macizo del templo, como en nuestro cuerpo, están sepultadas las vísceras. En medio de la piedra, el monumento, residen la vida oscura, los borborigmos y los fangos intestinales. En la epidermis florecen los sentidos; allí la pasión de la sangre y de los huesos que nunca han visto la luz, se transforma en dos flores capaces de asir, desgarrar, oprimir; se abren los ojos que llevan el color y el sol a las entrañas sumergidas, y se abren los oídos, el gusto y la nariz, y el tacto fiel, untado sobre el cuerpo como fósforo.

Imagino como razón de ser, como final intención, la epidermis tatuada de las piedras rituales, de templos y pirámides. Las serpientes emplumadas no recorren los monumentos como adornos. Sino como arterias, como nervios, como algo más que simple elemento anatómico: son términos de esa máquina viva, de esa vida mítica en que mitad del cuerpo es cielo y mitad del cuerpo es piedra.

Las grecas, las serpientes, las calaveras, recubren el cuerpo de este animal prodigioso engendrado con fervor mítico, como lo hacen los sentidos abiertos en la epidermis. La repetición del mismo motivo rescata particular fuerza mágica que obsede y desespera, igual que una gota constante de sangre lenta sobre la frente. ¿Cómo no sentir en nuestro cuerpo que la serpiente recorre el monumento tal un escalofrío?

No es para mí literaria esta interpretación sensual de la escultura "primitiva". Y no diré sensual, sino sexual, en el más amplio sentido. Cuando hablo de la superficie de los cinco grandes deltas de los sentidos de nuestra vida primitiva abiertos en lo que se tiene por ornamental, es que sólo así me explico, y sólo así siento la verdad de tales razones delirantes.

Esta escultura vive en la arquitectura como en simbiosis. Y el escalofrío, el espasmo que la recubre y que termina por bruñir y poner pátina de vértigo, cuando logramos ver un poco lo que olvidan los ojos y comprenden las manos y los labios, es tan hondo y tan perfecto que no se le puede aislar del cuerpo que lo anima, porque moriría de igual suerte que si quisiésemos vivir con los sentidos estando inanimado nuestro cuerpo.

Lo extraordinario irrumpe de nuevo, puntualmente, cuando sentimos en el cuerpo el tatuaje, ese éxtasis recubriéndonos la piel; cuando nos sentimos las venas azules emplumadas y nos sentimos esculpidos y llenos de cabezas y de grecas, como si en la arquitectura y en la escultura antiguas encontráramos nuestro propio cuerpo, como a veces en el sueño lo observamos tendido al lado de nosotros mismos, recuperando su jocunda animalidad, viviendo su propia vida. Sólo así puede sentirse la imagen cierta, o más aproximada, de nuestra vida petrificada y asunta en la escultura y arquitectura "primitivas".

Este desdoblamiento, en que me hallo confuso, porque no acierto a distinguir si hablo de un templo o de mi cuerpo; porque he palpado mi sangre hinchando las espirales de la serpiente con plumas, y he palpado mi piel tatuada con grecas y signos, y a mis sentidos revistiendo la piedra con la vida de mi cuerpo, como en el sueño lo he visto amar, morir, renacer, mientras duermo o no duermo, me ha conducido a tales afirmaciones que sólo se comprenden guiado por la mano de radio de la poesía.

Y claro está que la vida no es la mera fisiología sino la

sublimación de la materia en la llama. La arquitectura aborigen es como el cuerpo armonioso para que ardan nuestros pensamientos y emociones. Sólo ese cuerpo —esa arquitectura— puede originar ese sueño y ese amor universal y nuestro. Y así como he visto a mi cuerpo alejarse durante la vigilia o mientras duermo, así también la pirámide, el templo y el monolito, telúricamente firmes, igual al cuerpo sobre los pies, he sentido en mí, y acaso en su entraña de tezontle y arcilla, que se aleja su cuerpo monumental, se aleja en sueños, mientras las serpientes emplumadas, las grecas, las calaveras, las fuerzas dominadas en los signos, se funden en un río inmenso que forma el cordón umbilical de la humanidad, alimentada por sus mitos.

Yendo hacia esa mañana primera del hombre, la escultura, que está viviendo su muerte, habrá de restituirse a la elocuencia que fue suya primitivamente. Cuando no sea sólo cuerpo yerto sino vivo organismo que tenga nuestra vida; cuando las venillas del mármol o los poros del granito estén irrigados por nuestra sangre y respiren nuestro aliento; cuando deje de ser lo que se ha pretendido inútilmente; cuando el escultor, en la materia que trabaja, contemple su obra como prolongación de su cuerpo y de su vida, entonces se dirá con la piedra o el metal lo que sólo puede decir la piedra o el metal en nuestro tiempo.

No se trata de tender un puente, sino de inventar una vértebra pontifical, viva y misteriosa. Apasionadamente unidas perduran la arquitectura y la escultura "primitivas", dos cuerpos cayendo en ese ámbito sin éter y sin pájaros en el cual nace la vida, donde la sangre hincha las espirales de la Serpiente Emplumada y nuestras venas están recubiertas de plumas y la piel posee la fosforescencia del arte primitivo en lo que guarda siempre de arrojo para la creación de formas, de polémica inconclusa.

Así, como pasó aquella descarga de la Serpiente Emplumada al Cristo verde de pus verde y estercolado de palomas ¿por qué no arribaría esa pasión hasta el presente? En los Cristos misérrimos, hechos de aullidos, sudor y sangre, tenemos el hallazgo, con la puntualidad infalible de lo extraordinario, de parte de la mitología indígena anidando en la exigua y lamentable imagen de la aldea. De nuevo, en esos Cristos, como en algunos demonios que perecen bajo las lanzas de los San Migueles de los pueblecillos, y en mártires en que el ímpetu de los sacrificios humanos bulle en su pureza de ofrenda, en su lenguaje de comunión, tal en los verdes Cristos de pus verde, mi fervor reencuentra la voz perdida en la escultura, apenas alterada, más vibrante a veces, a veces aún más patética por la apariencia cristiana. Porque en esos Cristos y demonios, en esos mártires y ángeles que arden bajo las capillas barrocas que reclaman como su elemento natural, volvemos a escuchar la voz que nos dice lo mismo que en las espirales de la Serpiente Emplumada y en los signos que domestican a las fuerzas naturales y a los astros.

La escultura precortesiana, sobre todo la más "bárbara", es única por la invención de formas, por la monumentalidad y la originalidad radical: cosmovisión cargada de furia y de la suprema ternura de la muerte. Su potencia nos agarra por las entrañas y nos hace dialogar con nuestros demonios. Y por un mundo macerado de mitos nos conduce a un tiempo que eterniza su explosión en la memoria y en la imaginación, con una inocencia total que nos ilumina lo más remoto y lo más futuro, en un presente que no acaba. Con tanta exactitud y majestad el hombre dio formas a sus sueños, asombros y terrores, que los sentimos con el dominio de un río nocturno sin orillas, en donde la luz amasa drogas para erigir monumentos maravillosos en cualquier horizonte. Asunción del barro y de la piedra con todo el peso de la realidad y de nuestra condición, con el frenesí de un rayo que cruza al hombre como una cicatriz cruel y deslumbrante. No sé de ninguna otra creación escultórica que con mayor virtud de encantamiento desborde su avalancha de símbolos de lo humano y lo sobrenatural. No es desmesurada; es otra su medida: hurga una llaga dentro de sí, más allá del mundo exterior y de la apolínea contemplación antropomórfica.

La tradición es un fénix, no una momia. La tradición inmóvil no es tradición; es academia. La tradición nunca ha estado al alcance de los tradicionalistas. Diferencia entre vivir en la tradición y crear tradición. Tradición: creación incesante.

Otras artes tradicionales

Las otras artes tradicionales persisten repitiéndose, renovándose, agotándose: abundantes dentro de su naturaleza, monótonas a veces dentro de su variedad, hasta hacerse casi invisibles para nuestra atención. Rutina y falta de mayor invención artística, caracterizan a no pocas de estas muestras: productos espontáneos, de riqueza formal y colorística (judas, máscaras, textiles, cerámicas, etc.), decorados con precisión y audacia imaginativa. En ellos está el acervo de sueños, reacciones, ritmos, sedimentos que vienen anónimamente de la raíz de la sangre. Tradiciones populares, admirables de gracia, que perduran por el camino del menor esfuerzo: la copia manualmente industrializada. No la saquemos de su marco. La perfección de dichos productos fue el extranjero, por lo general, quien la descubrió y valorizó inicialmente. Pero, recordemos aquí a Diego Rivera y al Doctor Atl. Artesanías muy valiosas en lo que son: populares y nada más, y nada menos. El folklore nos ha enseñado mucho qué hacer y no poco de lo que no hay que hacer. Por inhábil manoseo, su categoría primorosa se ha trocado en adulteración vulgar. El resto es literatura.

El arte precolombino fue una creación popular con función social específica, como todo gran arte, que al chocar con el conquistador desapareció en su modo inmediato y puro, y rezumó en el arte popular posterior, hecho de elementos contrarios. Mucho del encanto del arte popular se origina en el mestizaje: en el hallazgo de elementos conciliados inesperadamente, en el reto inventivo, en la imprevisibilidad y en la facultad de sorpresa. Aun cuando se diluye el fermento poético y se vuelve utensilio multiplicado por la copia, no se nubla su luz: resalta como don natural, el sentido del color y la forma. Un mercado indígena con sus textiles, cerámica, jarcias y tantos objetos de nuestros usos y costumbres, es respiración del alma del pueblo que creó las cabezas de La Venta, las estatuillas de Jaina y de Tlatilco, los murales de Teotihuacan y Bonampak. Hay que valorarlos sin alterar su verdad, sin desnaturalizarlos. Hay que sentirlos dentro de sus límites. Los cultos que imitan a esos trovadores logran pobres resultados. El arte popular es como la naturaleza. Se puede partir de él como de la naturaleza, no para volver a ella, sino para competir con ella.

Durante la Colonia, la pintura fue peninsular, extranjera a la recóndita realidad mexicana. Pintura religiosa que terminaba la Conquista en los reductos más íntimos. ¿Qué es la Virgen Morena del Tepeyac sino un mito *tequitqui*,[1] una nueva Malinche mítica? Es una imagen sagrada, unión de mitologías y creencias, sustitución en parte, y en parte metamorfosis del mito, fusión simbólica, casi simbiótica, de dos cuturas, de dos mundos, que al mismo tiempo creaban el mestizaje en la sangre, en la religión, en la lengua, donde buscaban equilibrio y plenitud, hasta configurar al México de hoy. A fines del siglo XVI, la vida nacional ya tenía rasgos propios. La pintura, no.

A fines del XVIII y en el XIX, florecen retratistas, paisajistas y pintores de bodegones. En ellos se reconocen elementos más nacionales y un gusto delicado y particular. Las influencias que se hicieron sentir sobre la pintura colonial, empiezan a ser fecundas hasta volverse invisibles y provocar la nueva eclosión de la sensibilidad mexicana. Y nos hallamos ante una pintura —anónima en su mayor parte— diáfana, legítima y exacta. Estrada, Arrieta, Montiel, Ocaranza, Hermenegildo Bustos. Sobre todo, Bustos. Sin embargo, se ha exagerado el valor de esta corriente, al olvidar que en toda América hubo pintores de tal orientación y rango. La fotografía los dominó, en vez de libertarlos como pintores. Fotografiaban al óleo. De allí proviene el parecido artesanal de esos pintores. Sus retratos son distantes por lo general de lo que entiendo por retrato en pintura. Nos gustan a veces como pintura propiamente; otras, por su oficio, por obsoletas y por motivaciones extrapictóricas. Ausencia de impaciente color americano en ella; sin embargo, sería fácil adivinar su cielo. Su sitio está junto a Velasco, Téllez Toledo, Herrán. La fotografía acabó con muchos de los retratistas. Hermenegildo Bustos (1832-1907), fue un gran pintor anónimo que se llamó Hermenegildo Bustos. Más bien, durante algunos años y bajo su influencia, la fotografía prosiguió ese estilo. La obra de los retratistas, ro-

[1] José Moreno Villa llamó *tequitqui* (voz mexicana que significa tributario) a la influencia indígena en el arte occidental.

mancero que continúa en los retablos, ensayaba fijar el perfil de México, sutil y preciso como dibujado con orilla de agua. Ya no existe tal indecisión que reina pasada la Conquista. Son, en realidad, códices recientes.

Impresionismo. Una mancha de color sobre el perfil de agua. Sin embargo, se diría roto el hilo tradicional, escuela extraña a nuestro temperamento. Psicológicamente, el impresionismo poco tenía que hacer en México. Aquí la luz se muda en roca y la roca en cristal. La luz puede ser protagonista en un drama de ciegos. El fervor por la pintura no existía con su función social, más allá del lujo o la distracción. Y como en la pintura virreinal, el paisaje poco tenía que decir, como los propios bodegones. El impresionismo hizo ver lo que no se había visto nunca por privativa vocación, por temperamento, por su misma presencia avasalladora: la luz, el paisaje, la diafanidad del ámbito. La pintura siguió viviendo al margen de la vida nuestra. Surgen, después, Francisco de la Torre, Téllez Toledo, Saturnino Herrán, influido éste por lo más deleznable de Zuloaga. Su obra ha envejecido mucho. Con José Guadalupe Posada nace una época, no un periodo. El espíritu popular de su obra influye —como el de ningún artista mexicano— en la etapa que se abrió con la Revolución. No es sólo un precursor, sino una culminación. Su importancia, por ambos conceptos, lo sitúa por encima de cualquier otro artista mexicano anterior al muralismo.

La relación entre luz y color, las transiciones de matices, el efecto cromático de cada minuto, preséntanse también como problema de forma; para el mexicano fue, ante todo, la apariencia del momento. Impresiones, variantes, efervescencias del color, aspectos que le impedían fundar un orden dentro de la diversidad, crear un estilo. La dispersión, el interés amable y preciosista del impresionismo, no cautivaba a un pueblo en busca de estilo: es tradición mexicana renovar la tradición. La diversidad se recoge en México en reducción unitaria. Tal es el caso de José María Velasco, que miraba y sentía el campo con su monóculo de relojero y con su anteojo de astrónomo.

El impresionismo es, por excelencia, descripción momentánea opuesta a la representación total óptica. La descripción permite la intromisión de innumerables elementos que en el impresionismo forjan su unidad en el acorde cromático. Los efectos atmosféricos, el juego de los colores en el agua, se abandonaron por la estructura: la línea, el volumen. El pintor no se exalta ante sugerencias ópticas directas, sino ante sus propias abstracciones. La sobriedad se imponía ante la disgregación bulliciosa. La línea es elemento calculado siempre. En el impresionismo su papel es secundario, avasallado por la gloria del color. Las limitaciones de esta escuela, para lo que se necesitaba expresar, las sintió el mexicano: había estallado la Revolución. No olvidemos la influencia probable de la poesía de López Velarde, más grande aún de lo que se le considera. Cézanne, geómetra, aseguraba que no quería pintar el mar como es sino como lo sentía. El impresionismo extendió los horizontes hasta que, encerrado en sí, se agotó. La pintura al aire libre de Cézanne era concebida antes en la cabeza. Las audacias del impresionismo sirvieron a los pintores para crear nuevos estilos. La objetividad deseada del impresionismo demostró una vez más que la observación de la naturaleza es un concepto vacío mientras no se sabe qué formas emplear para contemplarla. La buena pintura al aire libre se hace con los ojos cerrados.

La pintura mexicana contemporánea debe poco a su tradición netamente pictórica. La influencia del arte precolombino, de la escultura, en primer término, hemos de precisar, se distingue en el arte contemporáneo: la de su sensibilidad, la de su esencia, más que la formal, aunque esta última suela estar presente. Tenemos hoy una concepción del mundo distinta de la que suscitó aquel arte basado en una unidad cósmica, y no en la fijación del fenómeno óptico. Para el mundo precolombino lo que hay que captar son las fuerzas míticas y mágicas que saturaban con su religiosidad la vida material y cotidiana del pueblo: las creencias, los sueños, los temores y las esperanzas. Coatlicue es uno de los ejemplos perfectos. Arte precolombino: lenguaje de mito. Y el mito, una biología ciega y fascinante.

"Claro está que el móvil moral o político pudo conducir a este grupo de artistas revolucionarios hacia un terreno abandonado desde siglos en Europa: el de los muros, el de la pintura mural. Y es indudable que en el tratamiento exigido por las grandes superficies han aprendido los mexicanos a trabajar con grandeza de escala. Tenemos pues que la política misma los llevó al terreno de la técnica, al terreno propio de la pintura, y así, desdeñando los ensayos del viejo mundo, ensayaron también. Ensayaron lo que ya ensayaron en el país los de Bonampak con un extraordinario resultado.

"El realismo que les imponía este género de pintura para el pueblo aportó un riquísimo material para el conocimiento de México; documentales de un valor histórico importantísimo. Poco a poco se fue conociendo al pueblo en todas sus apariencias: folklórica, guerrera, trabajadora, paisajística, iconográfica, etc. Los siglos anteriores no dieron nada de esto, o lo dieron falseado. A México se le conocía fuera por los cromos de tipo europeo que falseaban mucho la verdad. El realismo revolucionario podría considerarse desde el extranjero como una reacción, pero era una fase lógica en la formación de la nacionalidad incipiente. Los pueblos viejos la hicieron en su día."[2]

Al fortalecerse la conciencia nacional (Orozco, Rivera, Siquerios, Tamayo, etc.) se emprendió el estudio de lo nuestro. Sería no comprendernos pretender que negamos la hermosa variedad de las creaciones de las culturas primitivas y de los actuales productos populares. Roger Fry afirmaba que nuestras culturas "nos han dado más obras maestras de escultura pura que todas las civilizaciones de la Mesopotamia o que la mayoría de las civilizaciones de Europa". Y en los productos populares de hoy admiramos una delicada sensibilidad, no sólo por la destreza con que se han enriquecido al contacto de la vida y usos modernos sino, sobre todo, por el reclamo que hace de ellos la vida cotidiana del pueblo. En los artistas mexicanos observaremos, en solución más o menos quintaesenciada, tales aspectos del gusto general. De cómo individualizar el gusto general dependerá la originalidad.

Existe siempre un estilo peculiar a una época, a un pue-

[2] José Moreno Villa, "Pintura revolucionaria y revolución pictórica", "México en la Cultura", suplemento de *Novedades*, México, D. F. 19 de noviembre de 1950.

blo, a un artista. En el estilo personal se evidencia la época y la nacionalidad trascendidas. La privativa condición gentilicia no entraña esfuerzo: resultado natural del ambiente. del clima, de la sociedad, cuyo alcance radica en la poesía del testimonio de una sensibilidad. La varia unidad de la tradición mexicana acaso no se ha visto bien en los tiempos modernos, velada por la conquista y la colonización. Para establecer dicha unidad habremos de orientarnos por la tradición europea, de la cual torna a ser prolongación con la Conquista: al aclimatarse echa raíces en nuestra idiosincrasia. Y se colora honda y definitivamente con nuestra tierra. Esto es capital.

La tradición contribuye invitando a romper la tradición para formarla; a sustituir verdades muertas por verdades vivas; a cambiar el sentido mismo del arte. En la pintura contemporánea, como en la pintura virreinal, se palpa la influencia de la tradición y la influencia sociopolítica. Es una síntesis de un decisivo mestizaje. Las conquistas de unos cuantos desvirtúan o aniquilan las obras de los demás, cuando éstas son glosas o repeticiones.

Se ha exagerado la importancia de la pintura mexicana contemporánea en su alcance general, pero no en su significación dentro de nuestra historia. El renacimiento pictórico mexicano es dueño excepcionalmente de resonancias universales. Debemos conocer sus excelencias y sus límites con claridad. En lo óptimo sobrepasa las circunstancias y encierra significado universal. ¿Cómo se han aprovechado las enseñanzas universales en la pintura mural de México? ¿Quiénes tienen obra que sea invención incesante, normada por el anhelo de oponerse a la rutina, a un realismo servil, a soluciones fáciles e inmediatas? ¿Quiénes se han afanado en forjar la tradición? La reflexión sobre estas preguntas subraya la dimensión de gran parte de la obra mural de México. La pintura en sus más nuevas formas si es inexplicable o inagotable, también es inconfundible.

Hemos ido respondiendo con algunos comentarios sobre la índole de tal pintura, para distinguir lo que considero impar en ella, sin hacer el menor caso a la propensión de ver hostilidad en toda aproximación que rompe con la rutina. Su índole frecuente se manifiesta con primitivo o renacentista vocabulario pictórico: suele ser narrativa, histórico-costumbrista, con tendencia obvia y explícitamente formulada. No discuto la temática, sino ese demostrar lo que se muestra; el entendimiento de la pintura misma, la expresión, las cualidades específicamente artísticas. No siempre se alza al nivel del hecho lírico, y su primitivismo suele ser una academia del arte primitivo nuestro o de otros pueblos. Confundimos búsquedas o hallazgos con repeticiones. Perdemos la escala de valores a cada momento. Todo lo deseamos referir a una escala parroquial de valores. Tenemos una retórica de lo precortesiano. Un pintoresquismo arqueológico. La admiración de Primitivos y Renacentistas por la antigüedad clásica sirvió para crear un arte nuevo. Pintura, como literatura, únicamente se entiende, en la línea que nos ocupa, en sentido peyorativo, y al hacer la generalización quede tácito el esquema de una crítica de la expresión en general y de sus fines. Al estudiar la pintura mural de México recordamos lo hecho hace siglos y lo que la época exige. Cuánta pintura descriptiva, académica y vacía de emoción. Cuánto realismo afónico. No perdamos, sin embargo, la perspectiva histórica. He evocado a Primitivos y Renacentistas, pero lo excepcional del muralismo está lleno de pueblo, de valores intrínsecos y de una exaltación del presente sin nacionalismo.

Hay un como fetichismo en México al hablar de una pintura por el sólo hecho de ser mural, como si en una tela o en un papel no pudiera recogerse para todos una expresión con igual o mayor intensidad. La pintura —mural o no—, si se aprende a verla, puede ser popular. Por el auge del "abstraccionismo" (que hoy es lo que ayer fue el impresionismo, por ejemplo), aun a la buena expresión figurativa se le suele considerar anticuada. Existe una figuración anticuada, porque es sólo academicismo. Por ello, para quienes hoy no lo ven o no pueden verlo así, lo extraordinario de la obra mural reconquistará su sitio nunca perdido y siempre discutible. Pero, no debemos disminuirla pensando sólo en su eminencia nacional: es eminente más allá de circunstancias históricas, aunque no en la medida de las creaciones precolombinas. Vivimos un eclipse parcial en la apreciación de nuestro muralismo en el mundo, y también en México. Estudiémoslo sin espíritu de colonizados y sin jactancia. Toda obra y su juicio son hipótesis. "Para saber si una poesía perdurará —afirma Robert Frost— no hay otra cosa sino esperar a ver si perdurará." Y nunca he descartado que para deslindar el valor y la trascendencia de esta pintura haya que orientarse en sentido opuesto al que expongo.

La Iglesia, desde sus principios, apreció el poder de las artes plásticas. Pinturas y mosaicos instruían como el cartel, en lenguaje directo, sintético, valioso aun para los que no sabían leer, por un camino que no conduce apremiantemente al examen crítico del mensaje, como en el caso de la palabra hablada o escrita, sino a la demostración *a priori*, efectiva y sentimental. Entonces, la pintura tuvo papel análogo al que hoy incumbe a los medios mecánicos de difusión. Únicamente la palabra y la imagen servían para comunicarse con el pueblo. Es arbitrario exigir de la pintura mural una acción que, por su naturaleza, no le incumbe ni es apta para cumplir en la época del cine, de la televisión, de los métodos rapidísimos de reproducción gráfica. En mi concepto, éste no ha sido su propósito, o lo excede en lo mejor de ella. La eficacia del arte mural sitúase en distinto nivel de conciencia del que corresponde a la acción política inmediata. "El arte no está hecho para servir —escribió Gramsci—; sirve porque es arte." Se le reclama una acción que no le atañe, como pensaba Matisse en Nueva York ante los frescos de Diego Rivera: ya no los podía imaginar como arte ni como propaganda.

"Cuando Cézanne ponía en guardia a sus colegas jóvenes contra el literato de quien temía la inteligencia que con frecuencia aleja al pintor de la naturaleza, mientras que el pintor concreta, valiéndose del dibujo y del color, sus sentimientos y percepciones, no intentaba mostrar el menor desprecio por las letras; Courbet tampoco pensaba negar la virtud de las ideas cuando se burlaba de la 'pintura con idea'. Ninguno de los dos se sublevaba contra la práctica del oficio del escritor o contra el manejo de las ideas, sino claramente contra una confusión peligrosa, contra el desconocimento de las virtudes particulares de cada arte, de sus límites y, en consecuencia, de sus posibilidades, de sus singularidades. Se sublevaban contra aquellos que recurrían a las prerrogativas del vecino, contra los préstamos que la conciencia profesional debía, según ellos, rehusar orgullosamente, razonablemente." "Lo propio de la plástica es mostrar —prosigue Francis Jourdain—. Cuando demuestra o narra, no se trata naturalmente de acusarla de estropearse, pero sí nos está permitido comprobar que logra tal objetivo con menor eficacia que el escritor, cuyo terreno invade. A pesar de esta intrusión, la belleza plástica se halla fuera de la demostración, fuera de la belleza de la demostración; es excéntrica a la narración. La inteligencia del escritor no es superior ni inferior a la del pintor o el escultor: no es de la misma naturaleza."[3]

Ser partidario del arte por el arte o del arte por tal cosa, es la misma historia. Su acción es más amplia y mucho más compleja e indirecta que la del discurso pintado. Celébrase el contenido —político, religioso— y se decapita la obra olvidando la pintura misma. El dogmatismo es inequívoca señal de incertidumbre. Hay un aliento sectario y un idealismo romántico anticuados en algunas de tales expresiones en desacuerdo con la técnica moderna y la evolución formal. Y no nos encerremos en el vacío y efímero concepto "moderno". Simplemente: pintura. Toda obra es única. Y en el muralismo mexicano hay muestras espléndidas de pintura.

Nuestra exigencia con la obra mural menor ha sido la que tenemos para el cartel: somos equitativos. A la postre, no hemos pedido a esos carteles que sean pintura sino que sean buenos carteles. Mi sentimiento y mi entendimiento con este producto no han entrado en conflicto, porque no hay diálogo cordial o adverso: simplemente, he tratado de precisar la separación natural establecida desde el primer momento. Me he situado dentro del propósito de tal "pintura", dentro de su forma y lo que dice o calla con ella, para contemplarla en todas sus presencias; pero, el diálogo cordial o adverso no se ha establecido: sólo se ha ahondado la certeza de la separación, de la incompatibilidad.

En lo singular de la obra mural encuéntrase lo más

[3] Francis Jourdain, "Art réaliste, art abstrait", *Le P[illegible]* Revue Artistique et Littéraire, Souillac (Lot), Mulhouse, Francia, 1954.

sobresaliente de la pintura de México. Como en la del Renacimento, nos concierne más la intemporal perfección plástica que el contenido, que ya pertenece a la historia. Vemos las vírgenes como vemos los caballos de Uccello, los panecillos de Chardin, las manzanas de Cézanne. Vemos la pintura como pintura, con sus implicaciones intrínsecas de todo orden: su aventura ha consistido en crear una obra nacional por el impulso, y no sólo por el tema. Lo nacional se entiende como posibilidad para trascender y no como enclaustramiento en una autoestimación parroquial de postulados, temas y formas apáticas. El mexicanismo excluyente es atroz deshumanización pueril. No hay sino creadores y repetidores. La belleza —como el horror— es apenas un pretexto para la poesía.

Es difícil fijar los límites de lo nacional: el espíritu no tiene fronteras. Pertenecemos a algo mucho más grande que una determinada geografía. Veo la originalidad de la pintura mexicana en no poco de aquella que parece dueña de menos ambiente nuestro. Innumerables pintores, entre ellos muchos extranjeros que visitan México, son seducidos por las soluciones que les propone el fácil y común sentimiento de lo pintoresco. La originalidad idiosincrática hay que buscarla en creaciones más sutiles. Los motivos son secundarios para mostrar la personalidad. El hecho de escogerlos, tácita confesión de simpatía, no contradice mi aserto. La personalidad irrumpe a pesar del motivo. No me interesa el nacionalismo sino el arte. Lo mexicano: un tono íntimo y mesurado, sobrio y rico en matices, en pasión contenida. Y lo diametralmente opuesto: la violencia pura. Estas características son secundarias: en primer término, coloco el talento para la creación de formas y de nuevas relaciones entre ellas. Lucidez y transfiguración. Y nos acercamos así a lo precolombino y a la obra con más inventiva en nuestros días. Aprecio lo nacional sólo cuando es profunda originalidad implícita y amplia: la personalidad es lo que me cautiva. Todas las artes tienden a la poesía: la pintura que no ha podido ser pintura antes de intentar ser otra cosa, carece de valor.

El anquilosamiento por repeticiones *ad nauseam*, así como otros aspectos de la vida mexicana y de la comprensión de la pintura misma, las facultades de otros pintores, entre quienes destaca Rufino Tamayo, fueron abriendo cauces e integrando la inacabable imagen de México. Hoy, más de medio siglo después de iniciada la pintura mural, ya se ve de otro modo lo que vale la pena ver, con diversa estima, admiración, menosprecio, rechazo o indiferencia. La metamorfosis cesaría si la afirmación, la negación o la duda frente a ella no fuese la que ha existido siempre ante toda creación.

En Diego Rivera vemos una exaltación de la Revolución, una realidad y una irrealidad que corresponden a su anhelo, si bien no corresponden siempre al mundo en que vivía. "La Revolución cubre los muros —decía Orozco—, pero ¿en la realidad?" La obra se alza por su propio peso. Sí, no, tal vez, y pasan los años; y volverá el tal vez, el no, el sí, en ocasiones simultáneamente, en los contempladores de una misma época y de un mismo país. En la mejor obra mural perdura la provocación por su aptitud para la metamorfosis. Cada día que pasa la veremos más (o menos) como pintura, mientras el problema social o político que la originó, cada día estará más distante. La exigencia, cada día, es más de orden pictórico, y no de orden social o político inmediato: el problema interesará menos cada día, y cada día interesará más la forma. No hay problema —en sentido alguno— cuando nada nos dice la forma, aunque sea éste muy real e inmediato. Sobrevive la pintura.

Se pensó que amaríamos cierta pintura por ser realista y de temas americanos, por tratar asuntos sociopolíticos, aun cuando no fuesen gran pintura. Sin embargo, mucho de esa buena intención ha conservado hasta hoy su añagaza maniquea. Creo que no se captaba bien la obra de los muralistas cuando había comenzado ya la reacción en contra. El imitador no afirma nada: ni a los modelos ni a sí mismo.

La expresión de ideas y sentimientos no es discutible; he discutido cómo se revelan.

Un gran artista no sólo refleja su época: aporta algo nuevo.

Esencialidad de las artes visuales

 El mexicano suele ser ajeno a los contrastes violentos, al

abandono de sus potencias; su gusto prefiere los tonos severos, oscuros, graves. Su sencillez admira las formas sobrias, delicadas y desnudas. Ama la cerrada trabazón de las ideas. Detalla y escoge. Su voz es íntima aun en las creaciones monumentales. Poesía de cámara, de voz geométricamente serena. Sobrevive en cualquier tumulto y se distingue entre cualquier opulencia. Su pasión se diría dominada como sin esfuerzo. El silencio —un silencio tenso— es imagen de su expresión. México surge y camina sobre el filo en que se funden Oriente y Occidente. Un loto de una parte, un teorema de la otra.

El arte mexicano es audazmente imaginativo en las formas puras en que libera su más pura expresión. Recordemos las piedras y barros precortesianos, los delirios del barroco, la juguetería popular, los mejores murales y obras de caballete. Carece de grandilocuencia o se hace alarido. Impropio por naturaleza para todo exceso, las elegías serán sin lágrimas y los júbilos parecerán helados. Sin embargo, un Orozco oscila entre el silencio tenso y el gemido del desollado. El arte mexicano no recurre, de manera directa, a pasiones comunes, a soluciones fáciles. Se aleja de ese "demasiado humano" que nubla a tantas obras poéticas. Cualidades son éstas que le apartan transitoriamente de la gran popularidad. Mas esa minoría, original y diversa, está orgullosa de serlo frente a la mayoría, orgullosa de su mutua vulgaridad y semejanza.

Bastaría observar en un artista sus afanes por un arte nacionalista para darnos cuenta de su poca seguridad y de su temor a no ser original. Complejo de inferioridad. Ha ido quedando en México aquello que no sólo no se ha preocupado por dicho prurito sino que ha luchado contra él.

Hablar mucho de nuestra tradición y originalidad, de nuestro arte nacional, tratando de formarse una fe con la incredulidad manifiesta en la obsesión, es como querer hacer negocio con un defecto: el jorobado que vende billetes de lotería. Sin embargo, el jorobado nunca los compra.

Se quiere ser original cuando no se es.

México es un país sin joroba al que se le ha puesto a vender billetes de lotería, con una joroba artificial rellena de "programas nacionalistas y revolucionarios".

Admirable creer a través de la duda y dudar de la certeza. Se vive hablando de tradición, oponiéndola a la cultura que la ha hecho perdurar, cultura de la cual también procedemos desde que nos incorporamos a la tradición mediterránea.

México, tartufizando sobre la falsedad, se creó una sinceridad de Tartufo. La pintura folklórica de México no es mexicana porque no es pintura.

Toda anécdota, toda descripción o relato, debe ser imagen plástica, hecho lírico. Tal es la perpetua actualidad de un Greco, de la pintura de las cavernas. El Greco, cuando narra, lo hace como el troglodita o como Góngora: provocando encantamientos, creando misterio en plena luz, o alumbrando el misterio.

Es algo encantador pintar anécdotas. Los retablos bastarían para comprender el camino por seguir.

No hay bellos motivos en sí. Todo motivo no es más que un pretexto para realizar juegos poéticos de las formas. Y si antes eran un fin, ahora sólo son un medio. Diferencia entre retórica y poesía. Olvidemos los falsos poemas.

Un estilo mineral, preciso. Lo indispensable para crear lo inevitable, con rica y económica transparencia. Privilegio de la elegancia. Una obra maestra cada día es menos imperfecta.

El arte es la suma total de los sentidos de la vida, digo como si alguien supiese lo que es el arte. No necesita ser ilustración de ninguna imagen particular de la vida. Su mismo interés vital está en relación directa a su perfección, ajeno a la somera realidad circundante, independiente de ella o contra ella, por insatisfacción y urgencia de transformarla.

Con excusa o pretexto de tornar a lo primitivo, o a los primitivos y renacentistas, pretenden explicarnos no sólo la falta de capacidad creadora, sino hacernos explicable la falta de conciencia artística.

Mis simpatías por las obras poéticas poco tienen que ver directamente con la ilustración de la poesía: me enamora la forma, el ámbito y el respeto y amor por la poesía misma. No me molestan para nada los temas de la plástica mexicana. Su valor también reside en la temática y en el carácter popular y monumental. Tampoco me molestaría el catolicismo de un gran pintor.

En Giotto o en el Angélico no sólo vive el ideal católico; en Leonardo, Rafael o Durero, no sólo vive el ideal renacentista; el arte se da su contenido restituyéndose permanentemente a sí mismo.

El arte es regional en todas partes cuando es poesía. Siempre el arte es regional, aunque no lo queramos.

La Dulcinea, para ser universal, era ante todo del Toboso. Un sueño, y en el sueño los extremos nos tocan.

¿Para qué situar forzosamente una obra? Su perfección la torna fácilmente transferible a tiempos y espacios diferentes.

Mi concepto de la poesía me hace imposible toda premeditada preocupación por lo local.

El testimonio de una auténtica sensibilidad nos cautivará siempre aun cuando, aparentemente, nada tenga que ver con el medio. La pintura actual representa el México en que vivimos, de acuerdo con nuestros años, aunque nos propusiésemos lo contrario. El arte es aceptación o no aceptación de la realidad. ¿Por qué no preguntarnos si la Revolución ha envejecido? Pero, como escribió Siqueiros en Chile acerca del mural colectivo en la Alianza de Intelectuales (1943), pienso que estoy en parecida situación a la de él entonces, y no haré mención "de los obstáculos políticos de orden general interior, que no soy el encargado de señalar y calificar".

Como el regionalismo de los nacionalistas, hasta lo más abstracto es resultado de la realidad. En los trabajos más mentales, somos verdaderamente: nos mostramos desnudos y transparentes, iluminados por dentro. El subconsciente, quizás el más consciente de nuestros estados, es dueño de nuestra sinceridad. En el sueño somos más nosotros mismos. Lo somos tanto que somos más de lo que somos. Los sueños son regionales en todas partes. Sobre todo ellos. El poeta no es un soñador: está despierto y lúcido, como nadie, para hacer soñar.

El artista que en México busca lo esencial es, para cierto medio, un descastado. Para ese medio, si no hay sarape y nopal no hay arte en México.

Si la repercusión de algunas obras de América es menor a la que alcanzan en otras partes obras inferiores, se debe al desnivel que existe entre obras tales y la mayoría de los lectores.

Es ya un gran resultado que perduren algunos murales o fragmentos de murales y pinturas de caballete. Y hay algo muchísimo más trascendente y primordial: encaminar a México a conocerse y a forjar conciencia de su nacionalidad. La perfección de la mejor pintura vuelve intolerable aquella que no vive de exigencias similares y valores intrínsecos. Son corrientes distintas: la europea, revolución de formas, en apariencia sólo estética, y la de México, que recurrió a tendencias europeas, o nuestras hace ya dos mil años. Que enseñanzas europeas participen en el arte mexicano afirma la originalidad mexicana. La cultura es de quien la tiene. Y si el medio no consiente muchas veces el desarrollo del talento y el talento se abandona a ser eco en vez de voz, y fabrica en vez de crear, ello no puede ser excusa, aunque sea plausible explicación de limitaciones. En arte no hay circunstancias atenuantes.

Cuadros anónimos, objetos de ningún valor asociados de manera inaudita, que expresan lo hasta entonces inexpresable, me fascinan más que obras acabadas y valiosas por esta o aquella circunstancia ajena a la única medida artística: la realidad poética.

La poesía se revela indiferentemente en el cielo o en el bote de la basura.

No sólo hay que pedir peras al olmo, sino estrellas y medallas, cúpulas y lámparas, peces y columnas, guantes y puñales, máscaras y hojas de afeitar...

Humildad incomparable de la poesía, tan segura de sí que se abandona a su difícil facilidad, extraña a toda circunstancia lógica, como resultado de inocencia extrema: reinventar el amor.

La suprema finalidad de la poesía es el acto puro: crear el mundo perpetuamente. Esta gratuidad la entiendo como lo opuesto a lo previo y programático: es lo surgido con máxima espontaneidad, distante de todo deliberado propósito ajeno a lo que no sea inevitable efusión poética.

Actos que se confunden y suelen superar a las más estrictas formas de la reflexión. Mezcla de aparente gratuidad y real meditación, extremos en que el artista salta voltaicamente, con sus facultades de ubicuidad y levitación, como los santos de leyendas, dando frutos, igual al olmo de los puñales y las lámparas, recordándose en la memoria prodigiosamente práctica de la naturaleza.

La caducidad de una obra se debe a sus elementos antipoéticos. Es decir, a su falta de realidad. Y la realidad es infinita.

Todos sabemos que no hay tal arte de vanguardia. Algunos hombres que marchan al paso de su época. La mayor parte se deja rebasar por ella, y los que viven en la época parecen tener caracteres de monstruosidad. Los poetas hacen milagros. Los literatos son prestidigitadores.

Una obra es siempre diferente para cada amante. Y aun para el mismo amante en el mismo momento. Esta relatividad nos aproxima, flotando sobre el río de Heráclito, a la parcialidad de toda crítica que autoriza, en rigor, las propias contradicciones.

Mis preferencias se han formado a base de contradicción porque están de acuerdo, por un momento, con mi parcialidad. He mantenido siempre libertad de criterio. Muy posiblemente, he sido injusto por aspiración de justicia misma. La única imparcialidad asequible es la del apasionamiento. "Para ser justo es necesario no ser humano."

La validez de una obra está en razón directa a su inexplicabilidad o resistencia para ser agotada. Una obra, cuanto más se avecina a la perfección, la sentirá su creador como más imperfecta. La obra (significados siempre probables) no fue terminada, sino abandonada. Es sólo una tregua para empezar la misma lucha en otra obra, que es la misma obra, porque es la misma lucha de siempre y el problema mismo, sin solución... y ya casi resuelto.

Todo es inesperado y permanente como el cielo. Nada más fantástico que la realidad.

El sueño es una posición ética de nuestro ser. Ética oposición, hermosa y alta "como el encuentro fortuito de una máquina de coser y de un paraguas sobre una mesa de disección".

En donde no hay milagro no hay poesía.

Seres y cosas están en el exilio, expulsados de un paraíso que les es debido y que les es propio: su ambiente natural en donde realmente viven y se cumplen. Están cohibidos, como sin saber qué hacer, torpes y tartamudos por la inmensa nostalgia que les aflige del cielo que perdieron. La poesía les quita la muerte por sorpresa y les restituye el cielo de donde fueron exiliados. Y seres y cosas se animan con tanta naturalidad que nos parece insólita, rescatados por el artista; ser normal por excelencia, y devueltos a su propia vida.

Se me dice que mi punto de vista es el del poeta y no el del pintor. No requiere explicaciones ni defensa comentario semejante. Los críticos son para criticar: ése es su oficio. Y de sobra sabemos adónde les conduce tal presunción. Además, la crítica de los poetas no me defrauda; es una pasión compleja y no una compensación de la incapacidad de crear, como en tanto escritor o pintor frustrado.

No se adónde va el arte. Apenas si lleno de inseguridades que me afirman ante mí, comprendo, a mi modo, hacia dónde aspiro a encaminar mi esfuerzo. No tengo seguridad sino en mi duda y en mi ansia de comprometerme a hacer más de lo que puedo.

La poesía no se explica. Pero, de todas estas dudas nace una certeza que me basta: *la poesía es la única prueba concreta de la existencia del hombre.*

Impresión:
Editorial Melo, S. A.
Av. Año de Juárez 226-D
09070 México, D. F.
15-VI-1991
Edición de 1 000 ejemplares